I 5312.
Mc. 3.

Ⓒ

Ye 8623.

COLLECTION

DES

MEILLEURS OUVRAGES

DE LA LANGUE FRANÇAISE

EN PROSE ET EN VERS.

OEUVRES COMPLÈTES
DE
BOILEAU DESPRÉAUX.

PARIS. — DE L'IMPRIMERIE DE RIGNOUX,
rue des Francs-Bourgeois-S.-Michel, n° 8.

OEUVRES COMPLÈTES

DE

BOILEAU DESPRÉAUX,

PRÉCÉDÉES

D'UNE NOTICE SUR SA VIE,

PAR M. DAUNOU,

MEMBRE DE L'INSTITUT, PROFESSEUR AU COLLÉGE ROYAL DE FRANCE.

TOME TROISIÈME.

PARIS.

BAUDOUIN FRÈRES, ÉDITEURS,

RUE DE VAUGIRARD, N° 17.

MDCCCXXVIII.

AVERTISSEMENT

DU

NOUVEL ÉDITEUR.

A l'exemple de M. Daunou, le premier, sans aucune comparaison, des éditeurs de Despréaux, nous avons divisé la correspondance de ce grand poëte en trois recueils.

Le premier se compose des *Lettres adressées par Boileau à diverses personnes,* et forme trente-cinq articles.

Le second comprend la *Correspondance de Boileau et de Racine,* qui, d'abord composée de quarante-sept lettres publiées pour la première fois par Racine fils, s'élève aujourd'hui à cinquante lettres, au moyen des trois nouvelles dont Cizeron-Rival s'est rendu l'éditeur en 1770.

Enfin les *Lettres de Boileau à Brossette,* au nombre de soixante et une, remplissent le troisième recueil.

AVERTISSEMENT

Les considérations tout-à-fait littéraires qui nous faisoient un devoir de conserver, dans la *Correspondance de Racine avec Boileau*, les lettres de l'auteur d'*Athalie*, devoient également nous engager à supprimer, dans le troisième recueil, celles de Brossette, écrivain prolixe et vulgaire, dont le nom ne se trouve pas, sans quelque discordance, attaché à celui de Boileau, dans l'histoire de la littérature à cette époque. « A quoi bon intercaler, dans les OEuvres classiques de Boileau, un si grand nombre de pages qui ne lui appartiennent pas, et qui, n'offrant pour l'ordinaire aucune espèce d'instruction, ne seroient que des exemples de mauvais style[1]? »

Le nombre total des lettres de Boileau, qui jusqu'en 1821 ne s'élevoit, dans les meilleures éditions, qu'à cent neuf, ou cent quarante (en comptant les trente et une lettres écrites par Racine), a été porté à cent quinze ou cent quarante-six par M. de Saint-Surin, dans l'édition publiée il y a sept ans, avec un

---

[1] Avertissement de l'édition commentée par M. Daunou.

commentaire, chez J.-J. Blaise. Quoique l'éditeur, pour arriver à ce nombre, ait admis divers articles dont l'authenticité peut paroître douteuse, nous n'avons pas négligé de les reproduire, désirant offrir une édition qui pût soutenir la comparaison avec les meilleures et les plus complètes.

C'est par le même motif que nous avons restitué à la *Correspondance de Racine avec Boileau* les passages assez nombreux que Racine fils, premier éditeur de cette correspondance, en avoit écartés, les jugeant trop familiers de style pour être livrés au public, ou peut-être dans l'intention de soustraire aux regards quelques détails purement relatifs à la vie privée des deux grands poëtes. En faisant ces restitutions, nous avons sacrifié au goût général des lecteurs, qui veulent être instruits de tout ce qui intéresse les hommes célèbres.

Quelques courtes annotations, puisées dans les divers commentateurs, expliquent les passages qui pouvoient présenter des obscurités, soit qu'ils fissent allusion à des faits historiques, soit qu'ils concernassent des auteurs oubliés, ou des personnages peu connus du siècle de Louis XIV.

L. T.

LETTRES DE BOILEAU.

PREMIER RECUEIL.

LETTRES DE BOILEAU
A DIVERSES PERSONNES.

I[1].

A M. DE BRIENNE[2].

(Vers 1672.)

C'est très philosophiquement, et non point chrétiennement, que les vers me paroissent une folie; je ne l'ai point entendu d'une autre manière. Ainsi, c'est vainement que votre berger en soutane, je veux dire M. de Maucroix, déplore la perte du Lutrin, dans l'églogue dont vous me parlez. Je le récitai encore hier chez M. le président[3]; et si quelque raison me le fait jamais déchirer, ce ne sera point la dévotion, qu'il ne

---

[1] Cette lettre a été insérée en 1806 dans les *Quatre saisons du Parnasse*, et depuis dans quelques nouvelles éditions de Boileau. Nous la transcrivons sans en garantir l'authenticité.

[2] Né en 1635; conseiller d'état, ministre des affaires étrangères et ensuite membre de la congrégation de l'Oratoire; mort le 17 avril 1698. On a de lui des poésies diverses, latines et françoises, une histoire de ses voyages, d'autres mémoires, des livres de théologie.

[3] Lamoignon.

choque en aucune manière, mais le peu d'estime que j'en fais, aussi bien que de tous mes autres ouvrages, qui me semblent des bagatelles assez inutiles. Vous me direz peut-être que je suis donc maintenant dans un grand excès d'humilité. Point du tout : jamais je ne fus plus orgueilleux ; car si je fais peu de cas de mes ouvrages, j'en fais encore bien moins de tous ceux de nos poëtes d'aujourd'hui, dont je ne puis plus lire ni entendre pas un, fût-il à ma louange. Voulez-vous que je vous parle franchement? c'est cette raison qui a en partie suspendu l'ardeur que j'avois de vous voir et de jouir de votre agréable conversation, parce que je sentois bien qu'il la faudroit acheter par une longue audience de vers, très beaux sans doute, mais dont je ne me soucie point. Jugez donc si c'est une raison pour m'engager à vous aller voir, que le récit que vous demandez. J'irai pourtant, si je puis, aujourd'hui, mais à la charge que nous ne réciterons point de vers ni l'un ni l'autre, que vous ne m'ayez dit auparavant toutes les raisons que vous avez pour la poésie, et moi toutes celles que j'ai contre.

Je suis avec toutes sortes de respects et de soumission,

Monsieur,

Votre, etc.

Despréaux.

II.

AU COMTE DE BUSSY-RABUTIN.

Paris, 25 mai 1673.

Monsieur,

J'avoue que j'ai été inquiet du bruit qui a couru que vous aviez écrit une lettre par laquelle vous me déchiriez, moi et l'épître que j'ai écrite au roi sur la campagne de Hollande [1]. Car outre le juste chagrin que j'avois de me voir maltraiter par l'homme du monde que j'estime et que j'admire le plus, j'avois de la peine à digérer le plaisir que cela alloit faire à mes ennemis. Je n'en ai pourtant jamais été bien persuadé. Eh! le moyen de croire que l'homme de la cour qui a le plus d'esprit pût entrer dans les intérêts de l'abbé Cotin, et se résoudre à avoir raison même avec lui? La lettre que vous avez écrite à M. le comte de Limoges a achevé de me désabuser; et je vois bien que tout ce bruit n'a été qu'un artifice très ridicule de mes très ridicules ennemis. Mais quelque mauvais dessein qu'ils aient eu contre moi, je leur en ai de l'obligation, puisque c'est ce qui m'a attiré les paroles obligeantes que vous avez écrites sur mon sujet. Je vous supplie de croire que je sens cet honneur comme je dois, et que je suis, etc.

[1] L'épître IV, tome Ier.

III.

A COLBERT,

EN RÉPONSE A CE BILLET :

Le roi m'a ordonné, monsieur, de vous accorder un privilége pour votre *Art poétique*, aussitôt que je l'aurai lu. Ne manquez donc pas de me l'apporter au plus tôt.

COLBERT.

Paris... 1674.

Monseigneur,

Je vois bien que c'est à vos bons offices que je suis redevable du privilége que sa majesté veut bien avoir la bonté de m'accorder. J'étois tout consolé du refus qu'on en avoit fait à mon libraire; car c'étoit lui seul qui l'avoit sollicité, étant très éveillé pour ses intérêts, et sachant fort bien que je n'étois point homme à tirer tribut de mes ouvrages. C'étoit donc à lui de s'affliger d'être déchu d'une petite espérance de gain, quoique assez incertaine à mon avis, dès qu'il la fondoit sur le grand débit d'ouvrages tels que les miens. Pour moi, je me trouvois fort content qu'on m'eût soulagé du fardeau de l'impression et de l'incertitude des jugemens du public, n'ayant garde de murmurer du refus d'un privilége qui me laissoit celui de jouir paisiblement de toute ma paresse. Cependant, monseigneur, puisque vous daignez vous intéresser si obligeamment pour moi, j'aurai l'honneur de vous porter mon *Art poétique* aussitôt qu'il sera achevé, non point pour obtenir un privilége dont je ne me soucie point, mais pour soumettre mon ouvrage aux lumières d'un aussi grand personnage que vous êtes. Je suis, etc.

IV.

AU DUC DE VIVONNE,

SUR SON ENTRÉE DANS LE PHARE DE MESSINE.

(Le 9 février 1675 [1].)

Paris, 4 juin 1675.

MONSEIGNEUR,

Savez-vous bien qu'un des plus sûrs moyens pour empêcher un homme d'être plaisant, c'est de lui dire : Je veux que vous le soyez? Depuis que vous m'avez défendu le sérieux, je ne me suis jamais senti si grave, et je ne parle plus que par sentences. Et d'ailleurs votre dernière action a quelque chose de si grand qu'en vérité je ferois conscience de vous en écrire autrement qu'en

[1] M. le duc de Vivonne, qui commandoit alors l'armée navale, manda à l'auteur qu'il le prioit de lui écrire quelque chose qui pût le consoler des mauvaises harangues qu'il étoit obligé d'entendre. C'est ce qui donna lieu à l'auteur de composer ces lettres. (B.)

style héroïque. Cependant je ne saurois me résoudre à ne vous pas obéir en tout ce que vous m'ordonnez. Ainsi, dans l'humeur où je me trouve, je tremble également de vous fatiguer, par un sérieux fade, ou de vous ennuyer par une méchante plaisanterie. Enfin mon Apollon m'a secouru ce matin, et, dans le temps que j'y pensois le moins, m'a fait trouver sur mon chevet deux lettres qui, au défaut de la mienne, pourront peut-être vous amuser agréablement. Elles sont datées des Champs-Élysées : l'une est de Balzac, et l'autre de Voiture, qui tous deux, charmés du récit de votre dernier combat, vous écrivent de l'autre monde pour vous en féliciter.

Voici celle de Balzac. Vous la reconnoîtrez aisément à son style, qui ne sauroit dire simplement les choses, ni descendre de sa hauteur.

« Aux Champs-Élysées, le 2 juin (1675).

« Monseigneur,

« Le bruit de vos actions ressuscite les morts. Il
« réveille des gens endormis depuis trente années,
« et condamnés à un sommeil éternel. Il fait parler
« le silence même. La belle, l'éclatante, la glo-
« rieuse conquête que vous avez faite sur les en-
« nemis de la France! Vous avez redonné le pain
« à une ville qui a accoutumé de le fournir à toutes
« les autres. Vous avez nourri la mère nourrice de

« l'Italie. Les tonnerres de cette flotte, qui vous
« fermoit les avenues de son port, n'ont fait que
« saluer votre entrée. Sa résistance ne vous a pas
« arrêté plus long-temps qu'une réception un peu
« trop civile. Bien loin d'empêcher la rapidité de
« votre course, elle n'a pas seulement interrompu
« l'ordre de votre marche. Vous avez contraint à
« sa vue le sud et le nord de vous obéir. Sans châ-
« tier la mer comme Xerxès [1], vous l'avez rendue
« disciplinable. Vous avez plus fait encore, vous
« avez rendu l'Espagnol humble. Après cela, que
« ne peut-on point dire de vous? Non, la nature, je
« dis la nature encore jeune, et du temps qu'elle
« produisoit les Alexandre et les César, n'a rien
« produit de si grand que sous le règne de Louis
« quatorzième. Elle a donné aux François, sur son
« déclin, ce que Rome n'a pas obtenu d'elle dans
« sa plus grande maturité. Elle a fait voir au monde
« dans votre siècle, en corps et en ame, cette va-
« leur parfaite dont on avoit à peine entrevu l'idée
« dans les romans et dans les poëmes héroïques.
« N'en déplaise à un de vos poëtes [2], il n'a pas rai-
« son d'écrire qu'au delà du Cocyte le mérite n'est
« plus connu. Le vôtre, Monseigneur, est vanté

---

[1] Hérodote, liv. VII, et Juvénal, sat. X. (B.)

[2] Voiture, dans l'épître en vers à monseigneur le prince, a dit:

Au delà des bords du Cocyte
Il n'est plus parlé de mérite. (B.)

« ici d'une commune voix des deux côtés du Styx.
« Il fait sans cesse ressouvenir de vous dans le sé-
« jour même de l'oubli. Il trouve des partisans
« zélés dans le pays de l'indifférence. Il met l'Aché-
« ron dans les intérêts de la Seine. Disons plus, il
« n'y a point d'ombre parmi nous, si prévenue des
« principes du Portique, si endurcie dans l'école
« de Zénon, si fortifiée contre la joie et contre la
« douleur, qui n'entende vos louanges avec plaisir,
« qui ne batte des mains, qui ne crie miracle au
« moment que l'on vous nomme, et qui ne soit
« prête de dire avec notre Malherbe :

>A la fin c'est trop de silence
>En si beau sujet de parler [1].

« Pour moi, Monseigneur, qui vous conçois en-
« core beaucoup mieux, je vous médite sans cesse
« dans mon repos ; je m'occupe tout entier de
« votre idée dans les longues heures de notre loi-
« sir ; je crie continuellement : Le grand person-
« nage ! et si je souhaite de revivre, c'est moins
« pour revoir la lumière, que pour jouir de la sou-
« veraine félicité de vous entretenir, et de vous
« dire de bouche avec combien de respect je suis
« de toute l'étendue de mon ame,

« Monseigneur,

« Votre très humble et très obéissant
« serviteur, BALZAC. »

[1] Ode de Malherbe au duc de Bellegarde.

Je ne sais, Monseigneur, si ces violentes exagérations vous plairont, et si vous ne trouverez point que le style de Balzac s'est un peu corrompu dans l'autre monde. Quoi qu'il en soit, jamais à mon avis, il n'a prodigué ses hyperboles plus à propos. C'est à vous d'en juger; mais auparavant lisez, je vous prie, la lettre de Voiture.

« Aux Champs-Élysées, le 2 juin.

« Monseigneur,

« Bien que nous autres morts ne prenions pas
« grand intérêt aux affaires des vivants, et ne
« soyons pas trop portés à rire, je ne saurois pour-
« tant m'empêcher de me réjouir des grandes
« choses que vous faites au dessus de notre tête.
« Sérieusement, votre dernier combat fait un bruit
« de diable aux enfers; il s'est fait entendre dans un
« lieu où l'on n'entend pas Dieu tonner, et a fait
« connoître votre gloire dans un pays où l'on
« ne connoît point le soleil. Il est venu ici un bon
« nombre d'Espagnols qui y étoient, et qui nous
« en ont appris le détail. Je ne sais pas pourquoi
« on veut faire passer les gens de leur nation pour
« fanfarons : ce sont, je vous assure, de fort bonnes
« gens; et le roi, depuis quelque temps, nous les
« envoie ici fort humbles et fort honnêtes. Sans
« mentir, monseigneur, vous avez bien fait des
« vôtres depuis peu. A voir de quel air vous cou-

« rez la mer Méditerranée, il semble qu'elle vous
« appartienne tout entière. Il n'y a pas à l'heure
« qu'il est, dans toute son étendue, un seul cor-
« saire en sûreté; et, pour peu que cela dure, je
« ne vois pas de quoi vous voulez que Tunis et
« Alger subsistent. Nous avons ici les César, les
« Pompée et les Alexandre : ils trouvent tous
« que vous avez assez attrapé leur air dans votre
« manière de combattre; surtout César vous trouve
« très César. Il n'y a pas jusqu'aux Alaric, aux
« Genséric, aux Théodoric et à tous ces autres
« conquérants en IC, qui ne parlent fort bien de
« votre action; et dans le Tartare même, je ne sais
« si ce lieu vous est connu, il n'y a point de diable,
« monseigneur, qui ne confesse ingénument qu'à
« la tête d'une armée vous êtes beaucoup plus
« diable que lui. C'est une vérité dont vos enne-
« mis tombent d'accord. Néanmoins, à voir le bien
« que vous avez fait à Messine, j'estime pour moi
« que vous tenez plus de l'ange que du diable, hors
« que les anges ont la taille un peu plus légère que
« vous, et n'ont point le bras en écharpe [1]. Rail-
« lerie à part, l'enfer est extrêmement déchaîné en
« votre faveur. On ne trouve qu'une chose à redire
« à votre conduite, c'est le peu de soin que vous

[1] Le duc de Vivonne étoit fort gros. Ayant, au passage du Rhin, reçu une grande blessure à l'épaule gauche, il porta toujours depuis le bras en écharpe.

« prenez quelquefois de votre vie. On vous aime
« assez en ce pays-ci pour souhaiter de ne vous
« y point voir. Croyez-moi, Monseigneur, je l'ai
« déja dit en l'autre monde,

> . . . . . . C'est fort peu de chose
> Qu'un demi-dieu quand il est mort.
> (*Épitre au grand Condé.*)

« Il n'est rien tel que d'être vivant. Et pour moi qui
« sais maintenant par expérience ce que c'est que
« de ne plus être, je fais ici la meilleure contenance
« que je puis; mais, à ne vous rien céler, je meurs
« d'envie de retourner au monde, ne fût-ce que
« pour avoir le plaisir de vous y voir. Dans le des-
« sein même que j'ai de faire ce voyage, j'ai déja
« envoyé plusieurs fois chercher les parties de mon
« corps pour les rassembler, mais je n'ai jamais pu
« ravoir mon cœur, que j'avois laissé en partant à
« ces sept maîtresses que je servois, comme vous
« savez, si fidèlement toutes sept à la fois. Pour
« mon esprit, à moins que vous ne l'ayez, on m'a
« assuré qu'il n'étoit plus dans le monde. A vous
« dire le vrai, je vous soupçonne un peu d'en avoir
« au moins l'enjouement; car on m'a rapporté
« ici quatre ou cinq mots de votre façon que je
« voudrois de tout mon cœur avoir dits, et pour
« lesquels je donnerois volontiers le panégyrique
« de Pline[1], et deux de mes meilleures lettres.

[1] Voiture se déclaroit hautement contre ce panégyrique. (B.)

« Supposé donc que vous l'ayez, je vous prie de
« me le renvoyer au plus tôt; car, en vérité, vous
« ne sauriez croire quelle incommodité c'est que
« de n'avoir pas tout son esprit, surtout lorsqu'on
« écrit à un homme comme vous. C'est ce qui fait
« que mon style aujourd'hui est tout changé. Sans
« cela vous me verriez encore rire comme autre-
« fois avec mon compère le Brochet[1], et je ne
« serois pas réduit à finir ma lettre trivialement,
« comme je fais, en vous disant que je suis,

« Monseigneur,

« votre très humble et très obéissant
serviteur, VOITURE. »

Voilà les deux lettres telles que je les ai reçues. Je vous les envoie écrites de ma main, parce que vous auriez eu trop de peine à lire les caractères de l'autre monde, si je vous les avois envoyées en original. N'allez donc pas vous figurer, Monseigneur, que ce soit ici un pur jeu d'esprit et une imitation de style de ces deux écrivains. Vous savez bien que Balzac et Voiture sont deux hommes inimitables. Quand il seroit vrai pourtant que j'aurois eu recours à cette invention pour vous divertir, aurois-je si grand tort? Et ne devroit-on pas au contraire m'estimer d'avoir trouvé cette adresse, pour vous faire lire des louanges que

[1] Voyez la lettre CXLIII de Voiture.

vous n'auriez jamais souffertes autrement? En un mot, pourrois-je mieux faire voir avec quelle sincérité et quel respect je suis, etc.

V.

AU DUC DE VIVONNE,

A MESSINE.

...... 1676.

Monseigneur,

Sans une maladie très violente qui m'a tourmenté pendant quatre mois, et qui m'a mis très long-temps dans un état moins glorieux à la vérité, mais presque aussi périlleux que celui où vous êtes tous les jours, vous ne vous plaindriez pas de ma paresse.

Avant ce temps-là je me suis donné l'honneur de vous écrire plusieurs fois; et si vous n'avez pas reçu mes lettres, c'est la faute de vos courriers, et non pas la mienne. Quoi qu'il en soit, me voilà guéri; je suis en état de réparer mes fautes, si j'en ai commis quelques unes; et j'espère que cette lettre-ci prendra une route plus sûre que les autres. Mais dites-moi, Monseigneur, sur quel ton faut-il maintenant vous parler? Je savois assez bien autrefois de quel air il falloit écrire à Monseigneur de Vivonne, général des galères de France; mais oseroit-on se familiariser de même avec le libérateur de Messine, le vainqueur de Ruyter, le destructeur de la flotte espagnole? Seriez-vous le premier héros qu'une extrême prospérité ne pût enorgueillir? Êtes-vous encore ce même grand seigneur qui venoit souper chez un misérable poëte, et y porteriez-vous sans honte vos nouveaux lauriers au second et au troisième étage? Non, non, Monseigneur, je n'oserois plus me flatter de cet honneur. Ce seroit assez pour moi que vous fussiez de retour à Paris; et je me tiendrois trop heureux de pouvoir grossir les pelotons de peuple qui s'amasseroient dans les rues pour vous voir passer. Mais je n'oserois pas même espérer cette joie : vous vous êtes si fort habitué à gagner des batailles, que vous ne voulez plus faire d'autre métier; il n'y a pas moyen de vous tirer de la Sicile. Cela accommode fort toute la France; mais cela ne m'accommode point du tout. Quelque belles que soient vos victoires, je n'en saurois être content, puisqu'elles vous rendent d'autant plus nécessaire au pays où vous êtes, et qu'en avançant vos conquêtes, elles reculent votre retour. Tout passionné que je suis pour votre gloire, je chéris encore plus votre personne, et j'aimerois encore mieux vous entendre parler ici de Chapelain et de Quinault, que d'entendre la renommée parler si avantageusement de vous. Et puis, Monseigneur, combien pensez-vous que votre protection m'est nécessaire en ce pays, dans les démêlés que j'ai incessamment sur le Parnasse? Il faut que je vous en conte un, pour vous faire voir que je ne mens pas. Vous saurez donc, monseigneur, qu'il y a un médecin à Paris, nommé M. Perrault [1], très grand ennemi de la santé et du bon sens, mais en récompense fort grand ami de M. Quinault. Un mouvement de pitié pour son pays, ou plutôt le peu de gain qu'il faisoit dans son métier, lui en a fait à la fin embrasser un autre. Il a lu Vitruve, il a fréquenté M. Le Vau et M. Ratabon [2], et s'est enfin jeté dans l'architecture, où l'on prétend qu'en peu d'années il a autant élevé de mauvais bâtiments, qu'étant médecin il avoit ruiné de bonnes santés. Ce nouvel architecte, qui veut se mêler aussi de poésie, m'a pris en haine sur le peu d'estime que je faisois des ouvrages de son cher Quinault. Sur cela il s'est déchaîné contre moi dans le monde : je l'ai souffert quelque temps avec assez de modération; mais enfin la bile satirique n'a pu se contenir, si bien que, dans le quatrième chant de ma poétique, à quelque temps de là, j'ai inséré la métamorphose d'un médecin en architecte. Vous l'y avez peut-être vue; elle finit ainsi :

Notre assassin renonce à son art inhumain [3];
Et, désormais la règle et l'équerre à la main,

Claude.
[2] Deux architectes distingués.
[3] *Art poétique*, chant IV, vers 21.

Laissant de Galien la science suspecte,
De méchant médecin devient bon architecte.

Il n'avoit pourtant pas sujet de s'offenser, puisque je parle d'un médecin de Florence, et que d'ailleurs il n'est pas le premier médecin qui, dans Paris, ait quitté sa robe pour la truelle. Ajoutez que si en qualité de médecin il avoit raison de se fâcher, vous m'avouerez qu'en qualité d'architecte il me devoit des remerciements. Il ne me remercia pas pourtant; au contraire, comme il a un frère[1] chez M. Colbert, et qu'il est lui-même employé dans les bâtiments du roi, il cria fort hautement contre ma hardiesse; jusque-là que mes amis eurent peur que cela ne me fît une affaire auprès de cet illustre ministre. Je me rendis donc à leurs remontrances, et, pour raccommoder toutes choses, je fis une réparation sincère au médecin par l'épigramme que vous allez voir :

Oui, j'ai dit dans mes vers qu'un célèbre assassin,
Laissant de Galien la science infertile,
D'ignorant médecin devint maçon habile.
Mais de parler de vous je n'eus jamais dessein;
   Lubin, ma muse est trop correcte.
Vous êtes, je l'avoue, ignorant médecin,
   Mais non pas habile architecte.

Cependant regardez, monseigneur, comme les esprits des hommes sont faits : cette réparation,

[1] Charles Perrault, contrôleur-général des bâtiments du roi, auteur du *Parallèle des anciens et des modernes*.

bien loin d'apaiser l'architecte, l'irrita encore davantage. Il gronda, il se plaignit, il me menaça de me faire ôter ma pension. A tout cela je répondis que je craignois ses remèdes et non pas ses menaces. Le dénouement de l'affaire est que j'ai touché ma pension, que l'architecte s'est brouillé auprès de M. Colbert, et que si Dieu ne regarde en pitié son peuple, notre homme va se rejeter dans la médecine. Mais, monseigneur, je vous entretiens là d'étranges bagatelles. Il est temps, ce me semble, de vous dire que je suis avec toute sorte de zèle et de respect,

Monseigneur,

votre, etc.

VI.

AU BARON DE WALEF[1].

(1678-1686 [2].)

Monsieur,

Si l'histoire ne m'avoit point tiré du métier de la poésie, je ne me sens point si épuisé que je ne trouvasse des rimes pour répondre à une aussi obligeante épître que celle que vous m'avez adres-

[1] Né à Liége vers 1652, mort en 1734. Il s'étoit beaucoup exercé à écrire en françois; on a imprimé ses OEuvres choisies à Liége en 1779.
[2] Cette lettre, non datée, a été insérée dans les OEuvres choisies de Walef, et depuis dans *les Quatre Saisons du Parnasse*.

sée : ce seroit par des vers que j'aurois répondu à d'aussi excellents vers que les vôtres[1]; je vous aurois rendu figure pour figure, exagération pour exagération, et en vous mettant peut-être au dessus d'Apollon et des Muses, je vous aurois fait voir que l'on ne me met pas impunément au dessus des Orphée et des Amphion. Mais, puisque la poésie m'est en quelque sorte interdite, trouvez bon, monsieur, que je vous assure, en prose très simple mais très sincère, que vos vers m'ont paru merveilleux, que j'y trouve de la force et de l'élégance, et que je ne conçois pas comment un homme nourri dans le pays de Liége a pu deviner tous les mystères de notre langue.

Vous me faites entendre, monsieur, que c'est moi qui vous ai inspiré : si cela est, je suis dans mes inspirations beaucoup plus heureux pour vous que pour moi-même, puisque je vous ai donné ce que je n'ai jamais eu. Je ne sais si Horace et Juvénal ont eu des disciples pareils à vous; mais quelque mérite qu'ils aient d'ailleurs, voilà un endroit où je les surpasse.

J'aurai toute ma vie une obligation très sensible

---

[1] Dans une épître en vers, Walef avoit dit à Boileau :

> Oui, ce sont tes écrits dont les charmes divers
> M'ont porté, jeune encore, au doux métier des vers.
> Né sous un ciel ingrat où cette noble envie
> Vint troubler à quinze ans le repos de ma vie,
> Sans amis, et privé d'utiles entretiens,
> Ton livre a fait en moi plus que tous les anciens.

à M. le marquis de Dangeau de m'avoir procuré l'honneur de votre connoissance; il ne tiendra qu'à vous que cette connoissance se convertisse en une étroite amitié, puisque personne n'est plus parfaitement que moi,

Monsieur,

Votre, etc.

VII.

A MADAME MANCHON,

SOEUR DE BOILEAU.

Bourbon, 31 juillet 1687.

C'est aujourd'hui le dixième jour que je prends des eaux, et pour vous dire l'effet qu'elles ont produit en moi, elles m'ont causé de fort grandes lassitudes dans les jambes, excité des envies de dormir, et produit beaucoup d'effets qui ont contenté de reste les médecins, mais qui ont jusqu'ici très peu satisfait le malade, puisque je demeure toujours sans voix, avec très peu d'appétit, et une assez grande foiblesse de corps, quoiqu'on m'eût dit d'abord qu'à peine j'aurois goûté des eaux, que je me trouverois tout renouvelé, et avec plus de force et de vigueur qu'à l'âge de vingt-cinq ans. Voilà au vrai, ma chère sœur, l'état où je me trouve, et si je n'avois fait provision, en partant, d'un peu de piété et de vertu, je vous avoue que je serois désolé; mais je vois bien que c'est Dieu qui m'éprouve, et je ne sais même si je lui dois demander de me rendre la voix, puisqu'il ne me l'a peut-être ôtée que pour mon bien, et pour m'empêcher d'en abuser. Ainsi, je m'en vais regarder dorénavant les eaux et les médecines que j'avalerai comme des pénitences qui me sont imposées, plutôt que comme des remèdes qui doivent produire ma santé corporelle; et certainement je doute que je puisse mieux faire voir que je suis résigné à la volonté de Dieu, qu'en me soumettant au joug de la médecine, qui est ici toute la même qu'à Paris, excepté que les médecins y sont un peu plus appliqués à leurs malades, et pensent au moins à leurs maladies dans le temps qu'ils sont avec eux. Je ne nierai pas pourtant que les eaux ne m'aient déja fait du bien, puisqu'ayant eu cette nuit la respiration fort embarrassée, ce matin, aussitôt après avoir pris mes eaux, je me suis trouvé fort dégagé. Il faut donc aller jusqu'au bout, et, si je ne puis guérir, ne pas donner du moins occasion aux hommes de dire que je n'ai pas fait ce qu'il falloit pour me guérir. J'ai lié, depuis que je suis ici, une très étroite connoissance avec M. l'abbé de Sales, trésorier de la Sainte-Chapelle de Bourbon. Je ne sais comment je pourrai reconnoître les bontés qu'il a pour moi. Il me tient lieu ici de frères, de parents et d'amis par les soins qu'il prend de tout ce qui me regarde. C'est un ami intime de M. de Lamoignon (*fils du premier président*), et qui seroit assurément digne trésorier de la Sainte-Chapelle de Paris.

Il est arrivé ici depuis cinq ou six jours un pauvre homme paralytique de la moitié du corps, avec une recommandation de madame de Montespan pour être reçu à la Charité qu'on y a établie. La recommandation étoit écrite et signée par madame de Jussac, et j'ai attesté aux maîtres et aux dames de la Charité qu'il ne venoit point à fausses enseignes; mais ni cette recommandation, ni toutes mes prières ne les ont pu obliger à le recevoir. Ils ont pris pour prétexte que la Charité ne devoit s'ouvrir qu'à la fin du mois prochain. Je me suis réduit à leur demander seulement qu'ils le logeassent, et que du reste je ferois toute la dépense qu'il faudroit pour le nourrir et pour le faire panser; mais ils m'ont encore impitoyablement refusé cela. De sorte qu'à la fin ne pouvant me résoudre à le voir peut-être mourir sur le pavé, je lui ai fait donner une chambre dans la maison que j'occupe, où il est traité et servi comme moi. Il y a peut-être dans ce que je vous dis là une petite vanité pharisienne. Je vous prie de le faire savoir à M. Racine, afin que dans l'occasion il témoigne à M. et madame de Jussac[1] que leur

---

[1] Monsieur de Jussac étoit gouverneur du duc du Maine.

nom n'a pas peu contribué en cette rencontre à exciter ma pitié. Je suis tout à vous.

VIII.

A M. DE LAMOIGNON,

AVOCAT-GÉNÉRAL.

A Paris, lundi (1688-90.)

M. Racine est présentement tout occupé à finir sa pièce, qui sera vraisemblablement achevée cette semaine. Il vous prie donc, monsieur, de remettre à la semaine qui vient le récit que vous souhaitez qu'il fasse à madame de Lamoignon et au père de La Rue. Pour Auteuil, il ne tiendra qu'à vous de l'honorer, quand il vous plaira, de votre présence. Je serois bien aise néanmoins que vous le vissiez dans tout son éclat, c'est-à-dire, avec un soleil digne du mois de juin, et non pas dans une journée de pluies et de frimas, comme celle d'aujourd'hui. Je suis votre très humble et très obéissant serviteur.

IX.

RACINE ET BOILEAU
AU MARÉCHAL DUC DE LUXEMBOURG.

FÉLICITATION SUR LA VICTOIRE DE FLEURUS.

A Paris, 8 juillet 1690.

Au milieu des louanges et des compliments que vous recevez de tous côtés pour le grand service que vous venez de rendre à la France, trouvez bon, monseigneur, qu'on vous remercie aussi du grand bien que vous avez fait à l'histoire, et du soin que vous prenez de l'enrichir. Personne jusqu'ici n'y a travaillé avec plus de succès que vous, et la bataille que vous venez de gagner fera sans doute un de ses plus magnifiques ornements. Jamais il n'y en eut de si propre à être racontée; et tout s'y rencontre à la fois, la grandeur de la querelle, l'animosité des deux partis, l'audace et la multitude des combattants, une résistance de plus de six heures, un carnage horrible, et enfin une déroute entière des ennemis. Jugez donc quel agrément c'est pour des historiens d'avoir de telles choses à écrire, surtout quand ces historiens peuvent espérer d'en apprendre de votre bouche même le détail. C'est de quoi nous osons nous flatter; mais laissant là l'histoire à part, sérieusement, monseigneur, il n'y a point de gens qui soient si véritablement touchés que nous de l'heureuse victoire que vous avez remportée. Car, sans compter l'intérêt général que nous y prenons avec tout le royaume, figurez-vous quelle est notre joie d'entendre publier partout que nos affaires sont rétablies, toutes les mesures des ennemis rompues, la France pour ainsi dire sauvée, et de songer que le héros qui a fait tous ces miracles, est ce même homme d'un commerce si agréable, qui nous honore de son amitié, et qui nous donna à dîner le jour que le roi lui donna le commandement de ses armées. Nous sommes avec un profond respect, etc.

X.

REMERCIEMENT A ANTOINE ARNAULD.

Juin 1694.

Je ne saurois, monsieur, assez vous témoigner ma reconnoissance de la bonté que vous avez eue de vouloir bien permettre qu'on me montrât la lettre que vous avez écrite à M. Perrault sur ma dernière satire. Je n'ai jamais rien lu qui m'ait fait un si grand plaisir; et quelques injures que ce galant homme m'ait dites, je ne saurois plus lui en vouloir de mal, puisqu'elles m'ont attiré une si honorable apologie. Jamais cause ne fut si bien défendue que la mienne. Tout m'a charmé, ravi, édifié dans votre lettre; mais ce qui m'y a touché davantage, c'est cette confiance si bien fondée avec laquelle vous y déclarez que vous me croyez sincèrement votre ami. N'en doutez point, monsieur, je le suis; et c'est une qualité dont je me glorifie tous les jours en présence de vos plus grands ennemis. Il y a des jésuites qui me font l'honneur de m'estimer, et que j'estime et honore aussi beaucoup. Ils me viennent voir dans ma solitude d'Auteuil, et ils y séjournent même quelquefois. Je les reçois du mieux que je puis; mais la première convention que je fais avec eux, c'est qu'il me sera permis dans nos entretiens de vous louer à outrance. J'abuse souvent de cette permission, et l'écho des murailles de mon jardin a retenti plus d'une fois de nos contestations sur votre sujet. La vérité est pourtant qu'ils tombent sans peine d'accord de la grandeur de votre génie et de l'étendue de vos connoissances; mais je leur soutiens, moi, que ce sont là vos moindres qualités, et que ce qu'il y a de plus estimable en vous, c'est la droiture de votre esprit, la candeur de votre ame et la pureté de vos intentions. C'est alors que se font les grands cris; car je ne démords point sur cet article, non plus que sur celui des lettres au provincial, que, sans examiner qui des deux partis au fond a droit ou tort, je leur vante toujours comme le plus parfait ouvrage de prose qui soit en notre langue. Nous en venons quelquefois à des paroles assez aigres. A la fin néanmoins tout se tourne en plaisanterie : *ridendo dicere verum quid vetat?* Ou, quand je les vois trop fâchés, je me jette sur les louanges du R. P. de La Chaise, que je révère de bonne foi, et à qui j'ai en effet tout récemment encore une très grande obligation, puisque c'est en partie à ses bons offices que je dois la chanoinie de la Sainte-Chapelle de Paris, que j'ai obtenue de Sa Majesté pour mon frère le doyen de Sens[1]. Mais, monsieur, pour revenir à votre lettre, je ne sais pas pourquoi les amis de M. Perrault refusent de la lui montrer. Jamais ouvrage ne fut plus propre à lui ouvrir les yeux et à lui inspirer l'esprit de paix et d'humilité, dont il a besoin aussi bien que moi. Une preuve de ce que je dis, c'est qu'à mon égard, à peine en ai-je eu fait la lecture, que, frappé des salutaires leçons que vous nous y faites à l'un et à l'autre, je lui ai envoyé dire qu'il ne tiendroit qu'à lui que nous ne fussions bons amis; que s'il vouloit demeurer en paix sur mon sujet, je m'engageois à ne plus rien écrire dont il pût se choquer, et lui ai même fait entendre que je le laisserois, tout à son aise, faire, s'il vouloit, un monde renversé du Parnasse, en y

[1] Jacques Boileau.

plaçant les Chapelain et les Cotin au dessus des Horace et des Virgile. Ce sont les paroles que M. Racine et M. l'abbé Tallemant lui ont portées de ma part. Il n'a point voulu entendre à cet accord, et a exigé de moi, avant toutes choses, pour ses ouvrages, une estime et une admiration que franchement je ne lui saurois promettre, sans trahir la raison et ma conscience. Ainsi nous voilà plus brouillés que jamais, au grand contentement des rieurs, qui étoient déja fort affligés du bruit qui couroit de notre réconciliation. Je ne doute point que cela ne vous fasse beaucoup de peine; mais pour vous montrer que ce n'est pas de moi que la rupture est venue, c'est qu'en quelque lieu que vous soyez, je vous déclare, monsieur, que vous n'avez qu'à me mander ce que vous souhaitez que je fasse pour parvenir à un accord, et je l'exécuterai ponctuellement, sachant bien que vous ne me prescrirez rien que de juste et de raisonnable.

Je ne mets qu'une condition au traité que je ferai; mais c'est une condition *sine qua non*. Cette condition est que votre lettre verra le jour, et qu'on ne me privera point, en la supprimant, du plus grand honneur que j'aie reçu en ma vie. Obtenez cela de vous et de lui, et je lui donne sur tout le reste la carte blanche : car pour ce qui regarde l'estime qu'il veut que je fasse de ses écrits, je vous prie, monsieur, d'examiner vous-même ce que je puis faire là dessus. Voici une liste des principaux ouvrages qu'on veut que j'admire. Je suis fort trompé si vous en avez jamais lu aucun.

Le conte de Peau-d'Ane et l'histoire de la femme au nez de boudin, mis en vers par M. Perrault, de l'Académie françoise.
La Métamorphose d'Orante en miroir.
L'Amour Godenot.
Le Labyrinthe de Versailles, ou les Maximes d'amour et de galanteries, tirées des fables d'Ésope.
Élégie à Iris.
La Procession de sainte Geneviève.
Parallèles des anciens et des modernes, où l'on voit la poésie portée à son plus haut point de perfection dans les opéras de M. Quinault.
Saint-Paulin, poëme héroïque.
Réflexions sur Pindare, où l'on enseigne l'art de ne point entendre ce grand poëte.

Je ris, monsieur, en vous écrivant cette liste, et je crois que vous aurez de la peine à vous empêcher aussi de rire en la lisant. Cependant je vous supplie de croire que l'offre que je vous fais est très sérieuse, et que je tiendrai exactement ma parole. Mais, soit que l'accommodement se fasse ou non, je vous réponds, puisque vous prenez si grand intérêt à la mémoire de feu M. Perrault le médecin, qu'à la première édition qui paroîtra de mon livre, il y aura dans la préface un article exprès en faveur de ce médecin, qui sûrement n'a point fait la façade du Louvre, ni l'Observatoire, ni l'arc de triomphe, comme on le prouvera dans peu démonstrativement; mais qui au fond étoit un homme de beaucoup de mérite; grand physicien, et, ce que j'estime encore plus que tout cela, qui avoit l'honneur d'être votre ami.

Je doute même, quelque mine que je fasse du contraire, qu'il m'arrive jamais de prendre de nouveau la plume pour écrire contre M. Perrault l'académicien, puisque cela n'est plus nécessaire. En effet, pour ce qui est de ses écrits contre les anciens, beaucoup de mes amis sont persuadés que je n'ai déja que trop employé de papier dans mes réflexions sur Longin à réfuter des ouvrages si pleins d'ignorance et si indignes d'être réfutés. Et pour ce qui regarde ses critiques sur mes mœurs et sur mes ouvrages, le seul bruit, ajoutent-ils, qui a couru que vous aviez pris mon parti contre lui, est suffisant pour me mettre à couvert de ses invectives. J'avoue qu'ils ont raison. La vérité est pourtant que, pour rendre ma gloire complète, il faudroit que votre lettre fût publiée. Que ne ferois-je point pour en obtenir de vous le consentement? Faut-il se dédire de tout ce que j'ai écrit contre M. Perrault? faut-il se mettre à genoux devant lui? faut-il lire tout Saint-Paulin? vous n'avez qu'à dire : rien ne me sera difficile. Je suis avec beaucoup de respect, etc.

XI.

A M. DE MAUCROIX [1].

29 avril 1695.

Les choses hors de vraisemblance qu'on m'a dites de M. La Fontaine sont à peu près celles que vous avez devinées; je veux dire que ce sont ces haires, ces cilices et ces disciplines dont on m'a assuré qu'il affligeoit fréquemment son corps, et qui m'ont paru d'autant plus incroyables de notre défunt ami, que jamais rien, à mon avis, ne fut plus éloigné de son caractère que ces mortifications. Mais quoi! la grace de Dieu ne se borne pas à des changements ordinaires, et c'est quelquefois de véritables métamorphoses qu'elle fait. Elle ne paroît pas s'être répandue de la même sorte sur le pauvre M. Cassandre, qui est mort tel qu'il a vécu, c'est à savoir très misanthrope, et non seulement haïssant les hommes, mais ayant même assez de peine à se réconcilier avec Dieu, à qui, disoit-il, si le rapport qu'on m'a fait est véritable, il n'avoit nulle obligation. Qui eût cru que, de ces deux hommes, c'étoit M. de La Fontaine qui étoit

---

[1] Né en 1619 à Noyon, avocat, puis ecclésiastique, et enfin chanoine de Reims, ville où il mourut en 1708. Il a traduit des ouvrages de Platon, de Démosthène et de Cicéron.

le vase d'élection? Voilà, monsieur, de quoi augmenter les réflexions sages et chrétiennes que vous me faites dans votre lettre, et qui me paroissent partir d'un cœur sincèrement persuadé de ce qu'il dit.

Pour venir à vos ouvrages, j'ai déja commencé à conférer le dialogue des orateurs avec le latin. Ce que j'en ai vu me paroît extrêmement bien. La langue y est parfaitement écrite. Il n'y a rien de gêné, et tout y paroît libre et original. Il y a pourtant des endroits où je ne conviens pas du sens que vous avez suivi. J'en ai marqué quelques uns avec du crayon, et vous y trouverez ces marques quand on vous les renverra. Si j'ai le temps, je vous expliquerai mes objections; car je doute sans cela que vous les puissiez bien comprendre. En voici une que par avance je vais vous écrire, parce qu'elle me paroît plus de conséquence que les autres. C'est à la page 6 de votre manuscrit, où vous traduisez :

Minimum inter tot ac tanta locum obtinent imagines ac tituli et statuæ, quæ neque ipsa tamen negliguntur :

« Au prix de ces talents si estimables, qu'est-ce que la no-
« blesse et la naissance, qui pourtant ne sont pas méprisées? »

Il ne s'agit point, à mon sens, dans cet endroit, de la noblesse ni de la naissance, mais des images, des inscriptions et des statues qu'on faisoit faire souvent à l'honneur des orateurs, et qu'on leur envoyoit chez eux. Juvénal parle d'un avocat de son temps qui prenoit beaucoup plus d'argent que les autres, à cause qu'il en avoit une équestre [1]. Sans rapporter ici toutes les preuves que je vous pourrois alléguer, Maternus lui-même, dans votre dialogue, fait entendre clairement la même chose lorsqu'il dit que « ces statues et ces images se sont « emparées malgré lui de sa maison. »

Æra et imagines quæ, etiam me nolente, in domum meam irruperunt.

Excusez, monsieur, la liberté que je prends de vous dire si sincèrement mon avis. Mais ce seroit dommage qu'un aussi bel ouvrage que le vôtre eût de ces taches où les savants s'arrêtent, et qui pourroient donner occasion de le ravaler. Et puis vous m'avez donné tout pouvoir de vous dire mon sentiment.

Je suis bien aise que mon goût se rencontre si conforme au vôtre dans tout ce que je vous ai dit de nos auteurs, et je suis persuadé aussi bien que vous que M. Godeau [2] est un poëte fort estimable. Il me semble pourtant qu'on peut dire de lui ce que Longin dit d'Hypéride [3], qu'il est toujours à

---

[1] Juv., satire VII, vers 123-127.

[2] Né à Dreux, en 1605, mort évêque de Vence en 1672 : il étoit de l'Académie françoise depuis l'origine. Il a composé des églogues chrétiennes, traduit les psaumes en vers françois, rimé les fastes de l'église, et publié plusieurs ouvrages en prose.

[3] Traité du Sublime, chap. XXVIII.

jeun, et qu'il n'a rien qui remue ni qui échauffe ; en un mot, qu'il n'a point cette force de style et cette vivacité d'expression qu'on cherche dans les ouvrages, et qui les font durer. Je ne sais point s'il passera à la postérité ; mais il faudra pour cela qu'il ressuscite, puisqu'on peut dire qu'il est déja mort, n'étant presque plus maintenant lu de personne. Il n'en est pas ainsi de Malherbe, qui croît de réputation à mesure qu'il s'éloigne de son siècle. La vérité est pourtant, et c'étoit le sentiment de notre cher ami Patru, que la nature ne l'avoit pas fait grand poëte ; mais il corrige ce défaut par son esprit et par son travail : car personne n'a plus travaillé ses ouvrages que lui, comme il paroît assez par le petit nombre de pièces qu'il a faites. Notre langue veut être extrêmement travaillée. Racan avoit plus de génie que lui ; mais il est plus négligé, et songe trop à le copier. Il excelle surtout, à mon avis, à dire les petites choses ; et c'est en quoi il ressemble mieux aux anciens, que j'admire surtout par cet endroit. Plus les choses sont sèches et malaisées à dire en vers, plus elles frappent quand elles sont dites noblement, et avec cette élégance qui fait proprement la poésie. Je me souviens que M. de La Fontaine m'a dit plus d'une fois que les deux vers de mes ouvrages qu'il estimoit davantage, c'étoient ceux où je loue le roi d'avoir établi la manufacture des points de France, à la place des points de Venise. Les voici, c'est dans la première épître à sa majesté[1] :

> Et nos voisins frustrés de ces tributs serviles
> Que payoit à leur art le luxe de nos villes.

Virgile et Horace sont divins en cela aussi bien qu'Homère. C'est tout le contraire de nos poëtes, qui ne disent que des choses vagues, que d'autres ont déja dites avant eux, et dont les expressions sont trouvées. Quand ils sortent de là ils ne sauroient plus s'exprimer, et ils tombent dans une sécheresse qui est encore pire que leurs larcins. Pour moi, je ne sais pas si j'y ai réussi; mais, quand je fais des vers, je songe toujours à dire ce qui ne s'est point encore dit en notre langue.

C'est ce que j'ai principalement affecté dans une nouvelle épître[2], que j'ai faite à propos de toutes les critiques qu'on a imprimées contre ma dernière satire. J'y compte tout ce que j'ai fait depuis que je suis au monde; j'y rapporte mes défauts, mon âge, mes inclinations, mes mœurs; j'y dis de quel père et de quelle mère je suis né; j'y marque les degrés de ma fortune, comment j'ai été à la cour, comment j'en suis sorti, les incommodités qui me sont survenues, les ouvrages que j'ai faits. Ce sont bien de petites choses dites en assez peu

---

[1] Vers 141 et 142.
[2] Épître x.

de mots, puisque la pièce n'a pas plus de cent trente vers. Elle n'a pas encore vu le jour, et je ne l'ai pas même encore écrite; mais il me paroît que tous ceux à qui je l'ai récitée en sont aussi frappés que d'aucun autre de mes ouvrages. Croiriez-vous, monsieur, qu'un des endroits où ils se récrient le plus, c'est un endroit qui ne dit autre chose, sinon qu'aujourd'hui que j'ai cinquante-sept ans, je ne dois plus prétendre à l'approbation publique? Cela est dit en quatre vers, que je veux bien vous écrire ici afin que vous me mandiez si vous les approuvez :

> Mais aujourd'hui qu'enfin la vieillesse venue,
> Sous mes faux cheveux blonds déja toute chenue,
> A jeté sur ma tête avec ses doigts pesants
> Onze lustres complets surchargés de deux ans.

Il me semble que la perruque est assez heureusement frondée dans ces quatre vers. Mais, monsieur, à propos des petites choses qu'on doit dire en vers, il me paroît qu'en voilà beaucoup que je vous dis en prose, et que le plaisir que j'ai à vous parler de moi me fait assez mal à propos oublier à vous parler de vous. J'espère que vous excuserez un poëte nouvellement délivré d'un ouvrage. Il n'est pas possible qu'il s'empêche d'en parler, soit à droit, soit à tort.

Je reviens aux pièces que vous m'avez mises entre les mains. Il n'y en a pas une qui ne soit très digne d'être imprimée. Je n'ai point vu les traductions des traités *de la Vieillesse* et *de l'Amitié*, qu'a faites aussi bien que vous le dévot dont vous vous plaignez[1] : tout ce que je sais, c'est qu'il a eu la hardiesse, pour ne pas dire l'impudence, de retraduire les *Confessions* de saint Augustin après messieurs de Port-Royal ; et qu'étant autrefois leur humble et rampant écolier, il s'étoit tout à coup voulu ériger en maître. Il a fait une préface au devant de sa traduction des *Sermons* de saint Augustin, qui, quoique assez bien écrite, est un chef-d'œuvre d'impertinence et de mauvais sens. M. Arnauld, un peu avant que de mourir, a fait contre cette préface une dissertation qui est imprimée. Je ne sais si on vous l'a envoyée ; mais je suis sûr que, si vous l'avez lue, vous convenez avec moi qu'il ne s'est rien fait en notre langue de plus beau ni de plus fort sur les matières de rhétorique. C'est ainsi que toute la cour et toute la ville en ont jugé, et jamais ouvrage n'a été mieux réfuté que la préface du dévot. Tout le monde voudroit qu'il fût en vie, pour voir ce qu'il diroit en se voyant si bien foudroyé. Cette dissertation est le pénultième ouvrage de M. Arnauld ; et j'ai l'honneur que c'est par mes louanges que ce grand personnage a fini, puisque la lettre qu'il a écrite

[1] Philippe Goibaud Dubois, mort en 1694, un an après sa réception à l'Académie françoise.

sur mon sujet à M. Perrault est son dernier écrit. Vous savez sans doute ce que c'est que cette lettre qui me fait un si grand honneur; et M. Le Verrier en a une copie qu'il pourra vous faire tenir quand vous voudrez, supposé qu'il ne vous l'ait pas déja envoyée. Il est surprenant qu'un homme dans l'extrême vieillesse ait conservé toute cette vigueur d'esprit et de mémoire qui paroît dans ces deux écrits, qu'il n'a fait pourtant que dicter, la foiblesse de sa vue ne lui permettant plus d'écrire lui-même.

Il me semble, monsieur, que voilà une longue lettre. Mais quoi! le loisir que je me suis trouvé aujourd'hui à Auteuil m'a comme transporté à Reims, où je me suis imaginé que je vous entretenois dans votre jardin, et que je vous revoyois encore, comme autrefois, avec tous ces chers amis que nous avons perdus, et qui ont disparu *velut somnium surgentis* [1]. Je n'espère plus de m'y revoir. Mais vous, monsieur, est-ce que nous ne vous reverrons plus à Paris? et n'avez-vous point quelque curiosité de voir ma solitude d'Auteuil? Que j'aurois de plaisir à vous y embrasser, et à déposer entre vos mains le chagrin que me donne tous les jours le mauvais goût de la plupart de nos académiciens, gens assez comparables aux Hurons et aux Topinamboux, comme vous savez

[1] Psaume LXXII, verset 20.

bien que l'ai déja avancé dans mon épigramme :

<small>Clio vint, l'autre jour, se plaindre au dieu des vers...¹</small>

J'ai supprimé cette épigramme, et ne l'ai point mise dans mes ouvrages, parce qu'au bout du compte je suis de l'Académie, et qu'il n'est pas honnête de diffamer un corps dont on est. Je n'ai même jamais montré à personne une badinerie que je fis ensuite, pour m'excuser de cette épigramme. Je vais la mettre ici pour vous divertir ; mais c'est à la charge que vous me garderez le secret, et que ni vous ne la retiendrez par cœur, ni ne la montrerez à personne :

<small>J'ai traité de Topinamboux...²</small>

C'est une folie, comme vous voyez, mais je vous la donne pour telle. Adieu, monsieur, je vous embrasse de tout mon cœur et suis entièrement à vous.

XII.

A LA MARQUISE DE VILLETTE³.

1696.

Je ne sais pas comment vous l'entendez, madame ; mais pensez-vous qu'un homme qui,

---

¹ Épigramme XXIV, tome II.
² Épigramme XXV, tome II.
³ Fille de M. de Marsilli, et, par sa mère, petite-fille de Thomas

comme je vous l'ai déja dit, a eu autrefois pour vous, sans que vous en sussiez rien, et du temps que vous n'étiez encore que mademoiselle de Marsilli, des sentiments qui alloient bien au delà de l'estime et de la simple admiration, puisse recevoir de vous une lettre pleine de douceurs, sans que ces sentiments se renouvellent? Cependant, non seulement vous m'écrivez des paroles obligeantes, vous y joignez les effets. Vous me faites des présents magnifiques; et, comme si ce n'étoit pas assez de m'avoir ravi tous les autres sens, vous m'attaquez encore par le goût, et m'envoyez une caisse pleine des plus exquises liqueurs. En vérité, madame, j'aurois bon besoin de cette insensibilité chrétienne dont vous nous croyez remplis, M. Racine et moi, pour résister à ces douceurs; car pour me soutenir contre vous il ne faut pas moins que Dieu même. Ma raison toute seule a pourtant gagné le dessus. Elle m'a fait concevoir ce que vous êtes et ce que je suis, et m'a si bien fait rentrer dans mon néant, qu'enfin toute ma passion s'est tournée en purs sentiments d'estime et de reconnoissance; de sorte qu'au lieu d'amant impertinent que je commençois à devenir, je me suis trouvé tout à coup ami très sincère et très respectueux. Permettez donc, madame,

---

Corneille : elle avoit été élevée à Saint-Cyr, et y avoit joué un personnage dans l'*Esther* de Racine ; morte en Angleterre en 1750.

qu'en cette qualité je vous dise qu'on ne peut pas être plus touché que je le suis de toutes vos bontés et de votre somptueux présent ; qu'à mon avis néanmoins il falloit garder sur cela les mesures que j'avois prises avec M. le marquis d'Aubeterre, et que de payer le port de la caisse est une galanterie plus que romanesque, et dont vous ne sauriez trouver d'autorité dans *Cassandre*, dans *Cléopâtre*, ni dans la *Clélie*. Tout ce que je puis donc faire, madame, pour répondre à votre magnifique galanterie, c'est de vous payer en monnoie poétique, en vous envoyant *mes trois dernières épîtres* et tous mes autres ouvrages bien reliés. Vous les recevrez peu de temps après l'arrivée de cette lettre. Je suis avec toute la reconnoissance et tout le respect que je dois, etc.

XIII.

RÉPONSE

À LA LETTRE QUE SON EXCELLENCE M. LE COMTE D'ÉRICEYRA M'A ÉCRITE DE LISBONNE, EN M'ENVOYANT LA TRADUCTION DE MON *ART POÉTIQUE*, FAITE PAR LUI EN VERS PORTUGAIS.

1697.

Monsieur,

Bien que mes ouvrages aient fait de l'éclat dans le monde, je n'en ai point conçu une trop haute opinion de moi-même; et si les louanges qu'on m'a données m'ont flatté assez agréablement, elles ne m'ont pourtant point aveuglé. Mais j'avoue que la traduction que votre excellence a bien daigné faire de mon *Art poétique*, et les éloges dont elle l'a accompagnée en me l'envoyant, m'ont donné un véritable orgueil. Il ne m'a plus été possible de me croire un homme ordinaire, en me voyant si extraordinairement honoré, et il m'a paru que d'avoir un traducteur de votre capacité et de votre élévation étoit pour moi un titre de mérite qui me distinguoit de tous les écrivains de notre siècle. Je n'ai qu'une connoissance très imparfaite de votre langue, et je n'en ai fait aucune étude particulière. J'ai pourtant assez bien entendu votre traduction pour m'y admirer moi-même, et pour me trouver beaucoup plus habile écrivain en portugais qu'en françois. En effet, vous enrichissez toutes mes pensées en les exprimant. Tout ce que vous maniez se change en or, et les cailloux mêmes, s'il faut ainsi parler, deviennent des pierres précieuses entre vos mains. Jugez après cela si vous devez exiger de moi que je vous marque les endroits où vous pouvez vous être un peu écarté de mon sens. Quand, à la place de mes pensées, vous m'auriez, sans y prendre garde, prêté quelques unes des vôtres, bien loin de m'employer à les faire ôter, je songerois à profiter de votre méprise, et je les adopterois sur-le-champ pour me faire honneur; mais vous ne me mettez nulle part à cette épreuve. Tout est également juste, exact, fidèle, dans votre traduction; et bien que vous m'y ayez fort embelli, je ne laisse pas de m'y reconnoître partout. Ne dites donc plus, monsieur, que vous craignez de ne m'avoir pas assez bien entendu. Dites-moi plutôt comment vous avez fait pour m'entendre si bien, et pour apercevoir dans mon ouvrage jusqu'à des finesses que je croyois ne pouvoir être senties que par des gens nés en France, et nourris à la cour de Louis-le-Grand. Je vois bien que vous n'êtes étranger en aucun pays, et que, par l'étendue de vos connoissances, vous êtes de toutes les cours et de toutes les nations; la lettre et les vers françois que vous m'avez fait l'honneur de m'écrire en sont un bon témoignage; on n'y voit rien d'étranger que votre nom, et il n'y a point en France d'homme de bon goût qui ne voulût les avoir faits. Je les ai montrés à plusieurs de nos meilleurs écrivains. Il n'y en a pas un qui n'en ait été extrêmement frappé, et qui ne m'ait fait comprendre que s'il avoit reçu de vous de pareilles louanges, il vous auroit déja récrit des volumes de prose et de vers. Que penserez-vous donc de moi, de me contenter d'y répondre par une simple lettre de compliment? Ne m'accuserez-vous point d'être ou méconnoissant ou grossier? Non, monsieur, je ne suis ni l'un ni l'autre; mais franchement je ne fais pas des vers, ni même de la prose, quand je veux. Apollon est pour moi un dieu bizarre, qui ne me donne pas comme à vous audience à toutes les heures. Il faut que j'attende les moments favorables. J'aurai soin d'en profiter dès que je les trouverai; et il y a bien du malheur si je ne meurs enfin quitte d'une partie de vos éloges. Ce que je vous puis dire par avance, c'est qu'à la première édition de mes ouvrages, je ne manquerai pas d'y insérer votre traduction, et que je ne perdrai aucune occasion de faire savoir à toute la terre que c'est des extrémités de notre continent, et d'aussi loin que les colonnes d'Hercule, que me sont venues les louanges dont je m'applaudis davantage, et l'ouvrage dont je me sens le plus honoré.

Je suis avec un très grand respect,

De votre excellence, etc.

XIV.

A M. DE LA CHAPELLE [1],

CONSEILLER AUX REQUÊTES A METZ, PREMIER COMMIS
DE M. DE MAUREPAS, A VERSAILLES.

Paris, 8 janvier 1699.

Je vous ai bien de l'obligation, mon cher neveu, de votre souvenir; mais depuis quand avez-vous oublié notre ancienne familiarité, et de quel front venez-vous le prendre avec moi sur un ton si respectueux? Pensez-vous que j'aie oublié :

Sed si te colo, Sexte, non amabo [2],

et n'appréhendez-vous point que j'en conclue que vous êtes dans la même disposition d'esprit envers moi, que Martial étoit envers Sextus? Au nom de Dieu, quand vous me ferez la faveur de m'écrire, soyez moins mon neveu, et soyez davantage mon ami. Gardons, vous et moi, nos respects pour l'illustre M. de Maurepas. C'est en écrivant à des personnes de son élévation qu'il faut se servir des termes que vous me prodiguez. Je vous prie donc de lui bien témoigner que j'ai pour lui toute l'estime et tout le respect que je dois, et que c'est sur l'honneur de sa protection que je

---

[1] Petit neveu de Despréaux.
[2] Martial, épigramme LV du livre II.

fonde une des plus sûres espérances de ma tranquillité en ce monde. J'ose me flatter de le voir encore une fois en ma vie à Auteuil; et c'est ce qui me fait attendre avec plus d'impatience le retour de mon ami le soleil. Adieu, mon cher neveu; aimez-moi toujours, et croyez que je suis encore plus cette année que l'autre....

XV.

AU COMTE DE MAUREPAS,

SECRÉTAIRE D'ÉTAT.

..., 1699.

Quelque affligé que je sois[1], monseigneur, la douleur ne m'a pas encore rendu si stupide que je ne sente, comme je dois, l'extrême honneur que vous m'avez fait en m'écrivant d'une manière si obligeante, sur la mort de mon illustre ami. Vous avez parfaitement tracé son éloge en très peu de mots, et je doute que l'écrivain qui sera reçu en sa place à l'Académie le fasse mieux en beaucoup de périodes. N'attendez pas cependant, monseigneur, de moi sur cela une réponse digne de votre obligeante lettre. Il me reste assez de raison pour comprendre ce que je vous dois, mais non

[1] De la mort de Racine.

pas assez de liberté d'esprit pour vous exprimer ma reconnoissance ; et tout ce que je puis faire, c'est de vous assurer que je suis avec un très grand zèle et un très grand respect, monseigneur, etc.

Permettez pourtant que j'ajoute encore ce peu de mots pour vous dire que c'est sur M. de Valincour qu'il m'a semblé que tous les académiciens tournent les yeux pour remplir la place de M. Racine ; et j'espère que vous voudrez bien l'appuyer de votre crédit, puisque c'est l'homme du monde le plus digne de lui succéder, et le plus propre à ne lui point faire un fade panégyrique.

XVI.

A M. DE PONTCHARTRAIN,

SECRÉTAIRE D'ÉTAT.

Paris, septembre 1699.

Puisque vous daignez bien prendre quelquefois part à mes afflictions, trouvez bon, monseigneur, que je prenne part à votre joie, et que je ne sois pas des derniers à vous féliciter sur la justice que le roi a rendue au mérite de monseigneur votre père, en le choisissant pour remplir la première dignité de son royaume. Jamais choix n'a été plus applaudi, ni n'a excité une réjouissance

plus universelle, surtout parmi les honnêtes gens.
Il n'y en a pas un qui ne se trouve gratifié en la
personne de monseigneur de Pontchartrain, et
qui par son élévation ne se croie en quelque
sorte lui-même accru de considération et d'estime. Pour moi qui, outre les raisons du bien public, ai encore par rapport à vous des raisons particulières et si sensibles d'être charmé de ce choix,
jugez quelle doit être ma satisfaction. Mais, monseigneur, ce nouveau titre de grandeur qui entre
dans votre maison vous laissera-t-il le même que
vous avez toujours été? Puis-je espérer de trouver
dans le fils d'un chancelier ce même ami tendre
et officieux, que je trouvois dans le fils d'un contrôleur-général des finances? Et Auteuil oseroit-il
se flatter de vous voir encore chez moi faire de
ces repas,

.... sine aulæis et ostro [1],

que Mécénas faisoit avec le bon Horace? Pourquoi non? Vous n'êtes pas moins galant homme
que Mécénas, et je ne vous suis pas moins dévoué
qu'Horace l'étoit à ce premier ministre d'Auguste.
Je m'en vais donc tout préparer pour cela à votre
retour de Fontainebleau. Ne craignez point pourtant, monseigneur, que je m'oublie, à quelque

---

[1] Horace, livre III, ode XXIX, v. 15.

familiarité que vous descendiez avec moi. Je me souviendrai toujours avec quel respect je suis et je dois être...

XVII.

A M. DE LA CHAPELLE.

Paris, 9 novembre 1699.

Je crois, monsieur mon cher neveu, que je ne ferai plus que solliciter monseigneur de Pontchartrain et vous. Voici encore un placet que je vous envoie, et que je vous prie de lui présenter de ma part : et bien qu'il vienne le dernier, j'ose vous prier de l'appuyer encore plus fortement que l'autre, parce que j'y prends encore plus d'intérêt, et qu'il s'agit d'obliger un de mes meilleurs amis. Que si monseigneur de Pontchartrain vient à rire, comme il en aura raison sans doute, de ce que je prends ainsi les gens de marine sous ma protection, je vous supplie de lui dire que, m'étant fait un si grand nombre d'ennemis sur la terre, il ne doit pas trouver étrange que je songe à me faire des amis sur la mer, surtout puisqu'elle est de son département. Recevez bien celui qui vous présentera ce billet, qui a peut-être une meilleure recommandation que la mienne auprès de vous,

puisqu'il vous porte une lettre de M. de Bâville[1].
Je suis, monsieur mon neveu...

XVIII.

A M. DE LA CHAPELLE.

Paris, 3 janvier 1700.

Je vous ai bien de l'obligation, mon très cher neveu, de votre souvenir et de l'agréable flatterie que vous m'avez écrite au commencement de l'année. On ne peut pas plus agréablement louer un oncle que de lui dire que l'on le regarde comme une espèce de père; car il n'y a ordinairement rien de moins père qu'un oncle. Vous n'ignorez pas ce que veut dire en latin : *Ne sis patruus mihi et patruus patruissimus.* Vous avez grande raison de ne me point mettre au rang de ces oncles trop oncles, et je n'ai pour vous que des sentiments qui tirent droit au paternel. Je suis bien aise de la bonne opinion que M. le Baron[2] a de moi, et j'ai trouvé son compliment à M. le comte d'Ayen[3] très joli et très spirituel. Il est dans le goût des compliments de Molière, c'est-à-dire, que la sa-

---

[1] Lamoignon de Bâville, intendant de Languedoc, fils du premier président.
[2] Le comédien Baron.
[3] Depuis, le maréchal duc de Noailles.

tire y est adroitement mêlée à la flatterie, afin que l'une fasse passer l'autre. J'y ai trouvé seulement un peu à dire qu'il y mette les sots poëtes si proche d'Apollon. La racaille poétique, dont il parle, est logée au pied et dans les marais du mont *Parnassien*, où elle rampe avec les grenouilles et avec l'abbé de Pure; et Apollon est logé tout au haut avec les Muses et avec Corneille, Racine, Molière, etc. Jamais méchant auteur n'y arriva; et quand quelqu'un en veut approcher, *musæ furcillis præcipitem ejiciunt*. Adieu, mon très cher neveu; témoignez bien à M. le Baron que je fais de lui le cas que je dois, et croyez que je suis cette année, encore plus que les précédentes, entièrement à vous.

XIX.

A M. CHARLES PERRAULT,

DE L'ACADÉMIE FRANÇOISE.

1700.

Monsieur,

Puisque le public a été instruit de notre démêlé, il est bon de lui apprendre aussi notre réconciliation, et de ne lui pas laisser ignorer qu'il en a été de notre querelle sur le Parnasse, comme de ces duels d'autrefois, que la prudence du roi a si sagement réprimés, où, après s'être battus à outrance, et s'être quelquefois cruellement blessés l'un l'autre, on s'embrassoit, et on devenoit sincèrement amis. Notre duel grammatical s'est même terminé encore plus noblement : et je puis dire, si j'ose vous citer Homère, que nous avons fait comme Ajax et Hector dans l'*Iliade*, qui, aussitôt, après leur long combat en présence des Grecs et des Troyens, se comblent d'honnêtetés et se font des présents. En effet, monsieur, notre dispute n'étoit pas encore bien finie, que vous m'avez fait l'honneur de m'envoyer vos ouvrages, et que j'ai eu soin qu'on vous portât les miens. Nous avons d'autant mieux imité ces deux héros du poëme qui vous plaît si peu, qu'en nous faisant ces civilités, nous sommes demeurés comme eux, chacun dans notre même parti et dans nos mêmes sentiments : c'est-à-dire, vous toujours bien résolu de ne point trop estimer Homère ni Virgile, et moi toujours leur passionné admirateur. Voilà de quoi il est bon que le public soit informé ; et c'étoit pour commencer à le lui faire entendre que, peu de temps après notre réconciliation je composai une épigramme qui a couru, et que vraisemblablement vous avez vue. La voici :

Tout le trouble poétique, etc. . . . [1].

[1] Épigramme XXIX, tome II.

Vous pouvez reconnoître, monsieur, par ces vers ou j'ai exprimé sincèrement ma pensée, la différence que j'ai toujours faite de vous, et de ce poëte de théâtre, dont j'ai mis le nom en œuvre pour égayer la fin de mon épigramme. Aussi étoit-ce l'homme du monde qui vous ressembloit le moins.

Mais maintenant que nous voilà bien remis, et qu'il ne reste plus entre nous aucun levain d'animosité ni d'aigreur, oserois-je, comme votre ami, vous demander ce qui a pu depuis si long-temps vous irriter, et vous porter à écrire contre tous les plus célèbres écrivains de l'antiquité? Est-ce le peu de cas qu'il vous a paru que l'on faisoit parmi nous des bons auteurs modernes? Mais où avez-vous vu qu'on les méprisât? Dans quel siècle a-t-on plus volontiers applaudi aux bons livres naissants, que dans le nôtre? Quels éloges n'y a-t-on point donnés aux ouvrages de M. Descartes, de M. Arnauld, de M. Nicole et de tant d'autres admirables philosophes et théologiens, que la France a produits depuis soixante ans, et qui sont en si grand nombre qu'on pourroit faire un petit volume de la seule liste de leurs écrits! Mais pour ne nous arrêter ici qu'aux seuls auteurs qui nous touchent vous et moi de plus près, je veux dire aux poëtes, quelle gloire ne s'y sont point acquise les Malherbe, les Racan, les Maynard! Avec quels battements de mains n'y a-t-on point reçu les ouvrages de Voiture, de Sarasin et de La Fontaine ! Quels honneurs n'a-t-on point, pour ainsi dire, rendus à M. de Corneille et à M. Racine ! Et qui est-ce qui n'a point admiré les comédies de Molière? Vous-même, monsieur, pouvez-vous vous plaindre qu'on n'y ait pas rendu justice à votre *Dialogue de l'amour et de l'amitié*, à votre poëme sur *la peinture*, à votre épître sur M. de La Quintinie, et à tant d'autres excellentes pièces de votre façon? On n'y a pas véritablement fort estimé nos poëmes héroïques, mais a-t-on eu tort? et ne confessez-vous pas vous-même, en quelque endroit de vos Parallèles, que le meilleur de ces poëmes[1] est si dur et si forcé qu'il n'est pas possible de le lire?

Quel est donc le motif qui vous a tant fait crier contre les anciens? Est-ce la peur qu'on ne se gâtât en les imitant? Mais pouvez-vous nier que ce ne soit au contraire à cette imitation-là même que nos plus grands poëtes sont redevables du succès de leurs écrits? Pouvez-vous nier que ce ne soit dans Tite-Live, dans Dion Cassius, dans Plutarque, dans Lucain et dans Sénèque, que M. de Corneille a pris ses plus beaux traits, a puisé ces grandes idées qui lui ont fait inventer un nouveau genre de tragédie inconnu à Aristote? Car c'est sur ce pied, à mon avis, qu'on doit regarder quantité de ses plus belles pièces de théâtre, où, se mettant

[1] *La Pucelle* de Chapelain.

au dessus des règles de ce philosophe, il n'a point songé, comme les poëtes de l'ancienne tragédie, à émouvoir la pitié et la terreur, mais à exciter dans l'ame des spectateurs, par la sublimité des pensées et par la beauté des sentiments, une certaine admiration, dont plusieurs personnes, et les jeunes gens surtout, s'accommodent souvent beaucoup mieux que des véritables passions tragiques. Enfin, monsieur, pour finir cette période un peu longue, et, pour ne me point écarter de mon sujet, pouvez-vous ne pas convenir que ce sont Sophocle et Euripide qui ont formé M. Racine? Pouvez-vous ne pas avouer que c'est dans Plaute et dans Térence que Molière a appris les plus grandes finesses de son art?

D'où a pu donc venir votre chaleur contre les anciens? Je commence, si je ne m'abuse, à l'apercevoir. Vous avez vraisemblablement rencontré il y a long-temps dans le monde quelques uns de ces faux savants, tels que le président de vos Dialogues, qui ne s'étudient qu'à enrichir leur mémoire, et qui, n'ayant d'ailleurs ni esprit, ni jugement, ni goût, n'estiment les anciens que parce qu'ils sont anciens, ne pensent pas que la raison puisse parler une autre langue que la grecque ou la latine, et condamnent d'abord tout ouvrage en langue vulgaire, sur ce fondement seul qu'il est en langue vulgaire. Ces ridicules admirateurs de l'antiquité vous ont révolté contre tout ce que l'antiquité a de plus merveilleux. Vous n'avez pu vous résoudre d'être du sentiment de gens si déraisonnables, dans la chose même où ils avoient raison. Voilà, selon toutes les apparences, ce qui vous a fait faire vos Parallèles. Vous vous êtes persuadé qu'avec l'esprit que vous avez et que ces gens-là n'ont point, avec quelques arguments spécieux, vous déconcerteriez aisément la vaine habileté de ces foibles antagonistes; et vous y avez si bien réussi que, si je ne me fusse mis de la partie, le champ de bataille, s'il faut ainsi parler, vous demeuroit, ces faux savants n'ayant pu, et les vrais savants, par une hauteur un peu trop affectée, n'ayant pas daigné vous répondre. Permettez-moi cependant de vous faire ressouvenir que ce n'est point à l'approbation des faux ni des vrais savants que les grands écrivains de l'antiquité doivent leur gloire, mais à la constante et unanime admiration de ce qu'il y a eu dans tous les siècles d'hommes sensés et délicats, entre lesquels on compte plus d'un Alexandre et plus d'un César. Permettez-moi de vous représenter qu'aujourd'hui même encore ce ne sont point, comme vous vous le figurez, les Schrevelius, les Peraredus[1], les Menagius[2], ni, pour

---

[1] Peyrarède, auteur gascon, qui s'est avisé d'achever les vers que Virgile n'avoit point terminés.
[2] Ménage.

me servir des termes de Molière, les savants en *us*, qui goûtent davantage Homère, Horace, Cicéron, Virgile. Ceux que j'ai toujours vus le plus frappés de la lecture des écrits de ces grands personnages, ce sont des esprits du premier ordre, ce sont des hommes de la plus haute élévation. Que s'il falloit nécessairement vous en citer ici quelques uns, je vous étonnerois peut-être par les noms illustres que je mettrois sur le papier, et vous y trouveriez non seulement des Lamoignon, des d'Aguesseau, des Troisville, mais des Condé, des Conti et des Turenne.

Ne pourroit-on point donc, monsieur, aussi galant homme que vous l'êtes, vous réunir de sentiments avec tant de si galants hommes? Oui, sans doute, on le peut; et nous ne sommes pas même, vous et moi, si éloignés d'opinion que vous pensez. En effet, qu'est-ce que vous avez voulu établir par tant de poëmes, de dialogues et de dissertations sur les anciens et sur les modernes? Je ne sais si j'ai bien pris votre pensée; mais la voici, ce me semble. Votre dessein est de montrer que, pour la connoissance surtout des beaux arts, et pour le mérite des belles lettres, notre siècle, ou, pour mieux parler, le siècle de Louis-le-Grand est non seulement comparable, mais supérieur à tous les plus fameux siècles de l'antiquité, et même au siècle d'Auguste. Vous allez donc être bien étonné, quand je vous dirai que je suis sur cela entièrement de votre avis, et que même, si mes infirmités et mes emplois m'en laissoient le loisir, je m'offrirois volontiers de prouver, comme vous, cette proposition la plume à la main. A la vérité j'emploierois beaucoup d'autres raisons que les vôtres, car chacun a sa manière de raisonner; et je prendrois des précautions et des mesures que vous n'avez point prises.

Je n'opposerois donc pas, comme vous avez fait, notre nation et notre siècle seuls à toutes les autres nations et à tous les autres siècles joints ensemble. L'entreprise, à mon sens, n'est pas soutenable. J'examinerois chaque nation et chaque siècle l'un après l'autre; et après avoir mûrement pesé en quoi ils sont au dessus de nous, et en quoi nous les surpassons, je suis fort trompé, si je ne prouvois invinciblement que l'avantage est de notre côté.

Ainsi, quand je viendrois au siècle d'Auguste, je commencerois par avouer sincèrement que nous n'avons point de poëtes héroïques ni d'orateurs que nous puissions comparer aux Virgile et aux Cicéron; je conviendrois que nos plus habiles historiens sont petits devant les Tite-Live et les Salluste; je passerois condamnation sur la satire et sur l'élégie, quoiqu'il y ait des satires de Regnier admirables, et des élégies de Voiture, de Sarasin, de la comtesse de La Suze[1], d'un agrément infini. Mais en même temps je ferois voir que pour la tragédie nous sommes beaucoup supérieurs aux Latins, qui ne sauroient opposer à tant d'excellentes pièces tragiques que nous avons en notre langue, que quelques déclamations plus pompeuses que raisonnables d'un prétendu Sénèque, et un peu de bruit qu'ont fait en leur temps le Thyeste de Varius et la Médée d'Ovide. Je ferois voir que, bien loin qu'ils aient eu dans ce siècle-là des poëtes comiques meilleurs que les nôtres, ils n'en ont pas eu un seul dont le nom ait mérité qu'on s'en souvînt, les Plaute, les Cécilius et les Térence étant morts dans le siècle précédent. Je montrerois que si pour l'ode nous n'avons point d'auteurs si parfaits qu'Horace, qui est leur seul poëte lyrique, nous en avons néanmoins un assez grand nombre qui ne lui sont guère inférieurs en délicatesse de langue et en justesse d'expression, et dont tous les ouvrages mis ensemble ne feroient peut-être pas dans la balance un poids de mérite moins considérable que les cinq livres d'odes qui nous restent de ce grand poëte. Je montrerois qu'il y a des genres de poésie où non seulement les Latins ne nous ont point surpassés, mais qu'ils n'ont pas même connus; comme, par exemple, ces poëmes

---

[1] Née à Paris en 1618, morte en 1673; elle a laissé des élégies, des odes, des chansons, des madrigaux.

en prose que nous appelons *Romans*, et dont nous avons chez nous des modèles qu'on ne sauroit trop estimer, à la morale près qui y est fort vicieuse, et qui en rend la lecture dangereuse aux jeunes personnes.

Je soutiendrois hardiment qu'à prendre le siècle d'Auguste dans sa plus grande étendue, c'est-à-dire, depuis Cicéron jusqu'à Corneille-Tacite, on ne sauroit pas trouver parmi les Latins un seul philosophe qu'on puisse mettre, pour la physique, en parallèle avec Descartes, ni même avec Gassendi. Je prouverois que pour le grand savoir et la multiplicité de connoissances, leurs Varron et leurs Pline, qui sont leurs plus doctes écrivains, paroîtroient de médiocres savants devant nos Bignon [1], nos Scaliger, nos Saumaise, nos pères Sirmond [2] et nos pères Pétau [3]. Je triompherois avec vous du peu d'étendue de leurs lumières sur l'astronomie, sur la géographie et sur la navigation. Je les défierois de me citer, à l'exception du seul Vitruve, qui est même plutôt un bon docteur d'architecture qu'un excellent architecte; je les

---

[1] Né, en 1589, à Paris; mort en 1656. Éditeur des Formules de Marculphe, auteur d'un Traité des antiquités romaines et d'une description de la Terre-Sainte, etc.

[2] Né à Riom en 1559, jésuite et confesseur de Louis XIII, a fait des notes sur les capitulaires, sur les conciles tenus en France, sur des écrivains ecclésiastiques; mort en 1651.

[3] Autre jésuite, né à Orléans en 1583, mort à Paris en 1652, auteur des livres intitulés : *De doctrina temporum; Rationarium temporum*, etc.

défierois, dis-je, de me nommer un seul habile architecte, un seul habile sculpteur, un seul habile peintre latin, ceux qui ont fait du bruit à Rome dans tous ces arts étant des Grecs d'Europe et d'Asie, qui venoient pratiquer chez les Latins des arts que les Latins, pour ainsi dire, ne connoissoient point; au lieu que toute la terre aujourd'hui est pleine de la réputation et des ouvrages de nos Poussin, de nos Lebrun, de nos Girardon et de nos Mansart. Je pourrois ajouter encore à cela beaucoup d'autres choses; mais ce que j'ai dit est suffisant, je crois, pour vous faire entendre comment je me tirerois d'affaire à l'égard du siècle d'Auguste. Que si de la comparaison des gens de lettres et des illustres artisans il falloit passer à celle des héros et des grands princes, peut-être en sortirois-je avec encore plus de succès. Je suis bien sûr au moins que je ne serois pas fort embarrassé à montrer que l'Auguste des Latins ne l'emporte pas sur l'Auguste des François.

Par tout ce que je viens de dire, vous voyez, monsieur, qu'à proprement parler, nous ne sommes point d'avis différent sur l'estime qu'on doit faire de notre nation et de notre siècle; mais que nous sommes différemment de même avis. Aussi n'est-ce point votre sentiment que j'ai attaqué dans vos Parallèles, mais la manière hautaine et méprisante dont votre abbé et votre chevalier y traitent des écrivains pour qui, même en les blâmant, on ne sauroit, à mon avis, marquer trop d'estime, de respect et d'admiration. Il ne reste donc plus maintenant, pour assurer notre accord et pour étouffer en nous toute semence de dispute, que de nous guérir l'un et l'autre : vous, d'un penchant un peu trop fort à rabaisser les bons écrivains de l'antiquité, et moi, d'une inclination un peu trop violente à blâmer les méchants et même les médiocres auteurs de notre siècle. C'est à quoi nous devons sérieusement nous appliquer; mais quand nous n'en pourrions venir à bout, je vous réponds que de mon côté cela ne troublera point notre réconciliation, et que, pourvu que vous ne me forciez point à lire le *Clovis* ni *la Pucelle*, je vous laisserai tout à votre aise critiquer l'*Iliade* et l'*Énéide*, me contentant de les admirer, sans vous demander pour elles cette espèce de culte tendant à l'adoration, que vous vous plaignez en quelqu'un de vos poëmes qu'on veut exiger de vous, et que Stace semble en effet avoir eu pour l'*Énéide*, quand il se dit à lui-même :

Nec tu divinam Æneida tenta;
Sed longe sequere, et vestigia semper adora [1].

Voilà, monsieur, ce que je suis bien aise que le public sache; et c'est pour l'en instruire à fond

[1] Theb., l. xii, v. 816, 817.

que je me donne l'honneur de vous écrire aujourd'hui cette lettre, que j'aurai soin de faire imprimer dans la nouvelle édition qu'on fait en grand et en petit de mes ouvrages. J'aurois bien voulu pouvoir adoucir en cette nouvelle édition quelques railleries un peu fortes, qui me sont échappées dans mes Réflexions sur Longin; mais il m'a paru que cela seroit inutile à cause des deux éditions qui l'ont précédée, auxquelles on ne manqueroit pas de recourir, aussi bien qu'aux fausses éditions qu'on en pourra faire dans les pays étrangers, où il y a de l'apparence qu'on prendra soin de mettre les choses en l'état qu'elles étoient d'abord. J'ai cru donc que le meilleur moyen d'en corriger la petite malignité, c'étoit de vous marquer ici, comme je viens de le faire, mes vrais sentiments pour vous. J'espère que vous serez content de mon procédé, et que vous ne vous choquerez pas même de la liberté que je me suis donnée de faire imprimer, dans cette dernière édition, la lettre que l'illustre M. Arnauld vous a écrite au sujet de ma dixième satire.

Car, outre que cette lettre a déja été rendue publique dans deux recueils des ouvrages de ce grand homme, je vous prie, monsieur, de faire réflexion que dans la préface de votre *Apologie des femmes*, contre laquelle cet ouvrage me défend, vous ne me reprochez pas seulement des fautes de raisonnement et de grammaire; mais que vous m'accusez d'avoir mis des mots sales, d'avoir glissé beaucoup d'impuretés, et d'avoir fait des médisances. Je vous supplie, dis-je, de considérer que ces reproches regardant l'honneur, ce seroit en quelque sorte reconnoître qu'ils sont vrais que de les passer sous silence; qu'ainsi je ne pouvois pas honnêtement me dispenser de m'en disculper moi-même dans ma nouvelle édition, ou d'y insérer une lettre qui m'en disculpe si honorablement. Ajoutez que cette lettre est écrite avec tant d'honnêteté et d'égards pour celui même contre qui elle est écrite, qu'un honnête homme, à mon avis, ne sauroit s'en offenser. J'ose donc me flatter, je le répète, que vous la verrez sans chagrin, et que, comme j'avoue franchement que le dépit de me voir critiqué dans vos Dialogues[1] m'a fait dire des choses qu'il seroit mieux de n'avoir point dites, vous confesserez aussi que le déplaisir d'être attaqué dans ma dixième satire[2], vous y a fait voir des médisances et des saletés qui n'y sont point. Du reste, je vous prie de croire que je vous estime comme je dois, et que je ne vous regarde pas simplement comme un très bel esprit, mais comme un des hommes de France qui a le plus de probité et d'honneur. Je suis, etc.

[1] *Parallèle des anciens et des modernes.*
[2] Vers 450 et suivants.

XX.

A L'ABBÉ BIGNON,

CONSEILLER D'ÉTAT.

(1700 ou 1701.)

Il n'y a rien, monsieur, de plus poli ni de plus obligeant que la lettre que je viens de recevoir de votre part; et bien que je ne convienne en aucune sorte des éloges que vous m'y donnez, je n'ai pas laissé de les lire avec un plaisir très sensible, n'y ayant rien de plus agréable que d'être loué, même sans fondement, par l'homme du monde le plus louable, et qui a le plus de mérite. Vous pouvez, monsieur, nommer pour mon élève, non seulement un homme d'aussi grande capacité que M. Bourdelin[1], mais qui il vous plaira, et je me déterminerai toujours plutôt par votre choix que par le mien. Je suis bien aise, monsieur, que vous excusiez si facilement l'impuissance où me mettent mes infirmités d'assister à vos savantes assemblées. Tout ce que je vous demande, pour mettre le comble à vos bontés, c'est de vouloir bien témoigner à tout le monde que si je suis si inutilement de l'Académie des médailles, il est bien vrai aussi

---

[1] Né en 1668, mort en 1717; il a décrit quelques anciens monuments.

que je n'en veux recevoir aucun profit pécuniaire. Du reste, monsieur, je vous prie d'être bien persuadé que c'est sincèrement et avec un très grand respect que je suis, etc.

XXI.

A M. DE PONTCHARTRAIN.

Paris, mardi, cinq heures du soir... (1701.)

Monseigneur,

Mon neveu m'ayant écrit que vous seriez bien aise que je vous rendisse compte moi-même de ce qui se seroit passé à l'Académie des médailles le jour de ma réception, j'ai saisi avec joie cette occasion de vous marquer mon obéissance. Je vous dirai donc, monseigneur, que j'y ai été reçu aujourd'hui avec un applaudissement général, et que l'on m'y a accablé d'honneurs, de caresses et de bonnes paroles. J'y ai renouvelé connoissance avec monseigneur le duc d'Aumont, que j'avois eu l'honneur de fréquenter autrefois à la cour. On a commencé par y lire un ouvrage fort savant, mais assez fastidieux, et on s'est fort doctement ennuyé; mais ensuite on en a examiné un autre beaucoup plus agréable, et dont la lecture a assez attiré d'attention. C'étoit une dissertation sur l'origine du mot de *médaille*. Comme on a fait approcher de moi celui qui la lisoit, j'ai été en état de l'entendre et d'en parler : c'est ce que j'ai fait jusqu'à l'affectation, sachant bien que cela vous plairoit. D'autres en ont dit aussi leur sentiment avec beaucoup de politesse et d'érudition, et je n'ai plus vu aucune bouche s'ouvrir pour bailler. On a reçu ensuite trois élèves, et j'ai nommé M. Bourdelin pour le mien. Voilà, monseigneur, ce qui s'est passé de plus mémorable dans cette célèbre cérémonie, *cujus pars magna fui*. Tout ce que je puis vous dire, c'est que je ne doute point que votre établissement ne réussisse dans la suite, et il ne faut point s'étonner s'il y a maintenant quelques gens qui le désapprouvent ; car tout ce qui est nouveau, quoique excellent, ne manque jamais d'être contredit ; et quelles sottises ne dit-on point de l'Académie françoise, lorsque le cardinal de Richelieu la fit fonder ! Tout ce que je souhaiterois, monseigneur, c'est que tout le monde fût content dans la métallique. Cela tient à bien peu de chose, et si vous vouliez bien me permettre de négocier pour cela, je suis persuadé que tous vos pensionnaires seroient bientôt aussi satisfaits que moi. Je vous écris ceci, comme vous l'avez souhaité, très à la hâte, à la sortie de notre assemblée, et suis avec un très grand respect, etc.

XXII.

A M. DE BROGLIO,

COMTE DE REVEL, LIEUTENANT-GÉNÉRAL DES ARMÉES DU ROI,

SUR LE COMBAT DE CRÉMONE.

(Livré en février 1702.)

Paris, 17 avril 1702.

Vous ne sauriez vous imaginer, monsieur, combien je vous suis obligé de la bonté que vous avez eue de m'envoyer votre relation du combat de Crémone. Elle a éclairci toutes mes difficultés, et elle m'a confirmé dans la pensée où j'ai toujours été, que les belles actions ne sont jamais mieux racontées que par ceux même qui les ont faites. C'est proprement à César qu'il appartient d'écrire les exploits de César. Mais à propos de votre action, que vous dirai-je sinon que je n'en ai jamais vu de pareilles que dans les romans? Encore faut-il que ce soient des romans de chevalerie, où l'auteur a beaucoup plus songé au merveilleux qu'au vraisemblable. Je ne suis point surpris du remerciement honorable que vous en a fait sa majesté catholique. Eh! quels remerciements ne vous doit point un prince à qui, en sauvant une seule ville, vous sauvez les deux plus riches diamants de sa couronne, je veux dire le Milanois et le royaume de Naples! Mais si les rois et les princes publient si hautement vos louanges, le peuple ici n'est pas moins déclaré en votre faveur. Le roi vous a donné le cordon bleu; mais il n'y a point de petit bourgeois à Paris qui ne vous donne en son cœur le bâton de maréchal de France, et qui ne soit persuadé comme moi que vous ne tarderez guère à en être honoré.

Avant donc que vous l'ayez, et que nous soyons réduits par une indispensable bienséance à vous appeler Monseigneur, trouvez bon, monsieur, que je vous parle encore aujourd'hui sur ce ton familier auquel vous m'aviez autrefois accoutumé chez la célèbre Champmeslé. Vous étiez alors assez épris d'elle, et je doute que vous en fussiez rigoureusement traité. Permettez-moi cependant de vous dire que de toutes les maîtresses que vous avez aimées, celle, à mon avis, dont vous avez le plus sujet de vous louer, c'est la gloire, puisqu'elle vous a toujours comblé de ses faveurs, et qu'elle ne vous a jamais trahi; car je ne voudrois pas jurer que les autres vous aient gardé la même fidélité. Continuez donc à la suivre, et soyez bien persuadé que je suis avec toute l'estime et tout le respect que je dois, etc.

XXIII.

A M. DE LA CHAPELLE,

A VERSAILLES.

Paris, 13 mars 1703.

Je vous renvoie, mon très cher neveu, votre papier avec les changements bons ou mauvais que j'y ai faits. Vous n'avez qu'à vous en servir comme vous jugerez à propos. Il me semble surtout qu'il faut prendre garde à l'article de Vigo[1], qui est délicat à traiter. J'y ai mis ce qui m'est venu sur-le-champ. Le neveu de M. de Château-Renaud, qui m'a apporté votre lettre, me paroît un très galant homme, et je vous prie de lui témoigner comment je suis plein de lui. C'est lui qui a mis à la marge les petits anachronismes de l'histoire de M. son oncle. Je ne sais si ce que j'ai changé les rectifie assez bien, parce que je ne suis pas fort dressé au style des lettres ou des ordonnances royales, ou plutôt royaux; car tel est le plaisir de ces lettres et de ces ordonnances de vouloir être *masculins*, dérogeant en cela à toutes les règles de la gram-

---

[1] Lieu où la flotte combinée des Anglois et des Hollandois défit, en 1702, le comte de Château-Renaud, qui y avoit conduit les galions d'Espagne.

maire. Que si, en travaillant sur un sujet si peu de mon genre, je vous ai fait un petit plaisir, je vous supplie, en récompense, de m'en faire un fort grand; c'est de vouloir bien témoigner de ma part à monseigneur de Pontchartrain la part que je prends aux intérêts du fils de M. Cartigny, nouvel acquéreur d'une charge de commissaire de la marine. Je le prie de se ressouvenir que c'est le père de ce commissaire qui m'a donné le premier la connoissance de monseigneur de Pontchartrain, et que c'est lui qui a accompagné à Auteuil cet illustre ministre d'état, la première fois qu'il me fit l'honneur de m'y venir voir, et que je lui donnai ce fameux repas qui me coûta huit livres dix sous. Je vous conjure, mon très cher neveu, de lui vouloir bien représenter tout cela, et que la sollicitation que je lui fais n'est point de ces sollicitations mendiées auxquelles il suffit de répondre : *je verrai.* Du reste, soyez bien persuadé que c'est du fond du cœur que je suis, etc.

XXIV.

A M. LE VERRIER.

...... 1703.

F'êtes-vous plus fâché, monsieur, du peu de complaisance que j'eus hier pour vous? Non, sans doute.

vous ne l'êtes plus; et je suis persuadé qu'à l'heure qu'il est vous goûtez toutes mes raisons. Supposez pourtant que votre colère dure encore, je m'offre d'aller aujourd'hui chez vous à midi et demi vous prouver, le verre à la main, par plus d'un argument en forme, qu'un homme comme moi n'est point obligé de préférer son plaisir à sa santé, ni de demeurer à souper, même avec la meilleure compagnie du monde, quand il sent que cela le pourroit incommoder, et quand il a pour s'en excuser soixante-six raisons, aussi bonnes et aussi valables que celles que la vieillesse avec ses doigts pesants m'a jetées sur la tête. Et, pour commencer ma preuve, je vous dirai ces vers d'Horace à Mécénas [1].

Quam mihi das ægro, dabis ægrotare timenti,
Mæcenas, veniam.

En cas donc que vous vouliez que j'achève ma démonstration, mandez-moi

Si validus, si lætus eris, si denique posces.

Autrement ordonnez qu'on ne m'ouvre point chez vous. J'aime encore mieux n'y point entrer que d'y être mal reçu. Au reste, j'ai soigneusement relu votre plainte contre les Tuileries: j'y ai trouvé des vers si bien tournés, que franchement en les lisant je n'ai pu me défendre d'un moment de ja-

[1] Lib. 1, ep. vii, v. 4, 5.

lousie poétique contre vous; de sorte qu'en la remaniant j'ai plutôt songé à vous surpasser qu'à vous réformer. C'est cette jalousie qui m'a fait mettre la pièce dans l'état où elle est. Prenez la peine de la lire.

PLAINTE CONTRE LES TUILERIES.

Agréables jardins où les Zéphyrs et Flore, etc. [1].

Je ne sais, monsieur, si dans tout cela vous reconnoîtrez votre ouvrage, et si vous vous accommoderez des nouvelles pensées que je vous prête. Quoi qu'il en soit, faites-en tel usage que vous jugerez à propos; car pour moi, je vous déclare que je n'y travaillerai pas davantage. Je ne vous cacherai pas même que j'ai une espèce de confusion d'avoir, par une molle complaisance pour vous, employé quelques heures à un ouvrage de cette nature, et d'être moi-même tombé dans le ridicule dont j'accuse les autres, et dont je me suis si bien moqué par ces vers de la satire à mon esprit [2].

> Faudra-t-il de sang froid, et sans être amoureux,
> Pour quelque Iris en l'air faire le langoureux,
> Lui prodiguer les noms de soleil et d'aurore;
> Et, toujours bien mangeant, mourir par métaphore?

Ce qu'il y a de sûr, c'est que je ne retomberai

---

[1] Pièce n° XXXI des poésies diverses de Boileau, tome II.
[2] Sat. IX, v. 261-264.

plus dans une pareille foiblesse, et que c'est à ces vers d'amourettes, bien plus justement qu'à ceux de ma pénultième épître, qu'aujourd'hui je dis très sérieusement:

Adieu, mes vers, adieu pour la dernière fois.

Du reste, je suis parfaitement votre, etc.

XXV.

A M......

(1703 ou 1704.)

Comme je n'avois point eu de vos nouvelles, monsieur, je me suis engagé à une autre partie que celle que vous m'avez proposée. Pour les épigrammes, il n'y a plus de mesures à garder, puisque, grace à l'indiscrétion, ou plutôt à l'envie de me faire valoir de notre illustre ami, elles sont maintenant dans les mains de tout le monde. D'ailleurs, on n'y fait plus actuellement que des critiques que je ne sens point, et qui sont par conséquent mauvaises; car à quoi je reconnois une bonne critique, c'est quand je la sens, et qu'elle m'attaque par l'endroit dont je me défiois. C'est alors que je songe tout de bon à corriger, regardant celui qui me la fait comme un excellent connoisseur, et tel que le censeur que je propose dans mon Art poétique [1] en ces termes :

> Faites choix d'un censeur solide et salutaire,
> Que la raison conduise, et le savoir éclaire,
> Et dont le crayon sûr d'abord aille chercher
> L'endroit que l'on sent foible, et qu'on se veut cacher.

Du reste, je m'inquiète peu de toutes ces frivoles objections qui se font contre les bons ouvrages naissants. Cela ne dure guère, et l'on est tout étonné souvent que l'endroit que l'on condamnoit devient le plus estimé. Cela est arrivé sur ces deux vers de ma satire des femmes :

> Et tous ces lieux communs de morale lubrique
> Que Lulli réchauffa des sons de sa musique... [2]

contre lesquels on se déchaîna d'abord, et qui passent aujourd'hui pour les meilleurs de la pièce. Il en arrivera de même, croyez-moi, du mot de *lubricité* dans mon épigramme sur le livre des Flagellants ; car je ne crois pas avoir jamais fait quatre vers plus sonores que ceux-ci :

> *Et ne sauroit souffrir* la fausse piété,
> Qui, sous couleur d'éteindre en nous la volupté,
> Par l'austérité même et par la pénitence,
> Sait allumer le feu de la lubricité [3].

Cependant M. de Termes ne s'accommode pas,

---

[1] Chant IV, vers 71-74 ; tome Ier.
[2] Satire X, vers 141, 142. Tome Ier.
[3] Derniers vers de l'épigramme XXXVII Voyez tome II.

dites-vous, du mot de lubricité. Eh bien! qu'il en cherche un autre. Mais moi, pourquoi ôterois-je un mot qui est dans tous les dictionnaires au rang des mots les plus usités? Où en seroit-on, si l'on vouloit contenter tout le monde?

Quid dem? Quid non dem? Renuis tu quod jubet alter [1].

Tout le monde juge, et personne ne sait juger. Il en est de même que de la manière de lire. Il n'y a personne qui ne croie lire admirablement, et il n'y a presque point de bons lecteurs. Je suis votre très humble.

XXVI.

A M. DE LA CHAPELLE.

Paris, 10 juillet 1704.

J'ai reçu, mon très cher et très exact neveu, mon ordonnance. Elle est en très bonne forme, mais plût à Dieu que vous la pussiez aussi bien faire payer que vous la savez faire expédier. Il y a tantôt dix mois que je suis à solliciter le paiement de la précédente, et qu'on répond au trésor royal: *Il n'y a point d'argent*, sans même me faire espérer qu'il y en aura. Si cela dure, je vois bien qu'au lieu de louis d'or je vais amasser dans mon coffre

[1] Hor. l. II, ep. II, v. 63.

quantité de beaux modèles de lettres financières, et qui pourront être de quelque utilité à ceux à qui je voudrai les prêter pour les copier. Voilà les fruits de la guerre :

Impius hæc tam culta novalia miles habebit [1] !

Je vous donne le bonjour, et suis passionnément, etc.

XXVII.

AU COMTE DE GRAMMONT [2].

A Paris, ce 13 octobre 1704.

Je ne sais pas, monseigneur, comme vous l'entendez ; mais il me semble que c'est le poëte qui doit écrire de belles lettres au duc et pair, et non point le duc et pair au poëte. D'où vient donc que vous avez songé à m'en écrire une ? Est-ce que vous vouliez m'apprendre mon métier, et que vous pensez savoir mieux que moi où il faut placer les belles figures et les comparaisons du soleil ? La vérité est cependant que votre plume a mieux fait que vous, et non seulement ne s'est point guindée pour me dire de belles choses, mais en me disant des choses très badines, m'a autorisé à vous en dire de pareilles ; c'est de quoi je

[1] Virg., ecl. 1, v. 71.
[2] Ses mémoires ont été écrits par Hamilton.

m'accommode fort, et dont je saurai très bien user. Oserai-je néanmoins vous dire que votre lettre, en me réjouissant fort, m'a pourtant chagriné, puisque je vous croyois entièrement guéri, et que c'est par elle que j'ai appris que vous étiez encore sous la conduite d'Esculape? Oh! le fâcheux dieu! Il ne parle jamais que de sobriété et d'abstinences; et nous autres beaux esprits, quoique ses frères en Apollon, nous ne le pouvons plus souffrir, surtout depuis qu'il n'a plus voulu entreprendre de guérir messieurs de.... de la folie de juger des ouvrages. Je le tiens de la Faculté; je lui pardonne pourtant volontiers la défense qu'il vous a faite de m'écrire de belles lettres; mais non pas de m'écrire, comme vous faites, tout ce qui vient au bout de la plume, et surtout de m'assurer que madame de N.... et madame de Q.... me font l'honneur de se souvenir de moi. Cela ne s'appelle point *magno conatu magnas nugas*, puisque c'est au contraire une chose très aisée à dire, et qui me fait un plaisir très sérieux.

Mais, monseigneur, à propos de belles choses, quel est donc le nouvel habitant de Maintenon qui m'a écrit la lettre en vers que vous m'avez fait l'honneur de m'envoyer[1]?

Quis novus hic *vestris* successit sedibus hospes[2]?

[1] Épître d'Antoine Hamilton à Despréaux.
[2] Virg., Æneid., lib. IV, v. 10.

Je n'ai pas l'honneur de le connoître; mais, supposé qu'il y ait chez vous beaucoup de pareils habitants, je ne doute point que les Muses n'abandonnent dans peu les rives du Permesse, pour s'aller habituer aux bords de la rivière d'Eure. Il a raison de soutenir le parti de Voiture, puisqu'il lui ressemble beaucoup, et qu'en le défendant il défend sa propre cause, aux pointes près dont je ne le vois pas fort amoureux. J'ose vous prier, monseigneur, de lui bien témoigner l'estime que je fais de lui, et la reconnoissance que j'ai de l'estime qu'il fait de moi. Mais de quoi je vous conjure encore davantage, c'est de bien marquer à madame de N.... et à madame de Q.... la sincère vénération que j'ai pour elles, et de croire qu'il n'y a personne qui soit avec plus de sincérité et de respect que moi.

Monseigneur,

Votre, etc.

XXVIII.

AU COMTE HAMILTON [1].

Paris, le 8 février 1705.

Je ne devois dans les règles, monsieur, répondre à votre obligeante lettre, qu'en vous ren-

[1] Né en Irlande, vers 1646, mort à Saint-Germain en 1720. On

voyant l'agréable manuscrit que vous m'avez fait remettre entre les mains; mais ne me sentant pas disposé à m'en dessaisir, j'ai cru que je ne pouvois pas différer davantage à vous en faire mes remerciements, et à vous dire que je l'ai lu avec un plaisir extrême; tout m'y ayant paru également fin, spirituel, agréable et ingénieux. Enfin je n'y ai rien trouvé à redire que de n'être pas assez long; cela ne me paroît pas un défaut dans un ouvrage de cette nature, où il faut montrer un air libre, et affecter même quelquefois, à mon avis, un peu de négligence. Cependant, monsieur, comme dans l'endroit de ce manuscrit où vous parlez de moi magnifiquement, vous prétendez que si j'entreprenois de louer M. le comte de Grammont, je courrois risque en le flattant de le dévisager, trouvez bon que je transcrive ici huit vers qui me sont échappés ce matin, en faisant réflexion sur la vigueur d'esprit que cet illustre comte conserve toujours, et que j'admire d'autant plus qu'étant encore fort loin de son âge, je sens le peu de génie que j'ai pu avoir autrefois entièrement diminué et tirant à sa fin. C'est sur cela que je me suis récrié :

> Fait d'un plus pur limon, Grammont à son printemps
> N'a point vu succéder l'hiver de la vieillesse;

a de lui des contes et des poésies, parmi lesquelles se rencontrent une épître à Despréaux, et l'épître au comte de Gramont ou Grammont, qui a donné lieu à cette lettre de Boileau. Hamilton passe pour l'auteur des Mémoires de Grammont; c'est son meilleur ouvrage.

La cour le voit encor brillant, plein de noblesse,
Dire les plus fins mots du temps,
Effacer ses rivaux auprès d'une maîtresse.
Sa course n'est au fond qu'une longue jeunesse,
Qu'il a déja poussée à deux fois quarante ans.

Je vous supplie, monsieur, de me mander s'il est égratigné dans ces vers, et de croire que je suis avec toute la sincérité et le respect que je dois, monsieur, votre, etc.

XXIX.

AU DUC DE NOAILLES[1].

A Paris, 30 juillet 1706.

Je ne sais pas, monseigneur, sur quoi fondé vous voulez qu'il y ait de l'*équivoque* dans le zèle et dans la sincère estime que j'ai toujours fait profession d'avoir pour vous. Avez-vous donc oublié que votre cher poëte n'a jamais été accusé de dissimulation, *et qu'enfin sa candeur*, (c'est lui-même qui le dit dans une de ses épîtres[2]) *seule a fait tous ses vices?* Vous me faites concevoir que ce qui vous a donné cette mauvaise opinion de moi, c'est le peu de soin que j'ai eu depuis votre

---

[1] Adrien Maurice de Noailles, mort en 1766, à l'âge d'environ 88 ans. Millot a retouché, abrégé et publié ses Mémoires.
[2] Épître x, vers 86.

départ de vous mander des nouvelles de mon
dernier ouvrage. Mais, tout de bon, monseigneur,
croyez-vous qu'au milieu des grandes choses dont
vous étiez occupé devant Barcelonne, parmi le
bruit des canons, des bombes et des carcasses,
mes muses dussent vous aller demander audience,
pour vous entretenir de mon démêlé avec l'Équivoque, et pour savoir de vous si je devois l'appeler
maudit ou maudite? Je veux bien pourtant avoir
failli; et puisque, même encore aujourd'hui, vous
voulez résolument que je vous rende compte de
cette dernière pièce de ma façon, je vous dirai
que je l'ai achevée immédiatement après votre
départ, que je l'ai ensuite récitée à plusieurs personnes de mérite, qui lui ont donné des éloges
auxquels je ne m'attendois pas; que monseigneur
le cardinal de Noailles surtout en a paru satisfait,
et m'a même en quelque sorte offert son approbation pour la faire imprimer; mais que comme
j'ai attaqué à force ouverte la morale des méchants casuistes, et que j'ai bien prévu l'éclat
que cela alloit faire, je n'ai pas jugé à propos
meam senectutem horum sollicitare amentia, et
de m'attirer peut-être avec eux sur les bras toutes
les furies de l'enfer, ou, ce qui est encore pis,
toutes les calomnies de....: vous m'entendez bien,
monseigneur. Ainsi j'ai pris le parti d'enfermer
mon ouvrage, qui vraisemblablement ne verra

le jour qu'après ma mort. Peut-être que ce sera bientôt. Dieu veuille que ce soit fort tard! Cependant je ne manquerai pas, dès que vous serez à Paris, de vous le porter pour vous en faire la lecture. Voilà l'histoire au vrai de ce que vous désiriez savoir ; mais c'est assez parler de moi.

Parlons maintenant de vous. C'est avec un extrême plaisir que j'entends tout le monde ici vous rendre justice sur l'affaire de Barcelonne, où l'on prétend que tout auroit bien été, si on avoit aussi bien fini que vous avez bien commencé[1]. Il n'y a personne qui ne loue le roi de vous avoir fait lieutenant-général ; et des gens sensés même croient que, pour le bien des affaires, il n'eût pas été mauvais de vous élever encore à un plus haut rang. Au reste, c'est à qui vantera le plus l'audace avec laquelle vous avez monté la tranchée, à peine encore guéri de la petite vérole, et approché d'assez près les ennemis pour leur communiquer votre mal, qui, comme vous savez, s'excite souvent par la peur. Tout cela, monseigneur, me donneroit presque l'envie de faire ici votre éloge dans les formes; mais comme il me reste très peu de papier, et que le panégyrique n'est pas trop mon talent, trouvez bon que je me hâte plutôt de vous dire que je suis avec un très grand respect, monseigneur, etc.

[1] On avoit levé le siége de Barcelonne le 12 mai 1706.

XXX.

AU MARQUIS DE MIMEURE ¹.

A Paris, 4 août 1706 ².

Ce n'est point, monsieur, un faux bruit, c'est une vérité très constante, que dans la dernière assemblée qui se tint au Louvre pour l'élection d'un académicien je vous donnai ma voix, et je vous la donnai avec d'autant plus de raison que vous ne l'aviez point briguée, et que c'étoit votre seul mérite qui m'avoit engagé dans vos intérêts. Je n'étois pas pourtant le premier à qui la pensée de vous élire étoit venue; il y avoit un bon nombre d'académiciens qui me paroissoient dans la même disposition que moi. Mais je fus fort surpris, en arrivant dans l'assemblée, de les trouver tous changés en faveur d'un M. de Saint-Aulaire ³, homme, disoit-on, de fort grande réputation, mais dont le nom pourtant, avant cette affaire, n'étoit pas venu jusqu'à moi. Je leur témoignai mon étonne-

---

¹ Né à Dijon en 1659, mort en 1719, membre de l'Académie françoise depuis 1707; auteur d'une traduction en vers françois de l'ode d'Horace, *Mater sæva cupidinum*. On lui attribue aussi une traduction de l'*Art d'aimer* d'Ovide.

² Cette lettre n'est pas d'une authenticité incontestable.

³ Mort en 1742, âgé de cent ans. On a de lui quelques petits vers, insérés en divers recueils.

ment avec assez d'amertume ; mais ils me firent entendre, d'un air assez pitoyable, qu'ils étoient liés. Comme la brigue de M. de Saint-Aulaire n'étoit pas médiocre, plusieurs gens de conséquence m'avoient écrit en faveur de cet aspirant à la dignité académique ; mais, par malheur pour lui, dans l'intention de me faire mieux concevoir son mérite, on m'avoit envoyé un poëme de sa façon, très mal versifié, où, en termes assez confus, il conjure la volupté de venir prendre soin de lui pendant sa vieillesse, et de réchauffer les restes glacés de sa concupiscence : voilà en effet le but où il tend dans ce beau poëme. Quelque bien qu'on m'eût dit de lui, j'avoue que je ne pus m'empêcher d'entrer dans une vraie colère contre son ouvrage. Je le portai à l'Académie, où je le laissai lire à qui voulut ; et quelqu'un s'étant mis en devoir de le défendre, je jouai le vrai personnage du misanthrope dans Molière, ou plutôt j'y jouai mon propre personnage, le chagrin de ce misanthrope contre les méchants vers ayant été, comme Molière me l'a confessé plusieurs fois lui-même, copié sur mon modèle. Ensuite on procéda à l'élection par billets ; et bien que je fusse le seul qui écrivis votre nom dans mon billet, je puis dire que je fus le seul qui ne parus point honteux et déconcerté.

Voilà, monsieur, au vrai toute l'histoire de ce

qui s'est passé à votre occasion à l'Académie. Je ne vous en fais pas un plus grand détail, parce que M. Le Verrier m'a dit qu'il vous en avoit déja écrit fort au long. Tout ce que je puis vous dire, c'est que dans tout ce que j'ai fait, je n'ai songé qu'à procurer l'avantage de la compagnie, et rendre justice au mérite. Cependant je vois que par là je me suis fait une fort grande affaire, non seulement avec M. de Saint-Aulaire, mais avec vous, et que je suis plutôt l'objet de vos reproches que de vos remerciements. Vous vous plaignez surtout du hasard où je vous exposois en vous nommant académicien, à faire une mauvaise harangue. Je suis persuadé que vous ne la pouviez faire que fort bonne; mais quand même elle auroit été mauvaise, n'aviez-vous pas un nombre infini d'illustres exemples pour vous consoler? Et est-ce la première méchante affaire dont vous seriez sorti glorieusement? Vous dites qu'en vous j'ai prétendu donner un bretteur à l'Académie. Oui, sans doute; mais un bretteur à la manière de César et d'Alexandre. Hé quoi! avez-vous oublié que le bonhomme Horace avoit été colonel d'une légion, et n'étoit pas revenu comme vous d'une grande défaite?

> Cum fracta virtus, et minaces
> Turpe solum tetigere mento.
> L. II, od. VII, v. 11, 12.

Cependant dans quelle académie n'auroit-il point été reçu, supposé qu'il n'eût point eu pour concurrent M. de Saint-Aulaire? Enfin, monsieur, vous me faites concevoir que je vous ai en quelque sorte compromis par trop de zèle, puisque vous n'avez eu pour vous que ma seule voix. Mais si j'ose ici faire le fanfaron, prétendez-vous que ma seule voix non briguée ne vaille pas vingt voix mendiées bassement? Et de quel droit prétendez-vous qu'il ne soit pas permis à un censeur soit à droit, soit à tort, installé depuis long-temps sur le Parnasse, comme moi, de rendre sans votre congé justice à vos bonnes qualités, et de vous donner son suffrage sur une place qu'il croit que vous méritez? Ainsi, monsieur, demeurons bons amis, et surtout pardonnez-moi les ratures qui sont dans ma lettre, puisqu'elle me coûteroit trop à récrire, et que je ne sais si je pourrois venir à bout de la mettre au net. Du reste, croyez qu'il n'y a personne qui vous estime plus que moi, et que je suis très affectueusement,

Votre très humble, etc.

Nous avons déja bu plusieurs fois à votre santé dans l'illustre auberge où l'on boit si souvent *gratis*, comme vous savez.

XXXI.

A M. DE LOSME DE MONCHESNAI[1].

SUR LA COMÉDIE.

1707.

Puisque vous vous détachez de l'intérêt du ramoneur, je ne vois pas, monsieur, que vous ayez aucun sujet de vous plaindre de moi, pour avoir écrit que je ne pouvois juger à la hâte d'ouvrages comme les vôtres, et surtout à l'égard de la question que vous entamez sur la tragédie et sur la comédie, que je vous ai avoué néanmoins que vous traitiez avec beaucoup d'esprit; car, puisqu'il faut vous dire le vrai, autant que je puis me ressouvenir de votre dernière pièce, vous prenez le change, et vous y confondez la comédienne avec la comédie, que, dans mes raisonnements avec le P. Massillon, j'ai, comme vous savez, exactement séparées.

Du reste, vous y avancez une maxime qui n'est pas, ce me semble, soutenable; c'est à savoir, qu'une chose qui peut produire quelquefois de mauvais effets dans des esprits vicieux, quoique non vicieuse d'elle-même, doit être absolument

---

[1] Né à Paris en 1666, mort à Chartres en 1740. Il a travaillé pour le théâtre italien. Il est l'auteur du *Bolœana*.

défendue, quoiqu'elle puisse d'ailleurs servir au délassement et à l'instruction des hommes. Si cela est, il ne sera plus permis de peindre dans les églises des vierges Maries, ni des Suzannes, ni des Madeleines agréables de visage, puisqu'il peut fort bien arriver que leur aspect excite la concupiscence d'un esprit corrompu. La vertu convertit tout en bien, et le vice tout en mal. Si votre maxime est reçue, il ne faudra plus non seulement voir représenter ni comédie, ni tragédie, mais il n'en faudra plus lire aucune; il ne faudra plus lire ni Virgile, ni Théocrite, ni Térence, ni Sophocle, ni Homère; et voilà ce que demandoit Julien l'Apostat, et qui lui attira cette épouvantable diffamation de la part des pères de l'église. Croyez-moi, monsieur, attaquez nos tragédies et nos comédies, puisqu'elles sont ordinairement fort vicieuses, mais n'attaquez point la tragédie et la comédie en général, puisqu'elles sont d'elles-mêmes indifférentes, comme le sonnet et les odes, et qu'elles ont quelquefois rectifié l'homme plus que les meilleures prédications; et, pour vous en donner un exemple admirable, je vous dirai qu'un grand prince [1], qui avoit dansé à plusieurs ballets, ayant vu jouer le *Britannicus* de M. Racine, où la fureur de Néron à monter sur le théâtre est si bien attaquée, il ne dansa plus à aucun ballet,

[1] Louis XIV.

non pas même au temps du carnaval. Il n'est pas concevable de combien de mauvaises choses la comédie a guéri les hommes capables d'être guéris ; car j'avoue qu'il y en a que tout rend malades. Enfin, monsieur, je vous soutiens, quoi qu'en dise le P. Massillon, que le poëme dramatique est une poésie indifférente de soi-même, et qui n'est mauvaise que par le mauvais usage qu'on en fait. Je soutiens que l'amour, exprimé chastement dans cette poésie, non seulement n'inspire point l'amour, mais peut beaucoup contribuer à guérir de l'amour les esprits bien faits, pourvu qu'on n'y répande point d'images ni de sentiments voluptueux ; que s'il y a quelqu'un qui ne laisse pas, malgré cette précaution, de s'y corrompre, la faute vient de lui, et non pas de la comédie. Du reste, je vous abandonne le comédien et la plupart de nos poëtes, et même M. Racine en plusieurs de ses pièces. Enfin, monsieur, souvenez-vous que l'amour d'Hérode pour Mariamne dans Josèphe, est peint avec tous les traits les plus sensibles de la vérité. Cependant quel est le fou qui a jamais, pour cela, défendu la lecture de Josèphe ? Je vous barbouille tout ce canevas de dissertation, afin de vous montrer que ce n'est pas sans raison que j'ai trouvé à redire à votre raisonnement. J'avoue cependant que votre satire est pleine de vers bien trouvés. Si vous voulez répondre à mes objections, prenez la peine de le faire de bouche, parce qu'autrement cela traîneroit à l'infini : mais surtout trêve aux louanges. J'aime qu'on me lise et non qu'on me loue. Je suis, etc.

XXXII.

A M. DESTOUCHES[1],

SECRÉTAIRE DE MONSEIGNEUR L'AMBASSADEUR DE FRANCE EN SUISSE,
A SOLEURE.

Paris, 26 décembre 1707.

Si j'étois en parfaite santé, vous n'auriez pas de moi, monsieur, une courte réplique. Je tâcherois, en répondant fort au long à vos magnifiques compliments, de vous faire voir que je sais rendre hyperboles pour hyperboles, et qu'on ne m'écrit pas impunément des lettres aussi spirituelles et aussi polies que la vôtre; mais l'âge et mes infirmités ne permettent plus ces excès à ma plume. Trouvez bon, monsieur, que, sans faire assaut d'esprit avec vous, je me contente de vous assurer que j'ai senti, comme je dois, vos honnêtetés, et que j'ai lu avec un fort grand plaisir l'ouvrage que vous m'avez fait l'honneur de m'envoyer. J'y

[1] Poëte comique, né à Tours en 1680, mort à Melun en 1754, membre de l'Académie françoise, après la mort de Boileau.

ai trouvé en effet beaucoup de génie et de feu, et surtout des sentiments de religion, que je crois d'autant plus estimables qu'ils sont sincères, et qu'il me paroît que vous écrivez ce que vous pensez. Cependant, monsieur, puisque vous souhaitez que je vous écrive avec cette liberté satirique que je me suis acquise, soit à droit, soit à tort, sur le Parnasse, depuis très long-temps, je ne vous cacherai point que j'ai remarqué dans votre ouvrage de petites négligences, dont il y a apparence que vous vous êtes aperçu aussi bien que moi, mais que vous n'avez pas jugé à propos de réformer, et que pourtant je ne saurois vous passer. Car comment vous passer deux *hiatus* aussi insupportables que sont ceux qui paroissent dans les mots d'*essuient* et d'*envoie*, de la manière dont vous les employez? Comment souffrir qu'un aussi galant homme que vous fasse rimer *terre à colère*? Comment... Mais je m'aperçois qu'au lieu des remerciements que je vous dois, je vais ici vous inonder de critiques très mauvaises peut-être. Le mieux donc est de m'arrêter, et de finir en vous exhortant de continuer dans le bon dessein que vous avez de vous élever sur la montagne au double sommet, et d'y cueillir les infaillibles lauriers qui vous y attendent. Je suis avec beaucoup de reconnoissance....

XXXIII.

AU RÉVÉREND PÈRE THOULIER, JÉSUITE;

(DEPUIS, L'ABBÉ D'OLIVET.)

Paris, 13 août 1709.

Je vous avoue, mon très révérend père, que je suis fort scandalisé qu'il me faille une attestation par écrit pour désabuser le public, et surtout d'aussi bons connoisseurs que les révérends pères jésuites, que j'aie fait un ouvrage aussi impertinent que la fade épître en vers dont vous me parlez. Je m'en vais pourtant vous donner cette attestation, puisque vous le voulez, dans ce billet, où je vous déclare qu'il ne s'est jamais rien fait de plus mauvais, ni de plus sottement injurieux que cette grossière boutade de quelque cuistre de l'université; et que, si je l'avois faite, je me mettrois moi-même au dessous des Coras, des Pelletiers et des Cotins. J'ajouterai à cette déclaration, que je n'aurai jamais aucune estime pour ceux qui, ayant lu mes ouvrages, ont pu me soupçonner d'avoir fait cette puérile pièce, fussent-ils jésuites. Je vous en dirois bien davantage si je n'étois pas malade, et si j'en avois la permission de mon médecin. Je vous donne le bonjour, et suis parfaitement, mon révérend père, etc.

XXXIV.

AU MÊME.

Paris, 13 décembre 1709.

Vous m'avez fait un très grand plaisir de m'envoyer la lettre que j'ai écrite à M. Maucroix; car, comme elle a été écrite fort à la hâte, et, comme on dit, *currente calamo*, il y a des négligences d'expression qu'il sera bon de corriger. Vous faites fort bien, au reste, de ne point insérer dans votre copie la fin de cette lettre, parce que cela me pourroit faire des affaires avec l'Académie, et qu'il est bon de ne point réveiller les anciennes querelles.

J'oubliois de vous dire qu'il est vrai que mes libraires me pressent fort de donner une nouvelle édition de mes ouvrages; mais je n'y suis nullement disposé, évitant de faire parler de moi, et fuyant le bruit avec autant de soin que je l'ai cherché autrefois. Je vous en dirai davantage la première fois que j'aurai le bonheur de vous voir. Ce ne sauroit être trop tôt. Faites-moi donc la grace de me mander quand vous voulez que je vous envoie mon carrosse; il sera sans faute à la porte de votre collége, à l'heure que vous me marquerez. Le droit du jeu pourtant seroit que j'allasse moi-même vous dire tout cela chez vous; mais comme je ne saurois presque plus marcher qu'on ne me soutienne, et qu'il faut monter les degrés de votre escalier pour avoir le plaisir de vous entretenir, je crois que le meilleur est de vous voir chez moi. Adieu, mon très révérend père; croyez que je sens, comme je dois, les bontés que vous avez pour moi; et que je ne vous donne pas une petite place entre tant d'excellents hommes de votre société que j'ai eus pour amis, et qui m'ont fait l'honneur, comme vous, de m'aimer un peu, sans s'effrayer de l'estime très bien fondée que j'avois pour M. Arnauld et pour quelques personnes de Port-Royal, ne m'étant jamais mêlé des querelles de la grace.

XXXV.

AU MÊME.

Paris, 4 avril 1710.

Il n'y a point, mon révérend père, à se plaindre du hasard. Peut-être a-t-il bien fait; car j'avois répandu fort à la hâte sur le papier les corrections que je vous ai envoyées, et je suis persuadé que j'en aurois rétracté plusieurs dans les entretiens que je prétendois sur cela avoir avec vous. Ainsi, laissant toutes ces corrections, bonnes ou mauvaises, trouvez bon que je me contente de vous remercier de votre agréable présent. Je ne manquerai pas de porter à M. le Verrier, chez qui je vais aujourd'hui dîner, le volume[1] dont vous m'avez chargé pour lui. Il meurt d'envie de vous donner à dîner, et il faut que nous prenions jour pour cela. Adieu, mon illustre père : aimez-moi toujours, et croyez que je ne perdrai jamais la mémoire du service considérable que vous m'avez rendu en contribuant si bien à détromper les hommes de l'horrible affront qu'on me vouloit faire, en m'attribuant le plus plat et le plus monstrueux libelle qui ait jamais été fait. Je vous embrasse de tout mon cœur, et suis très parfaitement....

[1] Les poésies de l'évêque d'Avranches, Huet.

FIN DU PREMIER RECUEIL.

SECOND RECUEIL.

LETTRES
DE BOILEAU A J. RACINE
ET
DE J. RACINE A BOILEAU.

AVERTISSEMENT
DE LOUIS RACINE,

PREMIER ÉDITEUR DE CETTE CORRESPONDANCE.

On verra, dans les lettres suivantes, tout commun entre les deux hommes qui s'écrivent, amis, intérêts, sentiments et ouvrages. On verra aussi mon père plus occupé, à la cour, de Boileau que de lui-même. Cette union, qui a duré près de quarante ans, ne s'est jamais refroidie.

Les premières lettres furent écrites dans le temps que Boileau étoit allé à Bourbon, où les médecins l'avoient envoyé prendre les eaux : remède assez bizarre pour une extinction de voix. Il l'avoit perdue entièrement et tout à coup, à la fin d'un violent rhume ; et se regardant comme un homme inutile au monde, il s'abandonnoit à son affliction. Mon père le consoloit, en l'assurant qu'il retrouveroit la voix comme il l'avoit perdue, et qu'au moment où il s'y attendroit le moins elle reviendroit. La prédiction fut véritable : les remèdes ne firent rien ; et la voix, six mois après, revint tout à coup.

Les autres lettres sont presque toutes écrites dans le temps que mon père suivoit le roi dans ses campagnes. Boileau ne pouvant, à cause de la foiblesse de sa santé, avoir le même honneur, son collègue dans l'emploi d'écrire cette histoire avoit attention de l'instruire de tout ce qui se passoit. Il lui écrivoit à la hâte, et Boileau lui répondoit de même. Ces lettres, dans lesquelles ils ne cherchent point l'esprit, font connoître leur cœur.

Le recueil de ces lettres n'en contenoit que quarante-sept dans l'édition que Racine fils en a donnée. Cizeron-Rival en a publié trois autres en 1770. Nous doutons fort de l'authenticité de celles qu'on a voulu y ajouter depuis; cependant nous ne négligerons point de les faire connoître. (*Note de l'édition de M. Daunou.*)

SECOND RECUEIL.

LETTRES

DE BOILEAU A J. RACINE

ET

DE RACINE A BOILEAU.

I.

BOILEAU A J. RACINE.

Auteuil, 19 mai 1687.

Je voudrois bien vous pouvoir mander que ma voix est revenue, mais la vérité est qu'elle est au même état que vous l'avez laissée, et qu'elle n'est haussée ni baissée d'un ton. Rien ne la peut faire revenir; mon ânesse y a perdu son latin, aussi bien que tous les médecins. La différence qu'il y a entre eux et elle, c'est que son lait m'a engraissé et que leurs remèdes me dessèchent. Ainsi, mon cher monsieur, me voilà aussi muet et aussi chagrin que jamais. J'aurois bon besoin de votre vertu, et surtout de votre vertu chrétienne pour me consoler; mais je n'ai pas été élevé, comme vous, dans le sanctuaire de la piété[1]; et, à mon avis, une vertu ordinaire ne sauroit que blanchir contre un aussi juste sujet de s'affliger qu'est le mien. Il me faut de la grace, et de la grace *augustinienne* la plus *efficace* pour m'empêcher de me désespérer; car je doute que la grace *molinienne*, la plus *suffisante*, suffise pour me soutenir dans l'abattement où je suis. Vous ne sauriez vous imaginer à quel excès va cet abattement, et quel mépris il m'inspire pour toutes les choses de la terre, sans néanmoins (ce qui est de fâcheux) m'inspirer un assez grand goût des choses du ciel. Quelque insensible pourtant qu'il m'ait rendu pour tout ce qui se passe ici bas, je ne suis pas encore indifférent pour la gloire du roi. Vous me ferez donc plaisir de me mander quelques particularités de son voyage[2], puisque tous ses pas sont historiques, et qu'il ne fait rien qui ne soit digne, pour ainsi dire, d'être raconté à tous les siècles. Je vous aurai aussi beaucoup d'obligation, si vous voulez en même temps m'écrire des nouvelles de votre santé. Je meurs de peur que votre mal de gorge ne soit aussi persévérant que mon mal de poitrine. Si cela est, je n'ai plus d'espérance d'être heureux, ni par autrui ni par moi-même. On me vient de dire que Furetière a été à l'extrémité, et

---

[1] Port-Royal.
[2] A Luxembourg, en mai 1687.

que, par l'avis de son confesseur, il a envoyé quérir tous les académiciens offensés dans son factum, et qu'il leur a fait une amende honorable dans les formes, mais qu'il se porte mieux maintenant. J'aurai soin de m'éclaircir de la chose, et je vous en manderai le détail. Le père Souvenin [1] a dîné aujourd'hui chez moi, et m'a fort prié de vous faire ses recommandations. Je vous les fais donc, et, en récompense, je vous conjure de bien faire les miennes au cher M. Felix [2]. Pourquoi faut-il que je ne sois pas avec lui et avec vous, ou que je n'aie pas du moins une voix pour crier encore contre la fortune, qui m'a envié ce bonheur? Dites-bien aussi à M. le marquis de Termes que je songe à lui dans mon infortune, et qu'encore que je sache assez combien les gens de cour sont peu touchés des malheurs d'autrui, je le tiens assez galant homme pour me plaindre. Maximilien [3] m'est venu voir à Auteuil, et m'a lu quelque chose de son Théophraste. C'est un fort honnête homme, et à qui il ne manqueroit rien si la nature l'avoit fait aussi agréable qu'il a envie de l'être. Du reste, il a de l'esprit, du savoir et du mérite. Je vous donne le bonsoir et suis tout à vous.

[1] Génovéfain, parent de Racine.
[2] Premier chirurgien de Louis xiv.
[3] La Bruyère.

II.

RACINE A BOILEAU.

Luxembourg, 24 mai (1687).

Votre lettre m'auroit fait beaucoup plus de plaisir, si les nouvelles de votre santé eussent été un peu meilleures. Je vis M. Dodart[1] comme je venois de la recevoir, et la lui montrai. Il m'assura que vous n'aviez aucun lieu de vous mettre dans l'esprit que votre voix ne reviendra point, et me cita même quantité de gens qui sont sortis fort heureusement d'un semblable accident. Mais, sur toutes choses, il vous recommande de ne point faire d'effort pour parler, et, s'il se peut, de n'avoir commerce qu'avec des gens d'une oreille fort subtile, ou qui vous entendent à demi-mot. Il croit que le sirop d'abricot vous est fort bon, et qu'il en faut prendre quelquefois de pur, et très souvent de mêlé avec de l'eau, en l'avalant lentement et goutte à goutte; ne point boire trop frais, ni de vin que fort trempé; du reste vous tenir l'esprit toujours gai. Voilà à peu près le conseil que M. Menjot me donnoit autrefois. M. Dodart approuve beaucoup votre lait d'ânesse, mais beaucoup plus

[1] Médecin

encore ce que vous dites de la vertu moliniste. Il ne la croit nullement propre à votre mal, et assure même qu'elle y seroit très nuisible. Il m'ordonne presque toujours les mêmes choses pour mon mal de gorge qui va toujours son même train; et il me conseille un régime qui peut-être me pourra guérir dans deux ans, mais qui infailliblement me rendra dans deux mois de la taille dont vous voyez qu'est M. Dodart lui-même [1]. M. Félix étoit présent à toutes ces ordonnances, qu'il a fort approuvées; et il a aussi demandé des remèdes pour sa santé, se croyant le plus malade de nous trois. Je vous ai mandé qu'il avoit visité la boucherie de Châlons. Il est, à l'heure que je vous parle, au marché, où il m'a dit qu'il avoit rencontré ce matin des écrevisses de fort bonne mine.

Le voyage est prolongé de trois jours, et on demeurera ici jusqu'à lundi prochain. Le prétexte est la rougeole de M. le comte de Toulouse[2], mais le vrai est apparemment que le roi a pris goût à sa conquête, et qu'il n'est pas fâché de l'examiner tout à loisir. Il a déja considéré toutes les fortifications l'une après l'autre, est entré jusque dans les contre-mines du chemin couvert, qui sont fort

---

[1] Il étoit extrêmement maigre.
[2] Troisième fils de Louis XIV et de madame de Montespan, mort en 1737.

belles, et surtout a été fort aise de voir ces fameuses redoutes entre les deux chemins couverts, lesquelles ont tant donné de peine à M. de Vauban. Aujourd'hui le roi va examiner la circonvallation c'est-à-dire, faire un tour de sept ou huit lieues. Je ne vous fais point le détail de tout ce qui m'a paru ici de merveilleux; qu'il vous suffise que je vous en rendrai bon compte quand nous nous verrons, et que je vous ferai peut-être concevoir les choses comme si vous y aviez été. M. de Vauban a été ravi de me voir, et, ne pouvant pas venir avec moi, m'a donné un ingénieur qui m'a mené partout. Il m'a aussi abouché avec M. d'Espagne, gouverneur de Thionville, qui se signala tant à Saint-Godard[1], et qui m'a fait souvenir qu'il avoit souvent bu avec moi à l'auberge de M. Poignant[2], et que nous étions, Poignant et moi, fort agréables avec feu M. de Bernage, évêque de Grasse. Sérieusement, ce M. d'Espagne est un fort galant homme, et il m'a paru un grand air de vérité dans tout ce qu'il m'a dit de ce combat de Saint-Godard. Mais, mon cher monsieur, cela ne s'accorde ni avec M. de Montecuculli, ni avec M. de Bissy, ni avec M. de La Feuillade, et je vois bien que la vérité qu'on nous demande tant est

---

[1] Saint-Gothard, petite ville de la basse Hongrie.
[2] Capitaine de dragons, avec qui La Fontaine voulut un jour se battre en duel.

bien plus difficile à trouver qu'à écrire. J'ai vu aussi M. de Charuël, qui étoit intendant à Gigeri. Celui-ci sait apparemment la vérité, mais il se serre les lèvres tant qu'il peut de peur de la dire, et j'ai eu à peu près la même peine à lui tirer quelques mots de la bouche, que Trivelin en avoit à en tirer de Scaramouche, *musicien bègue*. M. de Gourville[1] arriva hier, et tout en arrivant me demanda de vos nouvelles. Je ne finirois point si je vous nommois tous les gens qui m'en demandent tous les jours avec amitié. M. de Chevreuse, entre autres, M. de Noailles, monseigneur le Prince, que je devois nommer le premier, surtout M. Moreau notre ami[2], et M. Roze[3] : ce dernier, avec des expressions fortes, vigoureuses, et qu'on voit bien en vérité qui partent du cœur. Je fis hier grand plaisir à M. de Termes de lui dire le souvenir que vous aviez de lui. M. l'archevêque d'Embrun[4] est ici, toujours mettant le roi en bonne humeur; M. de Reims[5], M. le président de Mesmes[6], M. le cardinal de Furstemberg[7]; enfin plus de gens trois

---

[1] Mort en 1705; on a ses mémoires.

[2] Chirurgien ordinaire du roi; mort en 1693.

[3] Président à la chambre des comptes, membre de l'Académie françoise; mort en 1701.

[4] Charles Brulart de Genlis.

[5] Charles-Maurice Le Tellier, frère de Louvois.

[6] J.-J. de Mesmes, reçu à l'Académie françoise en 1676, mort en 1688.

[7] Guillaume Égon, prince de Furstemberg, évêque de Strasbourg,

fois qu'à Versailles, la presse dans les rues comme à Bouquenon, une infinité d'Allemands et d'Allemandes qui veulent [1]... (*voir le roi*).

III.

BOILEAU A RACINE.

A Auteuil, le 26 mai (1687.)

Je ne me suis point hâté de vous répondre, parce que je n'avois rien à vous mander que ce que je vous avois déja écrit dans ma dernière lettre. Les choses sont changées depuis. J'ai quitté au bout de cinq semaines le lait d'ânesse, parce que non seulement il ne me rendoit point la voix, mais qu'il commençoit à m'ôter la santé, en me donnant des dégoûts et des espèces d'émotions tirant à fièvre. Tout ce que vous a dit M. Dodart est fort raisonnable, et je veux croire sur sa parole que tout ira bien; mais, entre nous, je doute que ni lui, ni personne connoisse bien ma maladie ni mon tempérament. Quand je fus attaqué de la difficulté de respirer, il y a vingt-cinq ans, tous les médecins m'assuroient que cela s'en iroit, et se moquoient de moi quand je témoignois douter

[1] La fin de cette lettre manque.

du contraire. Cependant cela ne s'est point en allé, et j'en fus encore hier incommodé considérablement. Je sens que cette difficulté de respirer est au même endroit que ma difficulté de parler, et que c'est un poids fort extérieur, que j'ai sur la poitrine, qui les cause l'une et l'autre. Dieu veuille qu'elles n'aient pas fait une société inséparable! Je ne vois que des gens qui prétendent avoir eu le même mal que moi, et qui en ont été guéris; mais, outre que je ne sais au fond s'ils disent vrai, ce sont pour la plupart des femmes ou des jeunes gens qui n'ont point de rapport avec un homme de cinquante ans; et d'ailleurs, si je suis original en quelque chose, c'est en infirmités, puisque mes maladies ne ressemblent jamais à celles des autres. Avec tout ce que je vous dis, je ne me couche point que je n'espère le lendemain m'éveiller avec une voix sonore; et quelquefois même, après mon réveil, je demeure long-temps sans parler pour m'entretenir dans mon espérance. Ce qui est de vrai, c'est qu'il n'y a point de nuit que je ne recouvre la voix en songe; mais je reconnois bien ensuite que tous les songes, quoi qu'en dise Homère, ne viennent pas de Jupiter, ou il faut que Jupiter soit un grand menteur. Cependant je mène une vie fort chagrine et fort peu propre aux conseils de M. Dodart, d'autant plus que je n'oserois m'appliquer fortement à aucune chose, et qu'il ne me sort rien du cerveau qui ne me tombe sur la poitrine, et qui ne me ruine encore plus la voix. Je suis bien aise que votre mal de gorge vous laisse au moins plus de liberté, et ne vous empêche pas de contempler les merveilles qui se font à Luxembourg[1]. Vous avez raison d'estimer comme vous faites M. de Vauban. C'est un des hommes de notre siècle, à mon avis, qui a le plus prodigieux mérite ; et, pour vous dire en un mot ce que je pense de lui, je crois qu'il y a plus d'un maréchal de France qui, quand il le rencontre, rougit de se voir maréchal de France. Vous avez fait une grande acquisition en l'amitié de M. d'Espagne[2], et c'est ce qui me fait encore plus déplorer la perte de ma voix, puisque c'est vraisemblablement ce qui m'a fait manquer cette acquisition. J'écris à M. de Flamarens[3]. Je veux croire que notre cher Félix est le plus malade de nous trois ; mais, si ce que vous me mandez est véritable, l'affliction qu'il en a est une affliction *à la puimorine*[4], je veux dire fort dévorante, et qui ne lui a pas fait perdre la mémoire des soles et des longes de veau. Faites-lui bien mes baisemains, aussi bien qu'à M. de

[1] On fortifioit alors cette place.
[2] Major du régiment de la Ferté, infanterie.
[3] Premier maître d'hôtel de Philippe de France, duc d'Orléans, frère de Louis XIV.
[4] Pierre Boileau Puimorin, frère de Despréaux, aimoit les plaisirs, et surtout ceux de la table.

Termes, à M. de Niert[1] et à M. Moreau. Adieu, mon cher monsieur, aimez-moi toujours, et croyez que je vous rendrai bien la pareille.

IV.

BOILEAU A RACINE.

A Bourbon, 21e juillet (1687).

Depuis ma dernière lettre j'ai été saigné, purgé, etc. Il ne me manque plus aucune des formalités prétendues nécessaires pour prendre les eaux. La médecine que j'ai prise aujourd'hui m'a fait, à ce qu'on dit, tous les biens du monde; car elle m'a fait tomber quatre ou cinq fois en foiblesse, et m'a mis en état qu'à peine je me puis soutenir. C'est demain que se doit commencer le grand chef-d'œuvre; je veux dire que demain je dois commencer à prendre des eaux. M. Bourdier, mon médecin, me remplit toujours de grandes espérances; il n'est pas de l'avis de M. Fagon pour le bain, et cite même des exemples de gens, non seulement qui n'ont pas recouvré la voix, mais qui l'ont même perdue pour s'être baignés. Du reste, on ne peut pas faire plus d'estime de M. Fagon qu'il en fait, et il le regarde comme l'Escu-

[1] Premier valet de chambre du roi.

lape de ce temps. J'ai fait connoissance avec deux ou trois malades, qui valent bien des gens en santé. J'en ai trouvé un même avec qui j'ai étudié autrefois, et qui est fort galant homme. Ce ne sera pas une petite affaire pour moi que la prise des eaux, qui sont, dit-on, fort endormantes, et avec lesquelles néanmoins il faut absolument s'empêcher de dormir : ce sera un noviciat terrible ; mais que ne fait-on pas pour avoir de quoi contredire M. Charpentier[1] ?

Je n'ai point encore eu de temps pour me remettre à l'étude, parce que j'ai été assez occupé des remèdes, pendant lesquels on m'a défendu surtout l'application. Les eaux, dit-on, me donneront plus de loisir ; et, pourvu que je ne m'endorme point, on me laisse toute liberté de lire et même de composer. Il y a ici un trésorier de la Sainte-Chapelle, grand ami de M. de Lamoignon, qui me vient voir fort souvent ; il est homme de beaucoup d'esprit ; et s'il n'a pas la main si prompte à répandre les bénédictions que le fameux M. de Coutances, il a en récompense beaucoup plus de lettres et beaucoup plus de solidité. Je suis toujours fort affligé de ne vous point voir ; mais franchement, le séjour de Bourbon ne m'a point paru jusqu'à présent si horrible que je me l'étois imaginé : j'ai un jardin pour me promener,

[1] Il disputoit souvent à l'Académie françoise contre Charpentier.

et je m'étois préparé à une si grande inquiétude, que je n'en ai pas la moitié de ce que j'en croyois avoir. Celui qui doit porter cette lettre à Moulins me presse fort: c'est ce qui fait que je me hâte de vous dire que je n'ai pas mieux conçu combien je vous aime, que depuis notre triste séparation. Mes recommandations au cher M. Félix, et je vous supplie, quand même je l'aurois oublié dans quelqu'une de mes lettres, de supposer toujours que je vous ai parlé de lui, parce que mon cœur l'a fait, si ma main ne l'a pas écrit. Je vous embrasse de tout mon cœur.

V.

RACINE A BOILEAU.

A Paris, ce 25 juillet (1687).

Je commençois à m'ennuyer beaucoup de ne point recevoir de vos nouvelles, et je ne savois même que répondre à quantité de gens qui m'en demandoient. Le roi, il y a trois jours, me demanda à son dîner comment alloit votre extinction de voix: je lui dis que vous étiez à Bourbon. Monsieur prit aussitôt la parole, et me fit là dessus force questions, aussi bien que Madame[1], et vous

[1] Elisabeth-Charlotte de Bavière, mère de Philippe d'Orléans, régent.

fîtes l'entretien de plus de la moitié du dîner. Je me trouvai le lendemain sur le chemin de M. de Louvois, qui me parla aussi de vous, mais avec beaucoup de bonté, et me disant en propres mots qu'il étoit très fâché que cela durât si long-temps. Je ne vous dis rien de mille autres qui me parlent tous les jours de vous, et quoique j'espère que vous retrouverez bientôt votre voix tout entière, vous n'en aurez jamais assez pour suffire à tous les remercîments que vous aurez à faire.

Je me suis laissé débaucher par M. Félix pour aller demain avec le roi à Maintenon: c'est un voyage de quatre jours. M. de Termes nous mène dans son carrosse; et j'ai aussi débauché M. Hessein[1] pour faire le quatrième. Il se plaint toujours beaucoup de ses vapeurs, et je vois bien qu'il espère se soulager par quelque dispute de longue haleine; mais je ne suis guère en état de lui donner contentement, me trouvant toujours assez incommodé de ma gorge dès que j'ai parlé un peu de suite. Cela va pourtant mieux que quand vous êtes parti, mais je ne suis pas encore hors d'affaire: ce qui m'embarrasse, c'est que M. Fagon et plusieurs autres médecins très habiles m'avoient ordonné, comme vous savez, de boire beaucoup d'eau de Sainte-Reine et des tisanes de chicorée;

---

[1] Frère de madame de La Sablière; il avoit beaucoup d'esprit et d'instruction; mais il aimoit à disputer.

et j'ai trouvé chez M. Nicole un médecin qui me paroît fort sensé, qui m'a dit qu'il connoissoit mon mal à fond ; qu'il en a guéri plusieurs gens en sa vie, et que je ne guérirois jamais tant que je boirois de l'eau ou de la tisane ; que le seul moyen de sortir d'affaire étoit de ne boire que pour la seule nécessité, et tout au plus pour détremper les aliments dans l'estomac. Il m'a appuyé cela de quelques raisonnements qui m'ont paru assez solides. Ce qui est arrivé de là, c'est que présentement je n'exécute ni son ordonnance ni celle de M. Fagon : je ne me noie plus d'eau comme je faisois, je bois à ma soif; et vous jugez bien que par le temps qu'il fait on a toujours assez soif, c'est-à-dire, à vous parler franchement, que je me suis remis dans mon train de vie ordinaire, et je m'en trouve assez bien. Le même médecin m'a assuré que, si les eaux de Bourbon ne vous guérissoient pas, il vous guériroit infailliblement. Il m'a cité l'exemple d'un chantre de Notre-Dame (je crois que c'étoit une basse) à qui un rhume avoit fait perdre entièrement la voix depuis six mois, et il étoit sur le point de se retirer; le médecin que je vous dis l'entreprit, et avec une tisane d'une herbe qu'on appelle, je crois, *erysimum*, il le tira d'affaire en trois semaines, en telle sorte que non seulement il parle, mais il chante très bien, et a la voix aussi forte qu'il l'ait jamais eue. Ce chantre a, dit-il, plus de quarante ans. J'ai conté la chose aux médecins de la cour; ils avouent que cette plante d'*erysimum* est très bonne pour la poitrine; mais ils disent qu'ils ne lui croyoient pas la vertu que dit mon médecin. C'est le même qui a deviné le mal de M. Nicole : il s'appelle M. Morin[1], et il est à mademoiselle de Guise[2]. M. Fagon en fait un fort grand cas. J'espère que vous n'aurez pas besoin de lui; mais cela est toujours bon à savoir : et si le malheur vouloit que vos eaux ne fissent pas tout l'effet que vous souhaitez, voilà encore une assez bonne consolation que je vous donne. Je ne vous manderai point cette fois-ci d'autres nouvelles que celles qui regardent votre santé et la mienne. Je vous dirai seulement que j'ai encore mes deux chevaux sur la litière. J'ai[3]....

VI.

BOILEAU A RACINE.

A Bourbon, 29e juillet (1687).

Votre lettre m'a tiré d'un fort grand embarras; car je doutois que vous eussiez reçu celle que je vous avois écrite, et dont la réponse est arrivée

---

[1] De l'Académie des sciences, mort en 1715, à l'âge de 80 ans.
[2] Marie de Lorraine.
[3] On n'a pas la fin de cette lettre.

fort tard à Bourbon. Si la perte de ma voix ne m'avoit fort guéri de la vanité, j'aurois été très sensible à tout ce que vous m'avez mandé de l'honneur que m'a fait le plus grand prince de la terre en vous demandant des nouvelles de ma santé; mais l'impuissance où ma maladie me met de répondre par mon travail à toutes les bontés qu'il me témoigne, me fait un sujet de chagrin de ce qui devroit faire toute ma joie. Les eaux jusqu'ici m'ont fait un fort grand bien, suivant toutes les règles, puisque je les rends de reste, et qu'elles m'ont, pour ainsi dire, tout fait sortir du corps, excepté la maladie pour laquelle je les prends. M. Bourdier, mon médecin, soutient pourtant que j'ai la voix plus forte que quand je suis arrivé; et M. Baudière, mon apothicaire, qui est encore meilleur juge que lui, puisqu'il est sourd, prétend aussi la même chose; mais pour moi je suis persuadé qu'ils me flattent, ou plutôt qu'ils se flattent eux-mêmes, et, à ce que je puis reconnoître en moi, je tiens que les eaux me soulageront plutôt la difficulté de respirer que la difficulté de parler. Quoi qu'il en soit, j'irai jusqu'au bout, et je ne donnerai point occasion à M. Fagon et à M. Félix de dire que je me suis impatienté. Au pis aller, nous essaierons cet hiver l'*erysimum*: mon médecin et mon apothicaire, à qui j'ai montré l'endroit de votre lettre, où vous parlez de cette plante ont

témoigné tous deux en faire grand cas; mais
M. Bourdier prétend qu'elle ne peut rendre la
voix qu'à des gens qui ont le gosier attaqué, et
non pas à un homme comme moi, qui a tous les
muscles de la poitrine embarrassés. Peut-être que
si j'avois le gosier malade, prétendroit-il que l'*erysimum* ne sauroit guérir que ceux qui ont la poitrine attaquée. Le bon de l'affaire est qu'il persiste
toujours dans la pensée que les eaux de Bourbon
me rendront bientôt la voix; si cela arrive, ce sera
à moi, mon cher monsieur, à vous consoler;
puisque de la manière dont vous me parlez de votre
mal de gorge, je doute qu'il puisse être guéri sitôt,
surtout si vous vous engagez en de longs voyages
avec M. Hessein. Mais laissez-moi faire: si la voix
me revient, j'espère de vous soulager dans les dis-
putes que vous aurez avec lui, sauf à la perdre
encore une seconde fois pour vous rendre cet
office. Je vous prie pourtant de lui faire bien des
amitiés de ma part, et de lui faire entendre que
ses contradictions me seront toujours beaucoup
plus agréables que les complaisances et les applaudissements fades des amateurs de beaux esprits.
Il s'est trouvé ici parmi les capucins un de ces
amateurs qui a fait des vers à ma louange. J'admire ce que c'est que des hommes: *Vanitas et omnia vanitas*[1]. Cette sentence ne m'a jamais paru si

[1] Ecclés., chap. I, v. 2.

vraie qu'en fréquentant ces bons et crasseux peres. Je suis bien fâché que vous ne soyez point encore habitué à Auteuil, où

> Ipsi te fontes, ipsa hæc arbusta vocabant [1];

c'est-à-dire, où mes deux puits et mes abricotiers vous appeloient.

Vous faites très bien d'aller à Maintenon avec une compagnie aussi agréable que celle dont vous me parlez, puisque vous y trouverez votre utilité et votre plaisir. *Omne tulit punctum*[2], *etc.*

Je n'ai jamais pu deviner la critique que vous peut faire M. l'abbé Tallemant sur l'endroit de l'épitaphe[3] que vous m'avez marqué. N'est-ce point qu'il prétend que ces termes, *il fut nommé*, semblent dire que le roi Louis XIII a tenu M. Le Tellier sur les fonts de baptême; ou bien que c'est mal dit, que le roi le choisit pour remplir la charge, etc., parce que c'est la charge qui a rempli M. Le Tellier, et non pas M. Le Tellier qui a rempli la charge; par la même raison que c'est la ville qui entoure les fossés et non pas les fossés qui entourent la ville? C'est à vous à m'expliquer cette énigme. Faites bien, je vous prie, mes baise-mains au père Bouhours et à tous nos autres amis,

---

[1] Virg., églog. 1, v. 40.
[2] Hor., *Art poët.*, v. 343.
[3] Du chancelier Michel Le Tellier, mort le 31 octobre 1685.

quand vous les rencontrerez; mais surtout témoignez bien à M. Nicole la profonde vénération que j'ai pour son mérite et pour la simplicité de ses mœurs, encore plus admirable que son mérite. Vous ne me parlez point de l'épitaphe de mademoiselle de Lamoignon [1]. Voilà, ce me semble, une assez longue lettre pour un homme à qui on défend surtout les longues applications, et qu'on presse d'ailleurs de donner cette lettre pour la porter à Moulins. J'ai appris par la gazette que M. l'abbé de Choisy étoit agréé à l'Académie. Voici encore une voix que je vous envoie pour lui, si trente-neuf ne suffisoient pas. Adieu, aimez-moi toujours, et croyez que je n'aime rien plus que vous. Je passe ici le temps, *sic ut quimus, quando ut volumus non possum*. Adieu, encore une fois; dites à ma sœur et à M. Manchon [2] que je ne manquerai pas de leur écrire par la première commodité. J'ai écrit à M. Marchand.

[1] Morte le 14 avril précédent.
[2] Beau-frère de Despréaux et commissaire des guerres.

VII.

RACINE A BOILEAU.

A Paris, ce 4 août (1687).

Je suis ravi des bonnes espérances que l'on continue de vous donner, et du soulagement que vous ressentez déja à votre poitrine. Je ne doute pas que la difficulté de parler ne soit encore plus aisée à guérir que la difficulté de respirer. Je n'ai point encore vu M. Fagon depuis que j'ai reçu de vos nouvelles; oui bien M. Daquin[1], qui trouve fort étrange que vous ne vous soyez pas mis entre les mains de M. Des Trapières : il est même bien en peine qui peut vous avoir adressé à M. Bourdier. Je jugeai à propos, tant il étoit en colère, de ne lui pas dire un mot de M. Fagon. J'ai fait le voyage de Maintenon, et je suis fort content des ouvrages que j'y ai vus; ils sont prodigieux et dignes, en vérité, de la magnificence du roi. Il y en a encore, dit-on, pour deux ans. Les arcades qui doivent joindre les deux montagnes vis-à-vis Maintenon sont presque faites; il y en a quarante-huit; elles sont bâties pour l'éternité. Je voudrois qu'on eût autant d'eau à faire passer dessus qu'elles

---

[1] Premier médecin du roi, avant Fagon.

sont capables d'en porter. Il y a là plus de trente mille hommes qui travaillent, tous gens bien faits, et qui, si la guerre recommence, remueront plus volontiers la terre devant quelque place sur la frontière, que dans les plaines de Beauce. J'eus l'honneur de voir madame de Maintenon, avec qui je fus une bonne partie d'une après-dînée; et elle me témoigna même que ce temps-là ne lui avoit point duré. Elle est toujours la même que vous l'avez vue, pleine d'esprit, de raison, de piété et de beaucoup de bonté pour nous. Elle me demanda des nouvelles de notre travail; je lui dis que votre indisposition et la mienne, mon voyage à Luxembourg et votre voyage à Bourbon, nous avoient un peu reculés, mais que nous ne perdions cependant pas notre temps.

A propos de Luxembourg, je viens de recevoir un plan et de la place et des attaques, et cela dans la dernière exactitude. Je viens aussi tout à l'heure de recevoir une lettre de Versailles, d'où l'on me mande une nouvelle fort surprenante et fort affligeante pour vous et pour moi; c'est la mort de notre ami M. de Saint-Laurent[1], qui a été emporté d'un seul accès de colique néphrétique, à quoi il n'avoit jamais été sujet en sa vie. Je ne crois pas qu'excepté Madame, on en soit fort affligé au

[1] Précepteur du jeune duc de Chartres, depuis M. le duc d'Orléans, régent.

Palais-Royal : les voilà débarrassés d'un homme de bien.

Je laissai volontiers à la gazette à vous parler de M. l'abbé de Choisy. Il fut reçu sans opposition [1]; il avoit pris tous les devants qu'il falloit auprès des gens qui auroient pu lui faire de la peine. Il fera, le jour de Saint-Louis, sa harangue qu'il m'a montrée; il y a quelques endroits d'esprit. Je lui ai fait ôter quelques fautes de jugement. M. Bergeret [2] fera la réponse; je crois qu'il y aura plus de jugement.

Je suis bien aise que vous n'ayez pas conçu la critique de M. l'abbé Tallemant, c'est signe qu'elle ne vaut rien. La critique tomboit sur ces mots : *Il en commença les fonctions.* Il prétendoit qu'il falloit dire nécessairement : *Il commença à en faire les fonctions.* Le père Bouhours ne le devina point, non plus que vous, et quand je lui dis la difficulté, il s'en moqua. Je donnai l'épitaphe de mademoiselle de Lamoignon à M. de La Chapelle [3] en l'état que nous étions convenus à Montgeron; je n'en ai pas ouï parler depuis.

---

[1] A la place du duc de Saint-Aignan, à l'Académie françoise.

[2] Reçu académicien en 1685, sans aucun titre, et à force d'intrigues; mort en 1694.

[3] Henri de Bessé ou Besset, sieur de La Chapelle-Milon, contrôleur des bâtiments du roi, et, à ce titre, adjoint, comme secrétaire, à la petite Académie des Inscriptions, etc. Il avoit épousé Charlotte Dongois, nièce de Boileau; mort en 1694.

M. Hessein n'a point changé; nous fûmes cinq jours ensemble. Il fut fort doux dans les quatre premiers jours, et eut beaucoup de complaisance pour M. de Termes, qui ne l'avoit jamais vu, et qui étoit charmé de sa douceur. Le dernier jour, M. Hessein ne lui laissa pas passer un mot sans le contredire, et même, quand il nous voyoit fatigués de parler ou endormis, il avançoit malicieusement quelque paradoxe qu'il savoit bien qu'on ne lui laisseroit point passer. En un mot, il eut contentement: non seulement on disputa, mais on se querella, et on se sépara sans avoir trop d'envie de se revoir de plus de huit jours. Il me sembla que M. de Termes avoit toujours raison; il lui sembla aussi la même chose de moi. M. Félix témoigna un peu plus de bonté pour M. Hessein, et aima mieux nous gronder tous, que de se résoudre à le condamner. Voilà comment s'est passé le voyage. Mon mal de gorge est beaucoup diminué, Dieu merci, mais il n'est pas encore fini; il me reste de temps en temps quelques âcretés vers la luette, mais cela ne dure point. Quoi qu'il en soit, je n'y fais plus rien. Mes chevaux marcheront demain pour la première fois depuis votre départ. Celui qui avoit le farcin est, dit-on, entièrement guéri; je n'ose encore trop vous l'assurer. M. Marchand me vint voir il y a trois jours, un peu fâché de ce que vous n'avez pas pris à Bourbon le logis qu'il vous avoit dit. Il doit mener à Auteuil sa fille qui est sortie de religion, pour lui faire prendre l'air. Cela ne m'empêchera pas d'y aller passer des après-dînées, et même d'y aller dîner avec lui. Adieu, mon cher monsieur, mandez-moi au plus tôt que vous parlez; c'est la meilleure nouvelle que je puisse recevoir en ma vie.

VIII.

RACINE A BOILEAU.

A Paris, ce 8ᵉ août (1687).

Madame Manchon vint avant-hier me chercher, fort alarmée d'une lettre que vous lui avez écrite, et qui est en effet bien différente de celle que j'ai reçue de vous. J'aurois déja été à Versailles pour entretenir M. Fagon, mais le roi est à Marly depuis quatre jours, et n'en reviendra que demain au soir : ainsi je n'irai qu'après demain matin, et je vous manderai exactement tout ce qu'il m'aura dit. Cependant je me flatte que ce dégoût et cette lassitude dont vous vous plaignez n'auront point de suite, et que c'est seulement un effet que les eaux doivent produire, quand l'estomac n'y est pas encore accoutumé; que si elles continuent à vous faire mal, vous savez ce que tout le monde vous dit en partant, qu'il falloit les quitter en ce cas, ou tout du moins les interrompre. Si par malheur elles ne vous guérissent pas, il n'y a point lieu encore de vous décourager, et vous ne seriez pas le premier qui, n'ayant pas été guéri sur les lieux, s'est trouvé guéri étant de retour chez lui. En tout cas, le sirop d'*erysimum* n'est point assurément une vision. M. Dodart, à qui j'en parlai il y a trois jours, me dit et m'assura en conscience que ce M. Morin, qui m'a parlé de ce remède, est sans doute le plus habile médecin qui soit dans Paris, et le moins charlatan. Il est constant que, pour moi, je me trouve infiniment mieux depuis que, par son conseil, j'ai renoncé à tout ce lavage d'eaux qu'on m'avoit ordonnées, et qui m'avoient presque gâté entièrement l'estomac, sans me guérir mon mal de gorge. Je prierai aussi M. de Jussac d'écrire à madame sa femme, à Fontevrauld, et de lui mander l'embarras de ce pauvre paralytique, qui étoit sans vous sur le pavé.

M. de Saint-Laurent est mort d'une colique de *miserere*, et non point d'un accès de néphrétique, comme je vous avois mandé. Sa mort a été fort chrétienne, et même aussi singulière que le reste de sa vie. Il ne confia qu'à M. de Chartres qu'il se trouvoit mal, et qu'il alloit s'enfermer dans une chambre pour se reposer, conjurant instamment ce jeune prince de ne point dire où il étoit, parce qu'il ne vouloit voir personne. En le quittant il alla faire ses dévotions : c'étoit un dimanche, et on dit qu'il les faisoit tous les dimanches; puis il s'enferma dans une chambre jusqu'à trois heures après-midi, que M. de Chartres étant en inquiétude de sa santé, déclara où il étoit. Tancret y fut, qui le trouva tout habillé sur un lit, souffrant apparemment beaucoup, et néanmoins fort tranquille. Tancret ne lui trouva point de pouls; mais M. de Saint-Laurent lui dit que cela ne l'étonnât point, qu'il étoit vieux, et qu'il n'avoit pas naturellement le pouls fort élevé. Il voulut être saigné, et il ne vint point de sang. Peu de temps après il se mit sur son séant, puis dit à son valet de le pencher un peu sur son chevet; et aussitôt ses pieds se mirent à trépigner contre le plancher, et il expira dans le moment même. On trouva dans sa bourse un billet par lequel il déclaroit où l'on trouveroit son testament. Je crois qu'il donne tout son bien aux pauvres. Voilà comme il est mort, et voici ce qui fait, ce me semble, assez bien son éloge : vous savez qu'il n'avoit presque point d'autres soins auprès de M. de Chartres que de l'empêcher de manger des friandises; qu'il l'empêchoit le plus qu'il pouvoit d'aller aux comédies et aux opéras; et il vous a conté lui-même toutes les rebuffades qu'il lui a fallu essuyer pour cela, et comment toute la maison de Monsieur étoit déchaînée contre lui, gouverneur, sous-précepteur¹, valets de chambre. Cependant on a été plus de deux jours sans oser apprendre sa mort à ce même M. de Chartres; et quand Monsieur enfin la lui a annoncée, il a jeté des cris effroyables, se jetant, non point sur son lit, mais sur le lit de M. de Saint-Laurent, qui étoit encore dans sa chambre, et l'appelant à haute voix comme s'il eût encore été en vie : tant la vertu, quand elle est vraie, a de force pour se faire aimer! Je suis assuré que cela vous fera plaisir, non seulement pour la mémoire de M. de Saint-Laurent, mais même pour M. de Chartres. Dieu veuille qu'il persiste long-temps dans de pareils sentiments! Il me semble que je n'ai point d'autres nouvelles à vous mander.

M. le duc de Roannès est venu ce matin pour me parler de sa rivière, et pour me prier d'en parler. Je lui ai demandé s'il ne savoit rien de nouveau, il m'a dit que non; et il faut bien, puisqu'il ne sait point de nouvelles, qu'il n'y en ait point, car il en sait toujours plus qu'il n'y en a. On dit seulement que M. de Lorraine a passé la Drave, et les Turcs la Save : ainsi il n'y a point de rivière qui les sépare; tant pis apparemment pour les Turcs; je les trouve merveilleusement accoutumés à être battus. La nouvelle qui fait ici le plus de bruit,

¹ Le sous-précepteur étoit alors M. l'abbé Dubois, depuis cardinal, premier ministre. (*Note de Louis Racine.*)

c'est l'embarras des comédiens, qui sont obligés de déloger de la rue Guénégaud, à cause que messieurs de Sorbonne, en acceptant le collége des Quatre-Nations, ont demandé, pour première condition, qu'on les éloignât de ce collége. Ils ont déja marchandé des places dans cinq ou six endroits; mais partout où ils vont, c'est merveille d'entendre comme les curés crient. Le curé de Saint-Germain de l'Auxerrois a déja obtenu qu'ils ne seroient point à l'hôtel de Sourdis, parce que de leur théâtre on auroit entendu tout à plein les orgues, et de l'église on auroit parfaitement bien entendu les violons; enfin ils en sont à la rue de Savoie, dans la paroisse de Saint-André. Le curé a été aussi au roi lui représenter qu'il n'y a tantôt plus dans sa paroisse que des auberges et des coquetiers; si les comédiens y viennent, que son église sera déserte. Les Grands-Augustins ont aussi été au roi, et le père Lembrochons, provincial, a porté la parole; mais on prétend que les comédiens ont dit à sa majesté que ces mêmes Augustins, qui ne veulent point les avoir pour voisins, sont fort assidus spectateurs de la comédie, et qu'ils ont même voulu vendre à la troupe des maisons qui leur appartiennent dans la rue d'Anjou pour y bâtir un théâtre, et que le marché seroit déja conclu, si le lieu eût été plus commode. M. de Louvois a ordonné à M. de La Chapelle de lui envoyer le plan du lieu où ils veulent bâtir dans la rue de Savoie. Ainsi on attend ce que M. de Louvois décidera. Cependant l'alarme est grande dans le quartier; tous les bourgeois qui sont gens de palais, trouvant fort étrange qu'on vienne leur embarrasser leurs rues. M. Billard[1] surtout, qui se trouvera vis-à-vis de la porte du parterre, crie fort haut; et quand on lui a voulu dire qu'il en auroit plus de commodité pour s'aller divertir quelquefois, il a répondu fort tragiquement : *Je ne veux point me divertir.* Adieu, monsieur je fais moi-même ce que je puis pour vous divertir, quoique j'aie le cœur fort triste depuis la lettre que vous avez écrite à madame votre sœur. Si vous croyez que je puisse vous être bon à quelque chose à Bourbon, n'en faites point de façon, mandez-le-moi; je volerai pour vous aller voir.

IX.

BOILEAU A RACINE.

A Bourbon, 9ᵉ août (1687).

Je vous demande pardon du gros paquet que je vous envoie; mais M. Bourdier mon médecin, a cru qu'il étoit de mon devoir d'écrire à M. Fagon

[1] Avocat.

sur ma maladie. Je lui ai dit qu'il falloit que M. Dodart vît aussi la chose : ainsi nous sommes convenus de vous adresser sa relation, avec un cachet volant, afin que vous la fissiez voir à l'un et à l'autre. Je vous envoie un compliment pour M. de La Bruyère[1]. J'ai été sensiblement affligé de la mort de M. de Saint-Laurent. Franchement, notre siècle se dégarnit fort de gens de mérite et de vertu; et sans ceux qu'on a étouffés sous prétexte de jansénisme, en voilà un grand nombre que la mort a enlevés depuis peu. Je plains fort le pauvre M. de Sainctot. Je ne vous dirai point en quel état est ma poitrine, puisque mon médecin vous en écrit tout le détail; ce que je puis vous dire, c'est que ma maladie est de ces sortes de choses *quæ non recipiunt magis et minus*, puisque je suis environ au même état que j'étois lorsque je suis arrivé. On me dit cependant toujours, comme à Paris, que cela reviendra, et c'est ce qui me désespère, cela ne revenant point. Si je savois que je dusse être sans voix toute ma vie, je m'affligerois sans doute, mais je prendrois ma résolution, et je serois peut-être moins malheureux que dans un état d'incertitude qui ne me permet pas de me fixer, et qui me laisse toujours comme un coupable qui attend le jugement de son procès. Je m'efforce cependant de traîner ici ma misérable

---

[1] Il venoit de publier *les Caractères*.

vie du mieux que je puis, avec un abbé très honnête homme qui est trésorier d'une sainte chapelle, mon médecin et mon apothicaire. Je passe le temps avec eux à peu près comme D. Quixotte le passoit, *en un lugar de la Mancha*, avec son curé, son barbier et le bachelier Sanson Carasco. J'ai aussi une servante : il me manque une nièce ; mais de tous ces gens-là, celui qui joue le mieux son personnage, c'est moi qui suis presque aussi fou que lui, et qui ne dirois guère moins de sottises, si je pouvois me faire entendre. Je n'ai point été surpris de ce que vous m'avez mandé de M. Hessein :

> Naturam expellas furca, tamen usque recurret.

Il a d'ailleurs de très bonnes qualités ; mais, à mon avis, puisque je suis sur la citation de D. Quixotte, il n'est pas mauvais de garder avec lui les mêmes mesures qu'avec Cardenio. Comme il veut toujours contredire, il ne seroit pas mauvais de le mettre avec cet homme que vous savez de notre assemblée, qui ne dit jamais rien qu'on ne doive contredire [1] ; ils seroient merveilleux ensemble.

J'ai déjà formé mon plan pour l'année 1667 [2], où je vois de quoi ouvrir un beau champ à l'es-

---

[1] Charpentier.
[2] Il est question des travaux historiques dont ils étoient chargés, Racine et lui.

prit; mais, à ne vous rien déguiser, il ne faut pas que vous fassiez un grand fond sur moi, tant que j'aurai tous les matins à prendre douze verrées d'eau, qu'il coûte encore plus à rendre qu'à avaler, et qui vous laissent tout étourdi le reste du jour, sans qu'il vous soit permis de sommeiller un moment. Je ferai pourtant du mieux que je pourrai, et j'espère que Dieu m'aidera.

Vous faites bien de cultiver madame de Maintenon; jamais personne ne fut si digne qu'elle du poste qu'elle occupe, et c'est la seule vertu où je n'aie point encore remarqué de défaut. L'estime qu'elle a pour vous est une marque de son bon goût. Pour moi, je ne me compte pas au rang des choses vivantes :

> Vox quoque Mœrim
> Jam fugit ipsa : lupi Mœrim videre priores [1].

X.

BOILEAU A RACINE.

A Moulins, 13ᵉ août (1687).

Mon médecin a jugé à propos de me laisser reposer deux jours, et j'ai pris ce temps pour venir voir Moulins, où j'arrivai hier au matin, et d'où

[1] Virg., ecl. ɪx, v. 53.

je m'en dois retourner aujourd'hui au soir. C'est une ville très marchande et très peuplée, et qui n'est pas indigne d'avoir un trésorier de France comme vous. Un M. de Chamblain, ami de M. l'abbé de Sales, qui y est venu avec moi, m'y donna hier à souper fort magnifiquement. Il se dit grand ami de M. de Poignant, et connoît fort votre nom, aussi bien que tout le monde de cette ville, qui s'honore fort d'avoir un magistrat de votre force, et qui lui est si peu à charge. Je vous ai envoyé par le dernier ordinaire une très longue déduction de ma maladie, que M. Bourdier, mon médecin, écrit à M. Fagon : ainsi vous en devez être instruit à l'heure qu'il est parfaitement. Je vous dirai pourtant que dans cette relation il ne parle point de la lassitude de jambes et du peu d'appétit; si bien que tout le profit que j'ai fait jusqu'ici à boire des eaux, selon lui, consiste à un éclaircissement de teint que le hâle du voyage m'avoit jauni plutôt que la maladie; car vous savez bien qu'en partant de Paris je n'avois pas le visage trop mauvais, et je ne vois pas qu'à Moulins, où je suis, on me félicite fort présentement de mon embonpoint. Si j'ai écrit une lettre si triste à ma sœur, cela ne vient point de ce que je me sente beaucoup plus mal qu'à Paris, puisqu'à vous dire le vrai, tout le bien et tout le mal mis ensemble, je suis environ au même état que quand je partis; mais dans le chagrin de ne point guérir, on a quelquefois des moments où la mélancolie redouble, et je lui ai écrit dans un de ces moments. Peut-être dans une autre lettre verra-t-elle que je ris. Le chagrin est comme une fièvre qui a ses redoublements et ses suspensions.

La mort de M. de Saint-Laurent est tout-à-fait édifiante; il me paroît qu'il a fini avec toute l'audace d'un philosophe et toute l'humilité d'un chrétien. Je suis persuadé qu'il y a des saints canonisés qui n'étoient pas plus saints que lui : on le verra un jour, selon toutes les apparences, dans les litanies. Mon embarras est seulement comment on l'appellera, et si on lui dira simplement saint Laurent ou saint Saint-Laurent. Je n'admire pas seulement M. de Chartres[1], mais je l'aime, j'en suis fou. Je ne sais pas ce qu'il sera dans la suite; mais je sais bien que l'enfance d'Alexandre, ni de Constantin n'a jamais promis de si grandes choses que la sienne, et on pourroit beaucoup plus justement faire de lui les prophéties que Virgile, à mon avis, a faites assez à la légère du fils de Pollion. Dans le temps que je vous écris ceci, M. Amiot[2] vient d'entrer dans ma chambre; il a précipité, dit-il, son retour à Bourbon pour me venir rendre service. Il m'a dit qu'il avoit vu, avant que de partir,

---

[1] Depuis duc d'Orléans et régent du royaume.
[2] Médecin de Bourbon.

M. Fagon, et qu'ils persistoient l'un et l'autre dans la pensée du demi-bain, quoi qu'en puissent dire MM. Bourdier et Baudière : c'est une affaire qui se décidera demain à Bourbon. A vous dire le vrai, mon cher monsieur, c'est quelque chose d'assez fâcheux que de se voir ainsi le jouet d'une science très conjecturale, et où l'un dit blanc et l'autre noir : car les deux derniers ne soutiennent pas seulement que le bain n'est pas bon à mon mal, mais ils prétendent qu'il y va de la vie, et citent sur cela des exemples funestes. Mais enfin me voilà livré à la médecine, et il n'est plus temps de reculer. Ainsi, ce que je demande à Dieu, ce n'est pas qu'il me rende la voix, mais qu'il me donne la vertu et la piété de M. de Saint-Laurent, ou de M. Nicole, ou même la vôtre, puisqu'avec cela on se moque des périls. S'il y a quelque malheur dont on se puisse réjouir, c'est, à mon avis, de celui des comédiens : si on continue à les traiter comme on fait, il faudra qu'ils s'aillent établir entre la Villette et la porte Saint-Martin ; encore ne sais-je s'ils n'auront point sur les bras le curé de Saint-Laurent. Je vous ai une obligation infinie du soin que vous prenez d'entretenir un misérable comme moi. L'offre que vous me faites de venir à Bourbon est tout-à-fait héroïque et obligeante ; mais il n'est pas nécessaire que vous veniez vous enterrer inutilement dans le plus vilain lieu du monde, et le cha-

grin que vous auriez infailliblement de vous y voir
ne feroit qu'augmenter celui que j'ai d'y être. Vous
m'êtes plus nécessaire à Paris qu'ici, et j'aime encore mieux ne vous point voir que de vous voir
triste et affligé. Adieu, mon cher monsieur; mes
recommandations à M. Félix, à M. de Termes et à
tous nos autres amis.

XI.

RACINE A BOILEAU.

A Paris, ce 13ᵉ août (1687).

Je ne vous écrirai aujourd'hui que deux mots,
car, outre qu'il est extrêmement tard, je reviens
chez moi pénétré de frayeur et de déplaisir. Je
sors de chez le pauvre M. Hessein, que j'ai laissé à
l'extrémité; je doute qu'à moins d'un miracle je
le retrouve demain en vie. Je vous conterai sa maladie une autre fois, et je ne vous parlerai maintenant que de ce qui vous regarde. Vous êtes un
peu cruel à mon égard, de me laisser si long-temps
dans l'horrible inquiétude où vous avez bien dû
juger que votre lettre à madame Manchon me
pouvoit jeter. J'ai vu M. Fagon, qui, sur le récit
que je lui ai fait de ce qui est dans cette lettre,
a jugé qu'il falloit quitter sur-le-champ vos eaux.

Il dit que leur effet naturel est d'ouvrir l'appétit, bien loin de l'ôter; il croit même qu'à l'heure qu'il est vous les aurez interrompues, parce qu'on n'en prend jamais plus de vingt jours de suite. Si vous vous en êtes trouvé considérablement bien, il est d'avis qu'après les avoir laissées pour quelque temps, vous les recommenciez; si elles ne vous ont fait aucun bien, il croit qu'il les faut quitter entièrement. Le roi me demanda hier au soir si vous étiez revenu; je lui répondis que non, et que les eaux jusqu'ici ne vous avoient pas fort soulagé. Il me dit ces propres mots : « Il fera mieux « de se remettre à son train de vie ordinaire; la « voix lui reviendra lorsqu'il y pensera le moins. » Tout le monde est charmé de la bonté que sa majesté a témoignée pour vous en parlant ainsi, et tout le monde est d'avis que, pour votre santé, vous ferez bien de revenir. M. Félix est de cet avis; le premier médecin et M. Moreau en sont entièrement. M. du Tartre[1] croit qu'absolument les eaux de Bourbon ne sont pas bonnes pour votre poitrine, et que vos lassitudes en sont une marque. Tout cela, mon cher monsieur, m'a donné une furieuse envie de vous voir de retour. On dit que vous trouverez de petits remèdes innocents qui vous rendront infailliblement la voix, et qu'elle

---

[1] Chirurgien juré du parlement de Paris; depuis chirurgien ordinaire du roi.

reviendra d'elle-même quand vous ne feriez rien. M. le maréchal de Bellefonds m'enseigna hier un remède dont il dit qu'il a vu plusieurs gens guéris d'une extinction de voix; c'est de laisser fondre dans sa bouche un peu de myrrhe, la plus transparente qu'on puisse trouver; d'autres se sont guéris avec la simple eau de poulet, sans compter l'*erysimum* ; enfin, tout d'une voix, tout le monde vous conseille de revenir. Je n'ai jamais vu une santé plus généralement souhaitée que la vôtre. Venez donc, je vous en conjure; et, à moins que vous n'ayez déja un commencement de voix qui vous donne des assurances que vous achèverez de guérir à Bourbon, ne perdez pas un moment de temps pour vous redonner à vos amis, et à moi surtout qui suis inconsolable de vous voir si loin de moi, et d'être des semaines entières sans savoir si vous êtes en santé ou non. Plus je vois décroître le nombre de mes amis, plus je deviens sensible au peu qui m'en reste; et il me semble, à vous parler franchement, qu'il ne me reste presque plus que vous. Adieu : je crains de m'attendrir follement, en m'arrêtant trop sur cette réflexion. Madame Manchon pense toutes les mêmes choses que moi, et est véritablement inquiète sur votre santé.

XII.

RACINE A BOILEAU.

A Paris, ce 17 août. (1687).

J'allai hier au soir à Versailles, et j'y allai tout exprès pour voir M. Fagon et lui donner la consultation de M. Bourdier. Je la lus auparavant avec M. Félix, et je la trouvai très savante, dépeignant votre tempérament et votre mal en termes très énergiques; j'y croyois trouver en quelque page: *Numero Deus impare gaudet*[1]. M. Fagon me dit que du moment qu'il s'agissoit de la vie, et qu'elle pouvoit être en compromis, il s'étonnoit qu'on mît en question si vous prendriez le demi-bain. Il en écrira à M. Bourdier, et cependant il m'a chargé de vous écrire au plus vite de ne point vous baigner, et même si les eaux vous ont incommodé, de les quitter entièrement, et de vous en revenir. Je vous avois déja mandé son avis là dessus, et il persiste toujours. Tout le monde crie que vous devriez revenir, médecins, chirurgiens, hommes, femmes. Je vous avois mandé qu'il falloit un miracle pour sauver M. Hessein : il est sauvé, et c'est votre bon ami le quinquina qui a fait ce miracle. L'émétique l'avoit mis à la mort : M. Fagon

[1] Virg., ecl. VIII, v. 75.

arriva fort à propos, qui, le croyant à demi mort, ordonna au plus vite le quinquina. Il est présentement sans fièvre; je l'ai même tantôt fait rire jusqu'à la convulsion, en lui montrant l'endroit de votre lettre où vous parlez du bachelier, du curé et du barbier. Vous dites qu'il vous manque une nièce: voudriez-vous qu'on vous envoyât mademoiselle Despréaux[1]? Je m'en vais ce soir à Marly. M. Félix a demandé permission au roi pour moi, et j'y demeurerai jusqu'à mercredi prochain.

M. le duc de Charost[2] m'a tantôt demandé de vos nouvelles, d'un ton de voix que je vous souhaiterois de tout mon cœur. Quantité de gens de nos amis sont malades, entre autres M. le duc de Chevreuse et M. de Chamlai[3]: tous deux ont la fièvre double-tierce. M. de Chamlai a déja pris le quinquina; M. de Chevreuse le prendra au premier jour. On ne voit à la cour que des gens qui ont le ventre plein de quinquina. Si cela ne vous excite pas à y revenir, je ne sais plus ce qui vous peut en donner envie. M. Hessein ne l'a point voulu prendre des apothicaires, mais de la propre main de Smith. J'ai vu ce Smith chez lui; il a le visage vermeil et boutonné, et a bien plus l'air d'un maître

---

[1] Petit trait de raillerie. Il n'aimoit pas beaucoup cette nièce. (*Note de Louis Racine.*)
[2] Gendre du surintendant Fouquet.
[3] Maréchal des-logis des armées sous Turenne.

cabaretier que d'un médecin. M. Hessein dit qu'il n'a jamais rien bu de plus agréable, et qu'à chaque fois qu'il en prend, il sent la vie descendre dans son estomac. Adieu, mon cher monsieur, je commencerai et finirai toutes mes lettres en vous disant de vous hâter de revenir.

XIII.

BOILEAU A RACINE.

A Bourbon, 19ᵉ août (1687).

Vous pouvez juger, monsieur, combien j'ai été frappé de la funeste nouvelle que vous m'avez mandée de notre pauvre ami [1]. En quelque état pitoyable néanmoins que vous l'ayez laissé, je ne saurois m'empêcher d'avoir toujours quelque rayon d'espérance, tant que vous ne m'aurez point écrit: *il est mort;* et je me flatte même qu'au premier ordinaire j'apprendrai qu'il est hors de danger. A dire le vrai, j'ai bon besoin de me flatter ainsi, surtout aujourd'hui que j'ai pris une médecine qui m'a fait tomber quatre fois en foiblesse, et qui m'a jeté dans un abattement dont même les plus agréables nouvelles ne seroient pas capables de me relever. Je vous avoue pourtant que si

[1] M. Hessein.

quelque chose pouvoit me rendre la santé et la joie, ce seroit la bonté qu'a sa majesté de s'enquérir de moi, toutes les fois que vous vous présentez devant lui. Il ne sauroit guère rien arriver de plus glorieux, je ne dis pas à un misérable comme moi, mais à tout ce qu'il y a de gens plus considérables à la cour; et je gage qu'il y en a plus de vingt d'entre eux qui, à l'heure qu'il est, envient ma bonne fortune, et qui voudroient avoir perdu la voix et même la parole à ce prix. Je ne manquerai pas, avant qu'il soit peu, de profiter du bon avis qu'un si grand prince me donne, sauf à désobliger M. Bourdier, mon médecin, et M. Baudière, mon apothicaire, qui prétendent maintenir contre lui que les eaux de Bourbon sont admirables pour rendre la voix; mais je m'imagine qu'ils réussiront dans cette entreprise, à peu près comme toutes les puissances de l'Europe ont réussi à lui empêcher de prendre Luxembourg et tant d'autres villes. Pour moi, je suis persuadé qu'il fait bon suivre ses ordonnances, en fait même de médecine. J'accepte l'augure qu'il m'a donné en vous disant que la voix me reviendroit lorsque j'y penserois le moins. Un prince qui a exécuté tant de choses miraculeuses est vraisemblablement inspiré du ciel, et toutes les choses qu'il dit sont des oracles. D'ailleurs j'ai encore un remède à essayer, où j'ai grande espérance, qui est de me présenter à son passage dès que je serai de retour ; car je crois que l'envie que j'aurai de lui témoigner ma joie et ma reconnoissance, me fera trouver de la voix, et peut-être même des paroles éloquentes. Cependant je vous dirai que je suis aussi muet que jamais, quoique inondé d'eaux et de remèdes. Nous attendons la réponse de M. Fagon sur la relation que M. Bourdier lui a envoyée. Jusque là je ne puis rien vous dire sur mon départ. On me fait toujours espérer ici une guérison prochaine, et nous devons tenter le demi-bain, supposé que M. Fagon persiste toujours dans l'opinion qu'il me peut être utile. Après cela je prendrai mon parti. Vous ne sauriez croire combien je vous suis obligé de la tendresse que vous m'avez témoignée dans votre dernière lettre; les larmes m'en sont presque venues aux yeux ; et quelque résolution que j'eusse faite de quitter le monde, supposé que la voix ne me revînt point, cela m'a entièrement fait changer d'avis; c'est-à-dire, en un mot, que je me sens capable de quitter toutes choses, hormis vous. Adieu, mon cher monsieur, excusez si je ne vous écris pas une plus longue lettre; franchement, je suis fort abattu. Je n'ai point d'appétit ; je traîne les jambes plutôt que je ne marche ; je n'oserois dormir, et je suis toujours accablé de sommeil. Je me flatte pourtant encore de l'espérance que les eaux de Bourbon me guériront. M. Amiot est homme d'esprit, et me rassure fort. Il se fait une affaire très sérieuse de me guérir, aussi bien que les autres médecins. Je n'ai jamais vu de gens si affectionnés à leur malade, et je crois qu'il n'y en a pas un d'entre eux qui ne donnât quelque chose de sa santé pour me rendre la mienne. Outre leur affection, il y va de leur intérêt, parce que ma maladie fait grand bruit dans Bourbon. Cependant ils ne sont point d'accord, et M. Bourdier lève toujours des yeux tristes au ciel, quand on parle de bain. Quoi qu'il en soit, je leur suis obligé de leurs soins et de leur bonne volonté ; et quand vous m'écrirez, je vous prie de me dire quelque chose qui marque que je parle bien d'eux. M. de La Chapelle m'a écrit une lettre fort obligeante, et m'envoie plusieurs inscriptions sur lesquelles il me prie de dire mon avis. Elles me paroissent toutes fort spirituelles ; mais je ne saurois pas lui mander, pour cette fois, ce que j'y trouve à redire : ce sera pour le premier ordinaire. M. Boursault, que je croyois mort, me vint voir il y a cinq à six jours, et m'apparut le soir assez subitement. Il me dit qu'il s'étoit détourné de trois grandes lieues du chemin de Mont-Luçon[1], où il alloit, et où il est habitué, pour avoir le bonheur de me saluer. Il me fit offre de toutes choses, d'argent, de commodités, de chevaux. Je lui répondis avec les

---

[1] Boursault étoit alors receveur des fermes à Mont-Luçon.

mêmes honnêtetés, et voulus le retenir pour le lendemain à dîner; mais il me dit qu'il étoit obligé de s'en aller dès le grand matin : ainsi nous nous séparâmes amis à outrance. A propos d'amis, mes baisemains, je vous prie, à tous nos amis communs. Dites bien à M. Quinault que je lui suis infiniment obligé de son souvenir, et des choses obligeantes qu'il a écrites de moi à M. l'abbé de Sales. Vous pouvez l'assurer que je le compte présentement au rang de mes meilleurs amis, et de ceux dont j'estime le plus le cœur et l'esprit. Ne vous étonnez pas si vous recevez quelquefois mes lettres un peu tard, parce que la poste n'est point à Bourbon, et que souvent, faute de gens pour envoyer à Moulins, on perd un ordinaire. Au nom de Dieu, mandez-moi avant toutes choses des nouvelles de M. Hessein.

XIV.

BOILEAU A RACINE.

A Bourbon, 23e août (1687).

On vient de m'avertir que la poste est de ce soir à Bourbon; c'est ce qui fait que je prends la plume à l'heure qu'il est, c'est-à-dire, à dix heures du soir, qui est une heure fort extraordinaire aux malades de Bourbon, pour vous dire que, malgré les tragiques remontrances de M. Bourdier, je me suis mis aujourd'hui dans le demi-bain, par le conseil de M. Amiot, et même de M. Des Trapières, que j'ai appelé au conseil. Je n'y ai été qu'une heure; cependant j'en suis sorti beaucoup en meilleur état que je n'y étois entré, c'est-à-dire, la poitrine beaucoup plus dégagée, les jambes plus légères, l'esprit plus gai : et même mon laquais m'ayant demandé quelque chose, je lui ai répondu un *non* à pleine voix, qui l'a surpris lui-même, aussi bien qu'une servante qui étoit dans la chambre; et pour moi, j'ai cru l'avoir prononcé par enchantement. Il est vrai que je n'ai pu depuis rattraper ce ton-là; mais, comme vous voyez, monsieur, c'en est assez pour me remettre le cœur au ventre, puisque c'est une preuve que ma voix n'est pas entièrement perdue, et que le bain m'est très bon. Je m'en vais piquer de ce côté-là, et je vous manderai le succès. Je ne sais pas pourquoi M. Fagon a molli si aisément sur les objections très superstitieuses de M. Bourdier. Il y a tantôt six mois que je n'ai eu de véritable joie que ce soir. Adieu, mon cher monsieur; je dors en vous écrivant. Conservez-moi votre amitié, et croyez que si je recouvre la voix, je l'emploierai à publier à toute la terre la reconnoissance que j'ai des bontés que vous avez pour moi, et qui ont encore accru de beaucoup la véritable estime et la sincère amitié que j'avois pour vous. J'ai été ravi, charmé, enchanté du succès du quinquina; et ce qu'il a fait sur notre ami Hessein m'engage encore plus dans ses intérêts que la guérison de ma fièvre double tierce.

XV.

RACINE A BOILEAU.

A Paris, ce 24 août (1687).

Je vous dirai, avant toute chose, que M. Hessein, excepté quelque petit reste de foiblesse, est entièrement hors d'affaire, et ne prendra plus que huit jours de quinquina, à moins qu'il n'en prenne pour son plaisir : car la chose devient à la mode; et on commencera bientôt, à la fin des repas, à le servir comme le café et le chocolat. L'autre jour, à Marly, MONSEIGNEUR, après un fort grand déjeuner avec madame la princesse de Conti[1] et d'autres dames, en envoya querir deux bouteilles chez les apothicaires du roi, et en but le premier un grand verre; ce qui fut suivi par toute la compagnie, qui, trois heures après, n'en dîna que

---

[1] Mademoiselle de Blois, fille de Louis XIV et de madame de La Vallière.

mieux : il me semble même que cela leur avoit donné un plus grand air de gaîté ce jour-là; et, à ce même dîner, je contai au roi votre embarras entre vos deux médecins, et la consultation très savante de M. Bourdier. Le roi eut la bonté de me demander ce qu'on vous répondoit là dessus, et s'il y avoit à délibérer. « Oh! pour moi, s'écria na-
« turellement madame la princesse de Conti, qui
« étoit à table à côté de sa majesté, j'aimerois
« mieux ne parler de trente ans que d'exposer
« ainsi ma vie pour recouvrer la parole. » Le roi, qui venoit de faire la guerre à Monseigneur sur sa débauche de quinquina, lui demanda s'il ne voudroit point aussi tâter des eaux de Bourbon. Vous ne sauriez croire combien cette maison de Marly est agréable; la cour y est, ce me semble, tout autre qu'à Versailles. Il y a peu de gens, et le roi nomme tous ceux qui l'y doivent suivre. Ainsi tous ceux qui y sont, se trouvant fort honorés d'y être, y sont aussi de fort bonne humeur. Le roi même y est fort libre et fort caressant. On diroit qu'à Versailles il est tout entier aux affaires, et qu'à Marly il est tout à lui et à son plaisir. Il m'a fait l'honneur plusieurs fois de me parler, et j'en suis sorti à mon ordinaire, c'est-à-dire, fort charmé de lui et au désespoir contre moi : car je ne me trouve jamais si peu d'esprit que dans ces moments où j'aurois le plus d'envie d'en avoir. Du reste, je

suis revenu riche de bons mémoires. J'y ai entretenu tout à mon aise les gens qui pouvoient me dire le plus de choses de la campagne de Lille. J'eus même l'honneur de demander cinq ou six éclaircissements à M. de Louvois, qui me parla avec beaucoup de bonté. Vous savez sa manière, et comme toutes ses paroles sont pleines de droit sens et vont au fait. En un mot, j'en sortis très savant et très content. Il me dit que, tout autant de difficultés que nous aurions, il nous écouteroit avec plaisir. Les questions que je lui fis regardoient Charleroi et Douai. J'étois en peine pourquoi on alla d'abord à Charleroi, et si on avoit déja nouvelle que les Espagnols l'eussent rasé : car, en voulant écrire, je me suis trouvé arrêté tout à coup, et par cette difficulté, et par beaucoup d'autres que je vous dirai. Vous ne me trouverez peut-être, à cause de cela, guère plus avancé que vous; c'est-à-dire, beaucoup d'idées et peu d'écriture. Franchement, je vous trouve fort à dire, et dans mon travail, et dans mes plaisirs. Une heure de conversation m'étoit d'un grand secours pour l'un, et d'un grand accroissement pour les autres.

Je viens de recevoir une lettre de vous. Je ne doute pas que vous n'ayez présentement reçu celle où je vous mandois l'avis de M. Fagon; et que M. Bourdier n'ait reçu des nouvelles de M. Fagon même, qui ne serviront pas peu à le confirmer

dans son avis. Tout ce que vous m'écrivez de votre
peu d'appétit et de votre abattement est très considérable, et marque toujours de plus en plus
que les eaux ne vous conviennent point. M. Fagon
ne manquera pas de me répéter encore qu'il les
faut quitter, et les quitter au plus vite; car, je
vous l'ai mandé, il prétend que leur effet naturel
est d'ouvrir l'appétit et de rendre les forces. Quand
elles font le contraire, il y faut renoncer. Je ne
doute donc pas que vous ne vous remettiez bientôt en chemin pour revenir. Je suis persuadé
comme vous que la joie de revoir un prince qui
témoigne tant de bonté pour vous, vous fera plus
de bien que tous les remèdes. M. Roze m'avoit
déja dit de vous mander de sa part qu'après Dieu
le roi étoit le plus grand médecin du monde, et
je fus même fort édifié que M. Roze voulût bien
mettre Dieu avant le roi. Je commence à soupçonner qu'il pourroit bien être en effet dans la dévotion. M. Nicole a donné depuis deux jours au public deux tomes de *Réflexions sur les épîtres et sur
les évangiles*, qui me semblent encore plus forts et
plus édifiants que tout ce qu'il a fait. Je ne vous
les envoie pas, parce que j'espère que vous serez
bientôt de retour, et vous les trouverez infailliblement chez vous. Il n'a encore travaillé que sur
la moitié des épîtres et des évangiles de l'année;
j'espère qu'il achèvera le reste, pourvu qu'il plaise

à Dieu et au révérend père de La Chaise de lui laisser encore un an de vie.

Il n'y a point de nouvelles de Hongrie que celles qui sont dans la gazette. M. de Lorraine, en passant la Drave, a fait, ce me semble, une entreprise de fort grand éclat et fort inutile. Cette expédition a bien l'air de celle qu'on fit pour secourir Philisbourg. Il a trouvé au delà de la rivière un bois, et au delà de ce bois les ennemis retranchés jusqu'aux dents. M. de Termes est du nombre de ceux que je vous ai mandé qui avoient l'estomac farci de quinquina. Croyez-vous que le quinquina, qui vous a sauvé la vie, ne vous rendroit point la voix? il devroit du moins vous être plus favorable qu'à un autre, vous qui vous êtes enroué tant de fois à le louer. Les comédiens, qui vous font si peu de pitié, sont pourtant toujours sur le pavé, et je crains, comme vous, qu'ils ne soient obligés de s'aller établir auprès des vignes de feu monsieur votre père[1] ; ce seroit un digne théâtre pour les œuvres de M. Pradon : j'allois ajouter de M. Boursault, mais je suis trop touché des honnêtetés que vous avez tout nouvellement reçues de lui. Je ferai tantôt à M. Quinault celles que vous me mandez de lui faire. Il me semble que vous avancez furieusement dans le chemin de la perfection. Voilà bien des gens à qui vous avez pardonné.

[1] Le père de Boileau avoit eu des vignes du côté de Pantin.

On m'a dit chez madame Manchon que M. Marchand partoit lundi prochain pour Bourbon : *Hei! vereor ne quid Andria apportet mali*[1] ! Franchement j'appréhende un peu qu'il ne vous retienne. Il aime fort son plaisir. Cependant je suis assuré que M. Bourdier même vous dira de vous en aller. Le bien que les eaux vous pourroient faire est peut-être fait: elles auront mis votre poitrine en bon train. Les remèdes ne font pas toujours sur-le-champ leur plein effet; et mille gens qui étoient allés à Bourbon pour des foiblesses de jambes n'ont commencé à bien marcher que lorsqu'ils ont été de retour chez eux. Adieu, mon cher monsieur; vous me demandez pardon de m'avoir écrit une lettre trop courte, et vous avez raison de le demander; et moi je vous le demande d'en avoir écrit une trop longue, et j'ai peut-être aussi raison.

XVI.

BOILEAU A RACINE.

A Bourbon, 28e août (1687).

Je ne m'étonne point, monsieur, que madame la princesse de Conti soit dans le sentiment où elle est. Quand elle auroit perdu la voix, il lui res-

[1] Ter., *Andr.*, act. I, sc. I, v. 46.

teroit encore un million de charmes pour se consoler de cette perte; et elle seroit encore la plus parfaite chose que la nature ait produite depuis long-temps. Il n'en est pas ainsi d'un misérable qui a besoin de sa voix pour être souffert des hommes, et qui a quelquefois à disputer contre M. Charpentier. Quand ce ne seroit que cette dernière raison, il doit risquer quelque chose, et la vie n'est pas d'un si grand prix qu'il ne la puisse hasarder, pour se mettre en état d'interrompre un tel parleur. J'ai donc tenté l'aventure du demi-bain avec toute l'audace imaginable; mes valets faisant lire leur frayeur sur leurs visages, et M. Bourdier s'étant retiré pour n'être point témoin d'une entreprise si téméraire. A vous dire vrai, cette aventure a été un peu semblable à celle des *maillotins* dans don Quichotte; je veux dire, qu'après bien des alarmes, il s'est trouvé qu'il n'y avoit qu'à rire, puisque non seulement le bain ne m'a point augmenté la fluxion sur la poitrine, mais qu'il me l'a même fort soulagée, et que, s'il ne m'a rendu la voix, il m'a du moins en partie rendu la santé. Je ne l'ai encore essayé que quatre fois, et M. Amiot prétend le pousser jusqu'à dix; après quoi, si la voix ne me revient, il m'assure qu'il me donnera mon congé. Je conçois un fort grand plaisir à vous revoir et à vous embrasser, mais vous ne sauriez croire pourtant tout ce qui se présente d'affreux à mon esprit, quand je songe qu'il me faudra peut-être repasser muet par ces mêmes hôtelleries, et revenir sans voix dans ces mêmes lieux où l'on m'avoit tant de fois assuré que les eaux de Bourbon me guériroient infailliblement. Il n'y a que Dieu et vos consolations qui me puissent soutenir dans une si juste occasion de désespoir. J'ai été fort frappé de l'agréable débauche de Monseigneur chez madame la princesse de Conti; mais ne songe-t-il point à l'insulte qu'il a faite par là à tous messieurs de la Faculté? Passe pour avaler le quinquina sans avoir la fièvre; mais de le prendre sans s'être préalablement fait saigner et purger, c'est une chose qui crie vengeance, et il y a une espèce d'effronterie à ne se point trouver mal après un tel attentat contre toutes les règles de la médecine. Si Monseigneur et toute sa compagnie avoient avant tout pris une dose de séné dans quelque sirop convenable, cela lui auroit à la vérité coûté quelques tranchées, et l'auroit mis, lui et tous les autres, hors d'état de dîner, mais il y auroit eu au moins quelques formes gardées, et M. Bachot[1] auroit trouvé le trait galant; au lieu que de la manière dont la chose s'est faite, cela ne sauroit jamais être approuvé que des gens de cour et du monde, et non point des véritables disciples d'Hippocrate, gens à barbe vénérable,

[1] Apothicaire.

et qui ne verront point assurément ce qu'il peut y avoir eu de plaisant à tout cela. Que si personne n'en a été malade, ils vous répondront qu'il y a eu du sortilége ; et en effet, monsieur, de la manière dont vous me peignez Marly, c'est un véritable lieu d'enchantement. Je ne doute point que les Fées n'y habitent. En un mot, tout ce qui s'y dit et ce qui s'y fait me paroît enchanté, mais surtout les discours du maître du château ont quelque chose de fort ensorcelant, et ont un charme qui se fait sentir jusqu'à Bourbon. De quelque pitoyable manière que vous m'ayez conté la disgrace des comédiens, je n'ai pu m'empêcher d'en rire. Mais dites-moi, monsieur, supposé qu'ils aillent habiter où je vous ai dit, croyez-vous qu'ils boivent du vin du crû ? Ce ne seroit pas une mauvaise pénitence à proposer à M. de Champmeslé[1], pour tant de bouteilles de vin de Champagne qu'il a bues : vous savez aux dépens de qui. Vous avez raison de dire qu'ils auront là un merveilleux théâtre pour jouer les pièces de M. Pradon ; et d'ailleurs ils y auront une commodité : c'est que quand le souffleur aura oublié d'apporter la copie de ses ouvrages, il en retrouvera infailliblement une bonne partie dans les précieux dépôts qu'on apporte tous les matins en cet endroit. M. Fagon n'a point écrit à M. Bourdier. Faites bien des com-

[1] Le mari de La Champmeslé.

pliments pour moi à M. Roze. Les gens de son tempérament sont de fort dangereux ennemis ; mais il n'y a point aussi de plus chauds amis, et je sais qu'il a de l'amitié pour moi. Je vous félicite des conversations fructueuses que vous avez eues avec M. de Louvois, d'autant plus que j'aurai part à votre récolte. Ne craignez point que M. Marchand m'arrête à Bourbon. Quelque amitié que j'aie pour lui, il n'entre point en balance avec vous, et l'Andrienne n'apportera aucun mal. Je meurs d'envie de voir les Réflexions de M. Nicole ; et je m'imagine que c'est Dieu qui me prépare ce livre à Paris, pour me consoler de mon infortune. J'ai fort ri de la raillerie que vous me faites sur les gens à qui j'ai pardonné. Cependant savez-vous bien qu'il y a à cela plus de mérite que vous ne croyez, si le proverbe italien est vrai, que *Chi offende non perdona?* L'action de M. de Lorraine ne me paroît point si inutile qu'on se veut imaginer, puisque rien ne peut mieux confirmer l'assurance de ses troupes, que de voir que les Turcs n'ont osé sortir de leurs retranchements, ni même donner sur son arrière-garde dans sa retraite ; et il faut en effet que ce soient de grands coquins pour l'avoir ainsi laissé repasser la Drave. Croyez-moi, ils seront battus ; et la retraite de M. de Lorraine a plus de rapport à la retraite de César, quand il décampa devant

Pompée, qu'à l'affaire de Philisbourg. Quand vous verrez M. Hessein, faites-le ressouvenir que nous sommes frères en quinquina, puisqu'il nous a sauvé la vie à l'un et à l'autre. Vous pensez vous moquer, mais je ne sais pas si je n'en essaierai point pour le recouvrement de ma voix. Adieu, mon cher monsieur, aimez-moi toujours, et croyez qu'il n'y a rien au monde que j'aime plus que vous. Je ne sais où vous vous êtes mis en tête que vous m'aviez écrit une longue lettre, car je n'en ai jamais trouvé une si courte.

XVII.

BOILEAU A RACINE.

A Bourbon, 2e septembre (1687).

Ne vous étonnez pas, monsieur, si vous ne recevez pas des réponses à vos lettres, aussi promptes que peut-être vous souhaitez, parce que la poste est fort irrégulière à Bourbon, et qu'on ne sait pas trop bien quand il faut écrire. Je commence à songer à ma retraite. Voilà tantôt la dixième fois que je me baigne; et, à ne vous rien celer, ma voix est tout au même état que quand je suis arrivé. Le monosyllabe que j'ai prononcé n'a été qu'un effet de ces petits tons que vous savez qui m'échappent quelquefois quand j'ai beaucoup parlé, et mes valets ont été un peu trop prompts à crier miracle. La vérité est pourtant que le bain m'a renforcé les jambes et fortifié la poitrine; mais pour ma voix, ni le bain, ni la boisson des eaux ne m'y ont de rien servi. Il faut donc s'en aller de Bourbon aussi muet que j'y suis arrivé. Je ne saurois vous dire quand je partirai; je prendrai brusquement mon parti, et Dieu veuille que le déplaisir ne me tue pas en chemin! Tout ce que je vous puis dire, c'est que jamais exilé n'a quitté son pays avec tant d'affliction que je retournerai au mien. Je vous dirai encore plus, c'est que sans votre considération, je ne crois pas que j'eusse jamais revu Paris, où je ne conçois aucun autre plaisir que celui de vous revoir. Je suis bien fâché de la juste inquiétude que vous donne la fièvre de monsieur votre jeune fils. J'espère que cela ne sera rien; mais si quelque chose me fait craindre pour lui, c'est le nombre de bonnes qualités qu'il a, puisque je n'ai jamais vu d'enfant de son âge si accompli en toutes choses. M. Marchand est arrivé ici samedi. J'ai été fort aise de le voir; mais je ne tarderai guère à le quitter. Nous faisons notre ménage ensemble. Il est toujours aussi bon et aussi méchant homme que jamais. J'ai su par lui tout ce qu'il y a de mal à Bourbon, dont je ne savois pas un mot à son arrivée. Votre relation de l'affaire de Hongrie m'a fait un très grand plaisir, et m'a fait comprendre en très peu de mots ce que les plus longues relations ne m'auroient peut-être pas appris. Je l'ai débitée à tout Bourbon, où il n'y avoit qu'une relation d'un commis de M. Jacques[1], où, après avoir parlé du grand-visir, on ajoutoit, entre autres choses, que *ledit visir voulant réparer le grief qui lui avoit été fait*, etc. Tout le reste étoit de ce style. Adieu, mon cher monsieur, aimez-moi toujours, et croyez que vous seul êtes ma consolation.

Je vous écrirai en partant de Bourbon, et vous aurez de mes nouvelles en chemin. Je ne sais pas trop le parti que je prendrai à Paris. Tous mes livres sont à Auteuil, où je ne puis plus désormais aller les hivers. J'ai résolu de prendre un logement pour moi seul. Je suis las franchement d'entendre le tintamare des nourrices et des servantes. Je n'ai qu'une chambre et point de meubles au cloître. Tout ceci soit dit entre nous; mais cependant je vous prie de me mander votre avis. N'ayant point de voix, il me faut du moins de la tranquillité. Je suis las de me sacrifier au plaisir et à la commodité d'autrui. Il n'est pas vrai que je ne puisse bien vivre et tenir seul mon ménage :

[1] Entrepreneur de la fourniture des vivres dans l'armée du duc de Lorraine.

ceux qui le croient se trompent grossièrement. D'ailleurs, je prétends désormais mener un genre de vie dont tout le monde ne s'accommodera pas. J'avois pris des mesures que j'aurois exécutées, si ma voix ne s'étoit point éteinte. Dieu ne l'a pas voulu. J'ai honte de moi-même, et je rougis des larmes que je répands en vous écrivant ces derniers mots.

XVIII.

RACINE A BOILEAU.

A Paris, ce 5 septembre (1687).

J'avois destiné cette après-dînée à vous écrire fort au long; mais un cousin, *abusant d'un fâcheux parentage* [1], est venu malheureusement me voir, et il ne fait que de sortir de chez moi. Je ne vous écris donc que pour vous dire que je reçus avant-hier une lettre de vous. Le père Bouhours et le père Rapin étoient dans mon cabinet quand je la reçus. Je leur en fis la lecture en la décachetant, et je leur fis un fort grand plaisir. Je regardois pourtant de loin, à mesure que je la lisois, s'il n'y avoit rien dedans qui fût trop janséniste. Je vis vers la fin le nom de

[1] Épître VI de Boileau, vers 46.

M. Nicole, et je sautai bravement, ou, pour mieux dire, lâchement, par dessus. Je n'osai m'exposer à troubler la grande joie et même les éclats de rire que leur causèrent plusieurs choses fort plaisantes que vous me mandiez. Nous aurions été tous trois les plus contents du monde, si nous eussions trouvé à la fin de votre lettre que vous parliez à votre ordinaire, comme nous trouvions que vous écriviez avec le même esprit que vous avez toujours eu. Ils sont, je vous assure, tous deux fort de vos amis, et même de fort bonnes gens. Nous avions été le matin entendre le père de Villiers, qui faisoit l'oraison funèbre de M. le Prince, grand-père de M. le Prince d'aujourd'hui. Il y a joint les louanges du dernier mort, et il s'est enfoncé jusqu'au cou dans le combat de saint Antoine; Dieu sait combien judicieusement! En vérité il a beaucoup d'esprit, mais il auroit bien besoin de se laisser conduire [1]. J'annonçai au père Bouhours un nouveau livre qui excita fort sa curiosité; ce sont les *Remarques de M. de Vaugelas avec les notes de Thomas Corneille.* Cela est ainsi affiché dans Paris depuis quatre jours. Auriez-vous jamais cru voir ensemble M. de Vaugelas et M. de Corneille le jeune, donnant des règles sur la langue? J'eusse bien voulu vous pouvoir man-

---

[1] Villiers quitta la société des jésuites pour l'ordre de Clugni. Il est auteur d'un mauvais poëme, en quatre chants, sur l'*Art de prêcher*.

der que M. de Louvois est guéri, en vous mandant qu'il a été malade; mais ma femme, qui vient de voir madame de La Chapelle[1], m'apprend qu'il a encore de la fièvre. Elle étoit d'abord comme continue, et même assez grande; elle n'est présentement qu'intermittente; et c'est encore une des obligations que nous avons au quinquina. J'espère que je vous manderai lundi qu'il est absolument guéri. Outre l'intérêt du roi et celui du public, nous avons, vous et moi, un intérêt très particulier à lui souhaiter une longue santé. On ne peut pas nous témoigner plus de bonté qu'il nous en témoigne; et vous ne sauriez croire avec quelle amitié il m'a toujours demandé de vos nouvelles. Bonsoir, mon cher monsieur. Je salue de tout mon cœur M. Marchand. Je vous écrirai plus au long lundi. Mon fils est guéri.

XIX.

BOILEAU A RACINE,
AU CAMP DE MONS.

A Paris, 25° mars (1691).

Je ne voyois proprement que vous pendant que vous étiez à Paris; et depuis que vous n'y êtes plus, je ne vois plus, pour ainsi dire, personne.

[1] Nièce de Boileau.

N'attendez donc pas que je vous rende nouvelles pour nouvelles, puisque je n'en sais aucunes. D'ailleurs, il n'est guère fait mention à Paris présentement que du siége de Mons, dont je ne crois pas vous devoir instruire. Les particularités que vous m'en avez mandées m'ont fait un fort grand plaisir. Je vous avoue pourtant que je ne saurois digérer que le roi s'expose comme il fait. C'est une mauvaise habitude qu'il a prise, dont il devroit se guérir; et cela ne s'accorde pas avec cette haute prudence qu'il fait paroître dans toutes ses autres actions. Est-il possible qu'un prince, qui prend si bien ses mesures pour assiéger Mons, en prenne si peu pour la conservation de sa propre personne? Je sais bien qu'il a pour lui l'exemple des Alexandre et des César, qui s'exposoient de la sorte; mais avoient-ils raison de le faire? Je doute qu'il ait lu ce vers d'Horace : *Decipit exemplar vitiis imitabile* [1]. Je suis ravi d'apprendre que vous êtes dans un couvent, en même cellule que M. de Cavoie; car, bien que le logement soit un peu étroit, je m'imagine qu'on n'y garde pas trop étroitement les règles, et qu'on n'y fait pas la lecture pendant le dîner, si ce n'est peut-être de lettres pareilles à la mienne. Je vous dis bien en partant que je ne vous plaignois plus, puisque vous faisiez le voyage avec un homme tel que lui,

[1] Lib. 1, ep. xix, v. 17.

auprès duquel on trouve toutes sortes de commodités, et dont la compagnie pourroit consoler de toutes sortes d'incommodités. Et puis, je vois bien qu'à l'heure qu'il est, vous êtes un soldat parfaitement aguerri contre les périls et contre la fatigue. Je vois bien, dis-je, que vous allez recouvrer votre honneur à Mons, et que toutes les mauvaises plaisanteries du voyage de Gand ne tomberont plus que sur moi. M. de Cavoie a déja assez bien commencé à m'y préparer [1]. Dieu

[1] Quand Racine et Boileau partirent pour la campagne de 1678, « On vit pour la première fois, dit Racine fils, deux poëtes suivre « une armée pour être témoins de siéges et de combats : ce qui « donna lieu à des plaisanteries dont on amusoit le roi.... La veille « de leur départ, M. de Cavoie s'avisa, dit-on, de demander à mon « père s'il avoit eu l'attention de faire ferrer ses chevaux à forfait. « Mon père, qui n'entend rien à cette question, lui en demande l'ex- « plication. Croyez-vous donc, lui dit M. de Cavoie, que quand une « armée est en marche, elle trouve partout des maréchaux ? Avant « que de partir, on fait un forfait avec un maréchal de Paris, qui vous « garantit que les fers qu'il met aux pieds de votre cheval y resteront « six mois. Mon père répond (ou plutôt on lui fait répondre) : c'est « ce que j'ignorois; Boileau ne m'en a rien dit; mais je n'en suis pas « étonné, il ne songe à rien. Il va trouver Boileau pour lui reprocher « sa négligence. Boileau avoue son ignorance, et lui dit qu'il « faut promptement s'informer du maréchal le plus fameux pour ces « sortes de forfaits; ils n'eurent pas le temps de le chercher. Dès le « soir même, M. de Cavoie raconta au roi le succès de sa plaisan- « terie....

« Un jour, après une marche fort longue, Boileau, très fatigué, se « jeta sur un lit en arrivant, sans vouloir souper. M. de Cavoie, qui « le sut, alla le voir après le souper du roi, et lui dit avec un air con- « sterné qu'il avoit à lui apprendre une fâcheuse nouvelle : Le roi, « ajouta-t-il, n'est point content de vous; il a remarqué aujourd'hui « une chose qui vous fait un grand tort. Eh! quoi donc? s'écria Boi-

veuille seulement que je les puisse entendre, au hasard même d'y mal répondre ! Mais, à ne vous rien celer, non seulement mon mal ne finit point, mais je doute même qu'il guérisse. En récompense me voilà fort bien guéri d'ambition et de vanité. Et, en vérité, je ne sais si cette guérison-là ne vaut pas bien l'autre, puisqu'à mesure que les honneurs et les biens me fuient, il me semble que la tranquillité me vient. J'ai été une fois à notre assemblée depuis votre départ. M. de La Chapelle ne manqua pas, comme vous vous le figurez bien, de proposer d'abord une médaille sur le siége de Mons : et j'en imaginai une sur le... [1].

XX.

RACINE A BOILEAU.

Au camp devant Mons, le 3ᵉ avril (1691).

On vous avoit trop tôt mandé la prise de l'ouvrage à cornes : il ne fut attaqué pour la première fois

« leau tout alarmé. Je ne puis, continua M. de Cavoie, me résoudre
« à vous la dire : je ne saurois affliger mes amis. Enfin, après l'avoir
« laissé quelque temps dans l'agitation, il lui dit : Puisqu'il faut vous
« l'avouer, le roi a remarqué que vous étiez tout de travers à cheval.
« Si ce n'est que cela, répondit Boileau, laissez-moi dormir. » (*Mémoires sur la vie de Jean Racine.*)

[1] On n'a point la fin de cette lettre.

qu'avant-hier; encore fut-il abandonné un moment après par les grenadiers du régiment des Gardes, qui s'épouvantèrent mal à propos, et que leurs officiers ne purent retenir, même en leur présentant l'épée nue, comme pour les percer. Le lendemain, qui étoit hier, sur les neuf heures du matin, on recommença une autre attaque avec beaucoup plus de précaution que la précédente. On choisit pour cela huit compagnies de grenadiers, tant du régiment du Roi que d'autres régiments, qui tous méprisent fort les soldats des Gardes qu'ils appellent des *Pierrots*. On commanda aussi cent cinquante mousquetaires des deux compagnies pour soutenir les grenadiers. L'attaque se fit avec une vigueur extraordinaire, et dura trois bons quarts d'heure; car les ennemis se défendirent en fort braves gens, et quelques uns d'entre eux se colletèrent même avec quelques uns de nos officiers. Mais comment auroient-ils pu faire? Pendant qu'ils étoient aux mains, tout notre canon tiroit sans discontinuer sur les demi-lunes qui devoient les couvrir, et d'où, malgré cette tempête de canon, on ne laissoit pourtant pas de faire un feu épouvantable. Nos bombes tomboient aussi à tous moments sur ces demi-lunes, et sembloient les renverser sens dessus dessous. Enfin, nos gens demeurèrent les maîtres, et s'établirent de manière qu'on n'a pas même osé depuis les inquiéter. Nous y avons bien perdu deux cents hommes, entre autres huit ou dix mousquetaires, du nombre desquels étoit le fils de M. le prince de Courtenai, qui a été trouvé mort dans la palissade de la demi-lune, car quelques mousquetaires poussèrent jusque dans cette demi-lune, malgré la défense expresse de M. de Vauban et de M. de Maupertuis, croyant faire sans doute la même chose qu'à Valenciennes. Ils furent obligés de revenir fort vite sur leurs pas; et c'est là que la plupart furent tués ou blessés. Les grenadiers, à ce que dit M. de Maupertuis lui-même, ont été aussi braves que les mousquetaires. De huit capitaines, il y en a eu sept tués ou blessés. J'ai retenu cinq ou six actions ou paroles de simples grenadiers, dignes d'avoir place dans l'histoire, et je vous les dirai quand nous nous reverrons. M. de Chasteauvillain, fils de M. le grand-trésorier de Pologne, étoit à tout, et est un des hommes de l'armée le plus estimé. La Chesnaye a aussi fort bien fait. Je vous les nomme tous deux, parce que vous les connoissez particulièrement; mais je ne vous puis dire assez de bien du premier, qui joint beaucoup d'esprit à une fort grande valeur. Je voyois toute l'attaque fort à mon aise, d'un peu loin à la vérité; mais j'avois de fort bonnes lunettes, que je ne pouvois presque tenir fermes, tant le cœur me battoit à voir tant de braves gens dans le péril ! On fit une suspension pour retirer les morts de part et d'autre. On trouva de nos mousquetaires morts dans le chemin couvert de la demi-lune. Deux mousquetaires blessés s'étoient couchés parmi ces morts de peur d'être achevés: ils se levèrent tout à coup sur leurs pieds, pour s'en revenir avec les morts qu'on remportoit; mais les ennemis prétendirent qu'ayant été trouvés sur leur terrain, ils devoient demeurer prisonniers. Notre officier ne put pas en disconvenir; mais il voulut au moins donner de l'argent aux Espagnols, afin de faire traiter ces deux mousquetaires. Les Espagnols répondirent: « Ils seront mieux traités parmi « nous que parmi vous, et nous avons de l'argent « plus qu'il n'en faut pour nous et pour eux. » Le gouverneur fut un peu plus incivil; car M. de Luxembourg lui ayant envoyé une lettre par un tambour pour s'informer si le chevalier d'Estrades, qui s'est trouvé perdu, n'étoit point du nombre des prisonniers qui ont été faits dans ces deux actions, le gouverneur ne voulut ni lire la lettre, ni voir le tambour.

On a pris aujourd'hui deux manières de paysans, qui étoient sortis de la ville avec des lettres pour M. de Castanaga. Ces lettres portoient que la place ne pouvoit plus tenir que cinq ou six jours. En récompense, comme le roi regardoit de la tranchée tirer nos batteries cette après-dînée, un homme, qui apparemment étoit quelque officier ennemi, déguisé en soldat avec un simple habit gris, est sorti, à la vue du roi, de notre tranchée, et, traversant jusqu'à une demi-lune des ennemis, s'est jeté dedans, et on a vu deux des ennemis venir au devant de lui pour le recevoir. J'étois aussi dans la tranchée dans ce temps-là, et je l'ai conduit de l'œil jusque dans la demi-lune. Tout le monde a été surpris au dernier point de son impudence; mais vraisemblablement il n'empêchera pas la place d'être prise dans cinq ou six jours. Toute la demi-lune est presque éboulée, et les remparts de ce côté-là ne tiennent plus à rien : on n'a jamais vu un tel feu d'artillerie. Quoique je vous dise que j'ai été dans la tranchée, n'allez pas croire que j'aie été dans aucun péril : les ennemis ne tiroient plus de ce côté-là, et nous étions tous, ou appuyés sur le parapet, ou debout sur le revers de la tranchée ; mais j'ai couru d'autres périls, que je vous conterai en riant quand nous serons de retour.

Je suis, comme vous, tout consolé de la réception de Fontenelle[1]. M. Roze paroît fâché de voir, dit-il, l'Académie *in pejus ruere*. Il vous fait ses baisemains avec des expressions très fortes, à son ordinaire. M. de Cavoie, et quantité de nos communs amis, m'ont chargé aussi de vous en faire. Voilà, ce me semble, une assez longue lettre; mais j'ai les pieds chauds, et je n'ai guère de plus grand plaisir que

---

[1] Fontenelle fut reçu à l'Académie françoise le 5 mai 1691.

de causer avec vous. Je crois que le nez a saigné au prince d'Orange, et il n'est tantôt plus fait mention de lui. Vous me ferez un extrême plaisir de m'écrire, quand cela vous fera aussi quelque plaisir. Je vous prie de faire mes baisemains à M. de La Chapelle. Ayez la bonté de mander à ma femme que vous avez reçu de mes nouvelles.

J'ai oublié de vous dire que, pendant que j'étois sur le mont Pagnotte à regarder l'attaque, le R. P. de La Chaise étoit dans la tranchée, et même fort près de l'attaque, pour la voir plus distinctement. J'en parlois hier au soir à son frère, qui me dit tout naturellement : « Il se fera tuer un de ces « jours. » Ne dites rien de cela à personne; car on croiroit la chose inventée, et elle est très vraie et très sérieuse.

XXI.

RACINE A BOILEAU.

A Versailles, ce mardi (8 avril 1692).

Madame de Maintenon m'a dit ce matin que le roi avoit réglé notre pension[1] à quatre mille francs pour moi, et à deux mille francs pour vous : cela s'entend sans y comprendre notre pension de gens

[1] D'historiographes.

de lettres. Je l'ai fort remerciée pour vous et pour moi. Je viens aussi tout à l'heure de remercier le roi. Il m'a paru qu'il avoit quelque peine qu'il y eût de la diminution; mais je lui ai dit que nous étions trop contents. J'ai plus appuyé encore sur vous que sur moi, et j'ai dit au roi que vous prendriez la liberté de lui écrire pour le remercier, n'osant pas lui venir donner la peine d'élever sa voix[1] pour vous parler. J'ai dit en propres paroles: « Sire, il a plus d'esprit que jamais, plus de zèle pour votre majesté, et plus d'envie de travailler pour votre gloire. » Vous voyez enfin que les choses ont été réglées comme vous l'avez souhaité vous-même. Je ne laisse pas d'avoir une vraie peine de ce qu'il semble que je gagne à cela plus que vous; mais outre les dépenses et les fatigues des voyages, dont je suis assez aise que vous soyez délivré, je vous connois si noble et si plein d'amitié, que je suis assuré que vous souhaiteriez de bon cœur que je fusse encore mieux traité. Je serai très content si vous l'êtes en effet. J'espère vous revoir bientôt. Je demeure ici pour voir de quelle manière la chose doit tourner; car on ne m'a point encore dit si c'est par un brevet, ou si c'est à l'ordinaire sur la cassette. Je suis entièrement à vous. Il n'y a rien de nouveau ici. On ne parle que du voyage, et tout

---

[1] Boileau commençoit à devenir un peu sourd. (*Note de Louis Racine.*)

le monde n'est occupé que de ses équipages. Je vous conseille d'écrire quatre lignes au roi, et autant à madame de Maintenon, qui assurément s'intéresse toujours avec beaucoup d'amitié à tout ce qui vous touche. Envoyez-moi vos lettres par la poste, ou par votre jardinier, comme vous le jugerez à propos.

XXII.

BOILEAU A RACINE.

A Paris, 9ᵉ avril (1692).

Êtes-vous fou avec vos compliments? Ne savez-vous pas bien que c'est moi qui ai, pour ainsi dire, prescrit la chose de la manière qu'elle s'est faite, et pouvez-vous douter que je ne sois parfaitement content d'une affaire où l'on m'accorde tout ce que je demandois? Tout va le mieux du monde, et je suis encore plus réjoui pour vous que pour moi-même. Je vous envoie deux lettres, que j'écris, suivant vos conseils, l'une au roi, l'autre à madame de Maintenon. Je les ai écrites sans faire de brouillon, et je n'ai point ici de conseil. Ainsi je vous prie d'examiner si elles sont en état d'être données, afin que je les réforme, si vous ne les trouvez pas bien. Je vous les envoie pour cela toutes décachetées; et, supposé que vous jugiez à propos de les présenter, prenez la peine d'y mettre votre cachet. Je verrai aujourd'hui madame Racine pour la féliciter. Je vous donne le bonjour, et suis tout à vous. Je ne reçus votre lettre qu'hier tout au soir, et je vous envoie mes trois lettres aujourd'hui à huit heures par la poste. Voilà, ce me semble, une assez grande diligence pour le plus paresseux de tous les hommes.

XXIII.

RACINE A BOILEAU.

A Versailles, ce 11ᵉ avril (1692).

Je vous renvoie vos deux lettres avec mes remarques, dont vous ferez tel usage qu'il vous plaira. Tâchez de me les renvoyer avant six heures, ou, pour mieux dire, avant cinq heures et demie du soir, afin que je les puisse donner avant que le roi entre chez madame de Maintenon. J'ai trouvé que *la trompette et les sourds* étoient trop joués [1], et qu'il ne falloit point trop

---

[1] Boileau avoit apparemment fait sur sa surdité quelque plaisanterie qui ne plut pas à l'ami dont il faisoit son juge. (*Note de Louis Racine.*)

appuyer sur votre incommodité, moins encore chercher de l'esprit sur ce sujet. Du reste, les lettres seront fort bien, et il n'en faut pas davantage. Je m'assure que vous donnerez un meilleur tour aux choses que j'ai ajoutées. Je ne veux point faire attendre votre jardinier.

Je n'ai point encore de nouvelles de la manière dont notre affaire sera tournée. M. de Chevreuse veut que je le laisse achever ce qu'il a commencé, et dit que nous nous en trouverons bien. Je vous conseille de lui écrire un mot à votre loisir. On ne peut pas avoir plus d'amitié qu'il en a pour vous.

XXIV.

RACINE A BOILEAU.

(Versailles, 11 ou 12 avril 1692.)

Vos deux lettres sont à merveille, et je les donnerai tantôt. M. de Pontchartrain oublia de parler hier, et ne peut parler que dimanche; mais j'en fus bien aise, parce que M. de Chevreuse aura le temps de le voir. M. de Pontchartrain me parla de notre autre pension et de la *petite académie*, mais avec une bonté incroyable, en me disant que dans un autre temps il prétend bien faire d'autres choses pour vous et pour moi.

Je ne crois pas aller à Auteuil : ainsi ne m'y attendez point. Je ne crois pas même aller à Paris encore demain ; et, en ce cas, je vous prie de tout mon cœur de faire bien mes excuses à M. de Pontchartrain, que j'ai une extrême impatience de revoir. Madame sa mère me demanda hier fort obligeamment si nous n'allions pas toujours chez lui ; je lui dis que c'étoit bien notre dessein de recommencer à y aller.

J'envoie à Paris pour un volume de M. de Noailles, que mon laquais prétend avoir reporté chez lui, et qu'on n'y trouve point. Cela me désole. Je vous prie de lui dire si vous ne croyez point l'avoir chez vous. Je vous donne le bonjour.

XXV.

RACINE A BOILEAU.

Au camp de Gévries, le 21ᵉ mai (1692).

Il faut que j'aime M. Vigan autant que je fais, pour ne pas lui vouloir beaucoup de mal du contre-temps dont il a été cause. Si je n'avois pas eu des embarras, tels que vous pouvez vous imaginer, je vous aurois été chercher à Auteuil. Je ne vous ai pas écrit pendant le chemin, parce que j'étois chagrin au dernier point d'un vilain

clou qui m'est venu au menton, qui m'a fait de
fort grandes douleurs, jusqu'à me donner la
fièvre deux jours et deux nuits. Il est percé,
Dieu merci, et il ne me reste plus qu'un em-
plâtre qui me défigure, et dont je me consolerois
volontiers, sans toutes les questions importunes
que cela m'attire à tout moment.

Le roi fit hier la revue de son armée et de
celle de M. de Luxembourg. C'étoit assurément
le plus grand spectacle qu'on ait vu depuis plusieurs siècles. Je ne me souviens point que les
Romains en aient vu un tel; car leurs armées
n'ont guère passé, ce me semble, quarante ou
tout au plus cinquante mille hommes; et il y avoit
hier six vingt mille hommes ensemble sur quatre
lignes. Comptez qu'à la rigueur il n'y avoit pas
là dessus trois mille hommes à rabattre. Je com-
mençai à onze heures du matin à marcher; j'allai
toujours au grand pas de mon cheval, et je ne
finis qu'à huit heures du soir; enfin on étoit
deux heures à aller du bout d'une ligne à l'autre.
Mais si on n'a jamais vu tant de troupes ensemble,
assurez-vous que jamais on n'en a vu de si belles.
Je vous rendrois un fort bon compte des deux
lignes de l'armée du roi et de la première de l'armée de M. de Luxembourg; mais quant à la seconde
ligne, je ne vous en puis parler que sur la foi
d'autrui. J'étois si las, si ébloui de voir briller

des épées et des mousquets, si étourdi d'entendre des tambours, des trompettes et des timbales, qu'en vérité je me laissois conduire par mon cheval, sans plus avoir d'attention à rien; et j'eusse voulu de tout mon cœur que tous les gens que je voyois eussent été chacun dans leur chaumière ou dans leur maison, avec leurs femmes et leurs enfants, et moi, dans ma rue des Maçons, avec ma famille [1]. Vous avez peut-être trouvé dans les poëmes épiques les revues d'armée fort longues et fort ennuyeuses; mais celle-ci m'a paru tout autrement longue, et même, pardonnez-moi cette espèce de blasphème, plus lassante que celle de la Pucelle. J'étois au retour à peu près dans le même état que nous étions vous et moi [2] dans la cour de l'abbaye de Saint-Amand. A cela près, je ne fus jamais si charmé et si étonné, que je le fus de voir une puissance si formidable. Vous jugez bien que tout cela nous prépare de belles matières. On m'a donné un ordre de bataille des deux armées. Je vous l'aurois volontiers envoyé, mais il y en a ici mille copies, et je ne doute pas qu'il n'y en ait bientôt

---

[1] Racine, à l'époque de son mariage, demeuroit au coin des rues de l'Éperon et de Saint-André-des-Arcs; en 1686, il prit un logement rue des Maçons-Sorbonne, et en 1693, il s'établit dans la maison où il est mort, rue des Marais, faubourg Saint-Germain. (*Note de M. Daunou.*)

[2] En 1678.

autant à Paris. Nous sommes ici campés le long de la Trouille, à deux lieues de Mons. M. de Luxembourg est campé près de Binche, partie sur le ruisseau qui passe aux Estines, et partie sur la Haisne, où ce ruisseau tombe. Son armée est de soixante-six bataillons et de deux cent neuf escadrons ; celle du roi, de quarante-six bataillons et de quatre-vingt-dix escadrons. Vous voyez par là que celle de M. de Luxembourg occupoit bien plus de terrain que celle du roi. Son quartier-général, j'entends celui de M. de Luxembourg, est à Thieusies. Vous trouverez tous ces villages dans la carte.

L'une et l'autre se mettent en marche demain. Je pourrai bien n'être pas en état de vous écrire de cinq ou six jours ; c'est pourquoi je vous écris aujourd'hui une si longue lettre. Ne trouvez point étrange le peu d'ordre que vous y trouverez : je vous écris au bout d'une table environnée de gens qui raisonnent de nouvelles et qui veulent à tous moments que j'entre dans la conversation. Il vint hier de Bruxelles un rendu, qui dit que M. le prince d'Orange assembloit quelques troupes à Auderleck, qui en est à trois quarts de lieue. On demanda au rendu ce qu'on disoit à Bruxelles. Il répondit qu'on y étoit fort en repos, parce qu'on étoit persuadé qu'il n'y avoit à Mons qu'un camp volant, que le roi n'étoit point en Flandre, et que M. de Luxembourg étoit en Italie.

Je ne vous dis rien de la marine; vous êtes à la source, et nous ne les savons qu'après vous. Vraisemblablement j'aurai bientôt de plus grandes choses à vous mander qu'une revue, quelque grande et quelque magnifique qu'elle ait été. M. de Cavoie vous baise les mains. Je ne sais ce que je ferois sans lui; il faudroit en vérité que je renonçasse aux voyages, et au plaisir de voir tout ce que je vois. M. de Luxembourg, dès le premier jour que nous arrivâmes, envoya dans notre écurie un des plus commodes chevaux de la sienne pour m'en servir pendant la campagne. Vous n'avez jamais vu homme de cette bonté et de cette magnificence : il est encore plus à ses amis, et plus aimable à la tête de sa formidable armée, qu'il n'est à Paris et à Versailles. Je vous nommerois au contraire certaines gens qui ne sont pas reconnoissables dans ce pays-ci, et qui, tout embarrassés de la figure qu'ils y font, sont à peu près comme vous dépeigniez le pauvre M. Jannart, quand il commençoit une courante. Adieu, mon cher monsieur; voilà bien du verbiage, mais je vous écris au courant de ma plume, et me laisse entraîner au plaisir que j'ai de causer avec vous, comme si j'étois dans vos allées d'Auteuil. Je vous prie de vous souvenir de moi dans la petite académie, et d'assurer M. de Pontchartrain de mes très humbles respects. Faites aussi mille compliments pour moi à M. de La Chapelle. Je prévois qu'il y aura bientôt matière à des types plus magnifiques qu'il n'en a encore imaginés. Écrivez-moi le plus souvent que vous pourrez, et forcez votre paresse. Pendant que j'essuie de longues marches et des campements fort incommodes, serez-vous fort à plaindre quand vous n'aurez que la fatigue d'écrire des lettres bien à votre aise dans votre cabinet?

XXVI.

RACINE A BOILEAU.

Au camp de Gévries, le 22e mai (1692).

Comme j'étois fort interrompu hier en vous écrivant, je fis une grosse faute dans ma lettre, dont je ne m'aperçus que lorsqu'on l'eut portée à la poste. Au lieu de vous dire que le quartier principal de M. de Luxembourg étoit aux hautes Estines, je vous marquai qu'il étoit à Thieusies, qui est un village à plus de trois ou quatre lieues de là, et où il devoit aller camper en partant des Estines, à ce qu'on m'avoit dit; on parloit même de cela autour de moi pendant que j'écrivois. J'ai donc cru que je vous ferois plaisir de vous détromper, et qu'il valoit mieux qu'il vous en coûtât un petit port de lettre, que quelque grosse gageure où vous pourriez vous engager mal à propos, ou contre M. de La Chapelle, ou contre M. Hessein. J'ai surtout pâli quand j'ai songé au terrible inconvénient qui arriveroit, si ce dernier avoit quelque avantage sur vous; car je me souviens du bois qu'il mettoit à la droite opiniâtrément, malgré tous les serments et toute la raison de M. de Guilleragues, qui en pensa devenir fou. Dieu vous garde d'avoir jamais tort contre un tel homme !

Je monte en carrosse pour aller à Mons, où M. de Vauban m'a promis de me faire voir les nouveaux ouvrages qu'il y a faits. J'y allai l'autre jour dans ce même dessein; mais je souffrois alors tant de mal, que je ne songeai qu'à m'en revenir au plus vite.

XXVII.

RACINE A BOILEAU.

Au camp devant Namur, le 3ᵉ juin (1692).

J'ai été si troublé depuis huit jours de la petite vérole de mon fils, que j'appréhendois qui ne fût fort dangereuse, que je n'ai pas eu le courage de vous mander aucunes nouvelles. Le siége a bien avancé durant ce temps-là, et nous sommes à l'heure qu'il est au corps de la place. Il n'a point fallu pour cela détourner la Meuse, comme vous m'écrivez qu'on le disoit à Paris, et ce qui seroit une étrange entreprise; on n'a pas même eu besoin d'appeler les mousquetaires, ni d'exposer beaucoup de braves gens. M. de Vauban, avec son canon et ses bombes, a fait lui seul toute l'expédition. Il a trouvé des hauteurs en deçà et au delà de la Meuse, où il a placé ses batteries. Il a conduit sa principale tranchée dans un terrain assez resserré, entre des hauteurs et une espèce d'étang d'un côté, et la Meuse de l'autre. En trois jours il a poussé son travail jusqu'à un petit ruisseau qui coule au pied de la contrescarpe, et s'est rendu maître d'une petite contre-garde revêtue qui étoit en deçà de la contrescarpe; et de là, en moins de seize heures, a emporté tout le chemin couvert, qui étoit garni de plusieurs rangs de palissades, a comblé un fossé large de dix toises et profond de huit pieds, et s'est logé dans une demi-lune qui étoit au devant de la courtine, entre un demi-bastion qui est sur le bord de la Meuse à la gauche des assiégeants, et un bastion qui est à leur droite : en telle sorte que cette place si terrible, en un mot, Namur, a vu tous ses dehors emportés dans le peu de temps que je vous ai dit, sans qu'il en ait coûté au roi plus de trente hommes. Ne croyez pas pour cela qu'on ait eu affaire à des poltrons ; tous ceux de nos gens qui ont été à ces attaques sont étonnés du courage des assiégés. Mais vous jugerez de l'effet terrible du canon et des bombes quand je vous dirai, sur le rapport d'un officier espagnol qui fut pris hier dans les dehors, que notre artillerie leur a tué en deux jours douze cents hommes. Imaginez-vous trois batteries qui se croisent et qui tirent continuellement sur de pauvres gens qui sont vus d'en haut et de revers, et qui ne peuvent pas trouver un seul coin où ils soient en sûreté. On dit qu'on a trouvé les dehors tout pleins de corps dont le canon a emporté les têtes, comme si on les avoit coupées avec des sabres. Cela n'empêche pas que plusieurs de nos gens n'aient fait des actions de grande valeur. Les grenadiers du régiment des gardes-françoises et ceux des gardes-suisses se sont entre autres extrêmement distingués. On raconte plusieurs actions particulières, que je vous redirai quelque jour, et que vous entendrez avec plaisir; mais en voici une que je ne puis différer de vous dire et que j'ai ouï conter au roi même. Un soldat du régiment des fusiliers, qui travailloit à la tranchée, y avoit posé un gabion ; un coup de canon vint qui emporta son gabion ; aussitôt il en alla poser à la même place un autre, qui fut sur-le-champ emporté par un autre coup de canon. Le soldat, sans rien dire, en prit un troisième, et l'alla poser; un troisième coup de canon emporta ce troisième gabion. Alors le soldat rebuté se tint en repos; mais son officier lui commanda de ne point laisser cet endroit sans gabion. Le soldat dit : « J'irai, mais j'y serai tué. » Il y alla, et, en posant son quatrième gabion, eut le bras fracassé d'un coup de canon. Il revint soutenant son bras pendant avec l'autre bras, et se contenta de dire à son officier : « Je l'avois bien « dit. » Il fallut lui couper le bras, qui ne tenoit presque à rien. Il souffrit cela sans desserrer les dents, et, après l'opération, dit froidement : « Je suis donc hors d'état de travailler; c'est maintenant au roi à me nourrir. » Je crois que vous me pardonnerez le peu d'ordre de cette narration, mais assurez-vous qu'elle est fort vraie. M. de Cavoie me presse d'achever ma lettre. Je vous dirai donc en deux mots, pour l'achever, qu'apparemment la ville sera prise en deux jours. Il y a déja une grande brèche au bastion, et même un officier vient, dit-on, d'y monter avec deux ou trois soldats, et s'en est revenu parce qu'il n'étoit point suivi, et qu'il n'y avoit encore aucun ordre pour cela. Vous jugez bien que ce bastion ne tiendra guère; après quoi il n'y a plus que la vieille enceinte de la ville, où les assiégés ne nous attendront pas; mais vraisemblablement la garnison laissera faire la capitulation aux bourgeois, et se retirera dans le château, qui ne fait pas plus de peur à M. de Vauban que la ville. M. le prince d'Orange n'a point encore marché, et pourra bien marcher trop tard. Nous attendons avec impatience des nouvelles de la mer. Je ne suis point surpris de tout ce que vous me mandez du gouverneur, qui a fait déserter votre assemblée à son pupille. J'ai ri de bon cœur de l'embarras où vous êtes sur le rang où vous devez placer M. de Richesource. Ce que vous dites des esprits médiocres est fort vrai, et m'a frappé, il y a long-temps, dans votre Poétique. M. de Cavoie vous fait mille baisemains, et M. Roze aussi, qui m'a confié les grands dégoûts qu'il avoit de l'académie, jusqu'à méditer même d'y faire retrancher les jetons, s'il n'étoit, dit-il, retenu par la charité. Croyez-vous que les jetons durent beaucoup, s'il ne tient qu'à la charité de M. Roze qu'ils ne soient retranchés? Adieu, monsieur. Je vous conseille d'écrire un mot à monsieur le contrôleur-général lui-même (*M. de Pontchartrain*), pour le prier de vous faire mettre sur l'état de distribution ; et cela sera fait aussitôt. Vous êtes pourtant en fort bonnes mains, puisque M. de Bie a promis de vous faire payer. C'est le plus honnête homme qui se soit jamais mêlé de finances. Mes compliments à M. de La Chapelle.

XXVIII.

RACINE A BOILEAU.

<small>Au camp près de Namur, le 15 juin (1692).</small>

Je ne vous ai point écrit sur l'attaque d'avant-hier; je suis accablé des lettres qu'il me faut écrire à des gens beaucoup moins raisonnables que vous, et à qui il faut faire des réponses bien malgré moi. Je crois que vous n'aurez pas manqué de relations. Ainsi, sans entrer dans des détails ennuyeux, je vous manderai succinctement ce qui m'a le plus frappé dans cette action. Comme la garnison est au moins de six mille hommes, le roi avoit pris de fort grandes précautions pour ne pas manquer son entreprise. Il s'agissoit de leur enlever une redoute et un retranchement de plus de quatre cents toises de long, d'où il sera fort facile de foudroyer le reste de leurs ouvrages, cette redoute étant au plus haut de la montagne, et par conséquent pouvant commander aux ouvrages à cornes qui couvrent le château de ce côté-là. Ainsi le roi, outre les sept bataillons de tranchée, avoit commandé deux cents de ses mousquetaires, cent cinquante grenadiers à cheval et quatorze compagnies d'autres grenadiers, avec mille ou douze cents travailleurs pour le logement qu'on vouloit faire; et, pour mieux intimider les ennemis, il fit paroître tout-à-coup sur la hauteur la brigade de son régiment, qui est encore composée de six bataillons. Il étoit là en personne à la tête de son régiment, et donnoit ses ordres à la demi-portée du mousquet. Il avoit seulement devant lui trois gabions, que le comte de Fiesque, qui étoit son aide-de-camp de jour, avoit fait poser pour le couvrir; mais ces gabions, presque tout pleins de pierre, étoient la plus dangereuse défense du monde : car un coup de canon qui eût donné dedans auroit fait un beau massacre de tous ceux qui étoient derrière. Néanmoins un de ces gabions sauva peut-être la vie au roi, ou à Monseigneur, ou à Monsieur, qui tous deux étoient à ses côtés; car il rompit le coup d'une balle de mousquet qui venoit droit au roi, et qui, en se détournant un peu, ne fit qu'une contusion au bras de M. le comte de Toulouse, qui étoit, pour ainsi dire, dans les jambes du roi.

Mais, pour revenir à l'attaque, elle se fit dans un ordre merveilleux. Il n'y eut pas jusqu'aux mousquetaires qui ne firent pas un pas plus qu'on ne leur avoit commandé. A la vérité, M. de Maupertuis, qui marchoit à leur tête, leur avoit déclaré que si quelqu'un osoit passer devant lui, il le tueroit. Il n'y en eut qu'un seul qui, ayant osé désobéir et passer devant lui, il le porta par terre de deux coups de sa pertuisane, qui ne le blessèrent

pourtant point. On a fort loué la sagesse de M. de
Maupertuis; mais il faut vous dire aussi deux traits
de M. de Vauban, que je suis assuré qui vous plairont. Comme il connoît la chaleur du soldat dans
ces sortes d'attaques, il leur avoit dit : « Mes en-
« fants, on ne vous défend pas de poursuivre les
« ennemis quand ils s'enfuiront; mais je ne veux
« pas que vous alliez vous faire échiner mal à pro-
« pos sur la contrescarpe de leurs autres ouvrages.
« Je retiens donc à mes côtés cinq tambours pour
« vous rappeler, quand il sera temps. Dès que vous
« les entendrez, ne manquez pas de revenir cha-
« cun à vos postes. » Cela fut fait comme il l'avoit
concerté. Voilà pour la première précaution. Voici
la seconde. Comme le retranchement qu'on atta-
quoit avoit un fort grand front, il fit mettre sur
notre tranchée des espèces de jallons, vis-à-vis
desquels chaque corps devoit attaquer et se loger
pour éviter la confusion; et la chose réussit à merveille. Les ennemis ne soutinrent point et n'attendirent pas même nos gens : ils s'enfuirent après
qu'ils eurent fait une seule décharge, et ne tirèrent
plus que de leurs ouvrages à cornes. On en tua bien
quatre ou cinq cents; entre autres un capitaine
espagnol, fils d'un grand d'Espagne, qu'on nomme
le comte de Lémos. Celui qui le tua étoit un des
grenadiers à cheval, nommé *Sans-Raison*. Voilà
un vrai nom de grenadier. L'Espagnol lui demanda

quartier, et lui promit cent pistoles, lui montrant même sa bourse où il y en avoit trente-cinq. Le grenadier, qui venoit de voir tuer le lieutenant de sa compagnie, qui étoit un fort brave homme, ne voulut point faire de quartier, et tua son Espagnol. Les ennemis envoyèrent demander le corps, qui leur fut rendu, et le grenadier *Sans-Raison* rendit aussi les trente-cinq pistoles qu'il avoit prises au mort, en disant : « Tenez, voilà son ar-« gent, dont je ne veux point ; les grenadiers ne « mettent la main sur les gens que pour les tuer. » Vous ne trouverez point peut-être ces détails dans les relations que vous lirez ; et je m'assure que vous les aimerez bien autant qu'une supputation exacte du nom des bataillons et de chaque compagnie, des gens détachés, ce que M. l'abbé de Dangeau ne manqueroit pas de rechercher bien curieusement.

Je vous ai parlé du lieutenant de la compagnie des grenadiers qui fut tué, et dont *Sans-Raison* vengea la mort. Vous ne serez peut-être pas fâché de savoir qu'on lui trouva un cilice sur le corps. Il étoit d'une piété singulière, et avoit même fait ses dévotions le jour d'auparavant. Respecté de toute l'armée pour sa valeur accompagnée d'une douceur et d'une sagesse merveilleuse, le roi l'estimoit beaucoup, et a dit, après sa mort, que c'étoit un homme qui pouvoit prétendre à tout. Il s'appeloit Roquevert[1]. Croyez-vous que frère Roquevert ne valoit pas bien frère Muce? Et si M. de la Trappe l'avoit connu, auroit-il mis, dans la vie de frère Muce, que les greniers font profession d'être les plus grands scélérats du monde? Effectivement, on dit que dans cette compagnie il y a des gens fort réglés. Pour moi, je n'entends guère de messe dans le camp qui ne soit servie par quelque mousquetaire, et où il n'y en ait quelqu'un qui communie, et cela de la manière du monde la plus édifiante.

Je ne vous dis rien de la quantité de gens qui reçurent des coups de mousquet ou des contusions tout auprès du roi : tout le monde le sait, et je crois que tout le monde en frémit. M. le Duc étoit lieutenant-général de jour, et y fit à la Condé, c'est tout dire. M. le Prince, dès qu'il vit que l'action alloit commencer, ne put s'empêcher de courir à la tranchée et de se mettre à la tête de tout. En voilà bien assez pour un jour. Je ne puis pourtant finir sans vous dire un mot de M. de Luxembourg. Il est toujours vis-à-vis des ennemis, la Méhaigne entre deux, qu'on ne croit pas qu'ils osent passer. On lui amena avant hier un officier espagnol, qu'un de nos partis avoit pris, et qui s'étoit fort bien battu. M. de Luxembourg, lui trouvant de l'esprit, lui dit : « Vous autres Espagnols, je sais

[1] *Flotte de Roquevaire.*

« que vous faites la guerre en honnêtes gens, et je
« la veux faire avec vous de même. » Ensuite il le
fit dîner avec lui, puis lui fit voir toute son armée. Après quoi il le congédia, en lui disant : « Je
« vous rends votre liberté; allez trouver M. le
« prince d'Orange, et dites-lui ce que vous avez
« vu. » On a su aussi, par un rendu, qu'un de nos
soldats s'étant allé rendre aux ennemis, le prince
d'Orange lui demanda pourquoi il avoit quitté
l'armée de M. de Luxembourg : « C'est, dit le sol-
« dat, qu'on y meurt de faim; mais avec tout cela,
« ne passez pas la rivière, car assurément il vous
« battront. »

Le roi envoya hier six mille sacs d'avoine et cinq cents bœufs à l'armée de M. de Luxembourg; et, quoi qu'ait dit le déserteur, je vous puis assurer qu'on y est fort gai, et qu'il s'en faut bien qu'on y meure de faim. Le général a été trois jours sans monter à cheval, passant le jour à jouer dans sa tente. Le roi a eu nouvelle aujourd'hui que le baron de Serclas, avec cinq ou six mille chevaux de l'armée du prince d'Orange, avoit passé la Meuse à Huy, comme pour venir inquiéter le quartier de M. de Boufflers. Le roi prend ses mesures pour le bien recevoir.

Adieu, monsieur. Je vous manderai une autre fois des nouvelles de la vie que je mène, puisque vous en voulez savoir. Faites, je vous prie, part de cette lettre à M. de La Chapelle, si vous trouvez qu'elle en vaille la peine. Vous me ferez même beaucoup de plaisir de l'envoyer à ma femme, quand vous l'aurez lue; car je n'ai pas le temps de lui écrire, et cela pourra la réjouir elle et mon fils.

On est fort content de M. de Bonrepaux. J'ai écrit à M. de Pontchartrain le fils par le conseil de M. de La Chapelle. Une page de compliments m'a plus coûté cinq cents fois que les huit pages que je vous viens d'écrire. Adieu, monsieur. Je vous envie bien votre beau temps d'Auteuil, car il fait ici le plus horrible temps du monde.

Je vous ai vu rire assez volontiers de ce que le vin fait quelquefois faire aux ivrognes. Hier un boulet de canon emporta la tête d'un de nos Suisses dans la tranchée. Un autre Suisse son camarade, qui étoit auprès, se mit à rire de toute sa force, en disant : « Ho! Ho! cela est plaisant; il reviendra « sans tête dans le camp. »

On a fait aujourd'hui trente prisonniers de l'armée du prince d'Orange, et ils ont été pris par un parti de M. de Luxembourg. Voici la disposition de l'armée des ennemis : M. de Bavière à la droite avec des Brandebourgs et autres Allemands; M. de Valdeck est au corps de bataille avec les Hollandois; et le prince d'Orange, avec les Anglois, est à la gauche. J'oubliois de vous dire que, quand M. le comte de

Toulouse reçut son coup de mousquet, on entendit le bruit de la balle, et le roi demanda si quelqu'un étoit blessé. « Il me semble, dit en sou-
« riant le jeune prince, que quelque chose m'a
« touché. » Cependant la contusion étoit assez grosse, et j'ai vu la marque de la balle sur le galon de la manche, qui étoit tout noirci comme si le feu y avoit passé. Adieu, monsieur. Je ne saurois me résoudre à finir quand je suis avec vous.

En fermant ma lettre, j'apprends que la présidente Barentin qui avoit épousé M. de Cormaillon, ingénieur, a été pillée par un parti de Charleroi. Ils lui ont pris ses chevaux de carrosse et sa cassette, et l'ont laissée dans le chemin à pied. Elle venoit pour être auprès de son mari, qui avoit été blessé. Il est mort.

XXIX.

RACINE A BOILEAU.

Au camp près de Namur, le 24 juin (1692).

Je laisse à M. de Valincour le soin de vous écrire la prise du château neuf. Voici seulement quelques circonstances qu'il oubliera peut-être dans sa relation. Ce château neuf est appelé autrement le *Fort-Guillaume*, parce que c'est le prince d'Orange qui ordonna l'année passée de le faire construire, et qui avança pour cela dix mille écus de son argent. C'est un grand ouvrage à cornes, avec quelques redans dans le milieu de la courtine, selon que le terrain le demandoit. Il est situé de telle sorte que, plus on en approche, moins on le découvre; et depuis huit ou dix jours que notre canon le battoit, il n'y avoit fait qu'une très petite brèche à passer deux hommes, et il n'y avoit pas une palissade du chemin couvert qui fût rompue. M. de Vauban a admiré lui-même la beauté de cet ouvrage. L'ingénieur qui l'a tracé, et qui a conduit tout ce qu'on y a fait, est un Hollandois nommé Cohorne. Il s'étoit enfermé dedans pour le défendre, et y avoit même fait creuser sa fosse, disant qu'il s'y vouloit enterrer. Il en sortit hier, avec la garnison, blessé d'un éclat de bombe. M. de Vauban a eu la curiosité de le voir, et, après lui avoir donné beaucoup de louanges, lui a demandé s'il jugeoit qu'on eût pu l'attaquer mieux qu'on n'a fait. L'autre fit réponse que, si on l'eût attaqué dans les formes ordinaires, et en conduisant une tranchée devant la courtine et les demi-bastions, il se seroit encore défendu plus de quinze jours, et qu'il nous en auroit coûté bien du monde; mais que de la manière dont on l'avoit embrassé de toutes parts, il avoit fallu se rendre. La vérité est que notre tranchée est quelque chose de prodigieux, embrassant à la fois plusieurs montagnes et plusieurs vallées avec une infinité de tours et de retours, autant presque qu'il y a de rues à Paris. Les gens de la cour commençoient à s'ennuyer de voir si long-temps remuer la terre; mais enfin il s'est trouvé que, dès que nous avons attaqué la contrescarpe, les ennemis, qui craignoient d'être coupés, ont abandonné dans l'instant tout le chemin couvert; et, voyant dans leur ouvrage vingt de nos grenadiers qui avoient grimpé par un petit endroit où on ne pouvoit monter qu'un à un, ils ont aussitôt battu la chamade. Ils étoient encore quinze cents hommes, tous gens bien faits s'il y en a au monde. Le principal officier qui les commandoit, nommé M. de Vimbergue, est âgé de près de quatre-vingts ans. Comme il étoit d'ailleurs fort incommodé des fatigues qu'il a souffertes depuis quinze jours, et qu'il ne pouvoit plus marcher, il s'étoit fait porter sur la petite brèche que notre canon avoit faite, résolu d'y mourir l'épée à la main. C'est lui qui a fait la capitulation; et il y a fait mettre qu'il lui seroit permis d'entrer dans le vieux château pour s'y défendre encore jusqu'à la fin du siège. Vous voyez par là à quelles gens nous avons affaire, et que l'art et les précautions de M. de Vauban ne sont pas inutiles pour épargner bien de braves gens qui s'iroient faire tuer mal à propos. C'étoit encore M. le Duc qui étoit lieutenant-général de jour; et voici la troisième affaire qui passe par ses mains. Je voudrois que vous eussiez pu entendre de quelle manière aisée, et même avec quel esprit, il m'a bien voulu raconter une partie de ce que je vous mande; les réponses qu'il fit aux officiers qui le vinrent trouver pour capituler; et comme, en leur faisant mille honnêtetés, il ne laissoit pas de les intimider. On a trouvé le chemin couvert tout plein de corps morts, sans tous ceux qui étoient à demi enterrés dans l'ouvrage. Nos bombes ne les laissoient pas respirer; ils voyoient sauter à tout moment en l'air leurs camarades, leurs valets, leur pain, leur vin; ils étoient si las de se jeter par terre, comme on fait quand il tombe une bombe, que les uns se tenoient debout, au hasard de ce qui en pourroit arriver; les autres avoient creusé de petites niches dans des retranchements qu'ils avoient faits dans le milieu de l'ouvrage, et s'y tenoient plaqués tout le jour. Ils n'avoient d'eau que celle d'un petit trou qu'ils avoient creusé en terre, et ont passé ainsi quinze jours entiers. Le vieux château est composé de quatre autres forts, l'un derrière l'autre, et va toujours en s'étrécissant, en telle sorte que celui de ces forts qui est à l'extrémité de la montagne ne paroît pas pouvoir contenir trois cents hommes. Vous jugez bien quel fracas y feront nos bombes. Heureusement nous ne craignons pas d'en manquer sitôt. On en trouva hier chez les révérends pères jésuites de Namur douze cent soixante toutes chargées, avec leurs amorces. Les bons pères gardoient précieusement ce beau dépôt, sans en rien dire, espérant vraisemblablement de les rendre aux Espagnols, au cas qu'on nous fît lever le siége. Ils paroissoient pourtant les plus contents du monde d'être au roi; et ils me dirent à moi-même, d'un air riant et ouvert, qu'ils lui étoient trop obligés de les avoir délivrés de ces maudits protestants qui étoient en garnison à Namur, et qui avoient fait un prêche de leurs écoles. Le roi a envoyé le père recteur à Dôle; mais le père de La Chaise dit lui-même que le roi est trop bon, et que les supérieurs de leur compagnie seront plus sévères que lui. Adieu, monsieur, ne me citez point. J'écrirai demain à M. de Milon, qui m'a mandé, comme vous, le crachement de sang de M. de La Chapelle. J'espère que cela n'aura point de suites; je vous assure que j'en suis sensiblement affligé.

J'oubliois de vous dire que je vis passer les deux otages que ceux du dedans de l'ouvrage à cornes envoyoient au roi. L'un avoit le bras en écharpe; l'autre la mâchoire à demi emportée, avec la tête bandée d'une écharpe noire. Le dernier est un chevalier de Malte. Je vis aussi huit prisonniers qu'on amenoit du chemin couvert; ils faisoient horreur. L'un avoit un coup de baïonnette dans le côté; un autre un coup de mousquet dans la bouche; les six autres avoient le visage et les mains toutes brûlées du feu qui avoit pris à la poudre qu'ils avoient dans leurs havresacs.

XXX.

RACINE A BOILEAU.

A Fontainebleau, le 3ᵉ octobre (1692).

Votre ancien laquais, dont j'ai oublié le nom, m'a fait grand plaisir ce matin en m'apprenant de vos nouvelles. A ce que je vois, vous êtes dans une fort grande solitude à Auteuil, et vous n'en partez point. Est-il possible que vous puissiez être si long-temps seul, et ne point faire du tout de vers? Je m'attends qu'à mon retour je trouverai votre *Satire des femmes* entièrement achevée. Pour moi, il s'en faut bien que je sois aussi solitaire que vous. M. de Cavoie a voulu encore à toute force que je logeasse chez lui, et il ne m'a pas été possible d'obtenir de lui que je fisse tendre un lit dans votre maison, où je n'aurois pas été si magnifiquement que chez lui; mais j'y aurois été plus tranquillement et avec plus de liberté.

Cependant elle n'a été marquée pour personne, au grand déplaisir des gens qui s'en étoient emparés les autres années. Notre ami M. Félix y a mis son carrosse et ses chevaux, et les miens n'y ont pas même trouvé place; mais tout cela s'est passé avec mon agrément et sous mon bon plaisir. J'ai mis mes chevaux à l'hôtel de Cavoie, qui en est tout proche. M. de Cavoie a permis aussi à M. de Bonrepaux de faire sa cuisine chez vous. Votre concierge, voyant que les chambres demeuroient vides, en a meublé quelqu'une, et l'a louée. On a mis sur la porte qu'elle étoit à vendre, et j'ai dit qu'on m'adressât ceux qui la viendroient voir; mais on ne m'a encore envoyé personne. Je soupçonne que le concierge, se trouvant fort bien d'y louer des chambres, seroit assez aise que la maison ne se vendît point. J'ai conseillé à M. Félix de l'acheter, et je vois bien que je le ferai aller jusqu'à 4,000 fr. Je crois que vous ne feriez pas trop mal d'en tirer cet argent; et je crains que si le voyage se passe sans que le marché soit conclu, M. Félix, ni personne, n'y songe plus jusqu'à l'autre année. Mandez-moi là dessus vos sentiments; je ferai le reste.

On reçut hier de bonnes nouvelles d'Allemagne. M. le maréchal de Lorges ayant fait assiéger par un détachement de son armée une petite ville nommée Pforzheim, entre Philisbourg et Dourlach, les Allemands ont voulu s'avancer pour la secourir. Il a eu avis qu'un corps de quarante escadrons avoit pris les devants, et n'étoit qu'à une lieue et demie de lui, ayant devant eux un ruisseau assez difficile à passer. La ville a été prise dès le premier jour, et cinq cents hommes qui étoient dedans ont été faits prisonniers de guerre. Le lendemain M. de Lorges a marché avec toute son armée sur ces quarante escadrons que je vous ai dits, et a fait d'abord passer le ruisseau à seize de ses escadrons soutenus du reste de la cavalerie. Les ennemis, voyant qu'on alloit à eux avec cette vigueur, s'en sont fuis à vau-de-route, abandonnant leurs tentes et leur bagage qui a été pillé. On leur a pris deux pièces de canon, deux paires de timbales et neuf étendards, quantité d'officiers, entre autres leur général, qui est oncle de M. de Wirtemberg et administrateur de ce duché, un général-major de Bavière et plus de treize cents cavaliers. Ils en ont eu près de neuf cents tués sur la place. Il ne nous en coûte qu'un maréchal-des-logis, un cavalier et six dragons. M. de Lorges a abandonné au pillage la ville de Pforzheim et une autre petite ville, auprès de laquelle étoient campés les ennemis. C'a été, comme vous voyez, une déroute ; et il n'y a pas eu, à proprement parler, aucun coup de tiré de leur part : tout ce qu'on a pris et tué, c'a été en les poursuivant. Le prince d'Orange est parti pour la Hollande. Son armée s'est rapprochée de Gand, et apparemment se séparera bientôt. M. de Luxembourg me mande qu'il est en parfaite santé. Le roi se porte à merveille.

XXXI.

RACINE A BOILEAU.

A Fontainebleau, le 6 octobre (1692).

J'ai parlé à M. de Pontchartrain, le conseiller, du garçon qui vous a servi; et M. le comte de Fiesque, à ma prière, lui en a parlé aussi. Il m'a dit qu'il feroit son possible pour le placer, mais qu'il prétendoit que vous lui en écrivissiez vous-même, au lieu de lui faire écrire par un autre. Ainsi je vous conseille de forcer un peu votre paresse, et de m'envoyer une lettre pour lui, ou bien de lui écrire par la poste.

J'ai déja fait naître à madame de Maintenon une grande envie de voir de quelle manière vous parlez de Saint-Cyr [1]. Elle a paru fort touchée de ce que vous aviez même la pensée d'en parler; et cela lui donne occasion de dire mille biens de vous. Pour moi, j'ai une extrême impatience de voir ce que vous me dites que vous m'enverrez. Je n'en ferai part qu'à ceux que vous voudrez, à personne même

---

[1] Dans la satire x, v. 364, tome I.

si vous le souhaitez. Je crois pourtant qu'il sera très bon que madame de Maintenon voie ce que vous avez imaginé pour sa maison. Ne vous mettez pas en peine; je le lirai du ton qu'il faut, et je ne ferai point tort à vos vers.

Je n'ai point vu M. Félix depuis que j'ai reçu votre lettre. Au cas que vous ne trouviez point les 5,000 francs, ce que je crois très difficile, je vous conseille de louer votre maison; mais il faudra pour cela que je vous trouve des gens qui prennent soin de vous trouver des locataires : car je doute que ceux qui y logent soient bien propres à vous trouver des marchands, leur intérêt étant de demeurer seuls dans cette maison, et d'empêcher qu'on ne les en vienne déposséder.

Il n'y a ici aucune nouvelle. L'armée de M. de Luxembourg commence à se séparer, et la cavalerie entre dans des quartiers de fourrages. Quelques gens vouloient hier que le duc de Savoie pensât à assiéger Nice à l'aide des galères d'Espagne; mais le comte d'Estrées ne tardera guère à donner la chasse aux galères et aux vaisseaux espagnols, et doit arriver incessamment vers les côtes d'Italie. Le roi grossit de quarante bataillons son armée de Piémont pour l'année prochaine, et je ne doute pas qu'il ne tire une rude vengeance des pays de M. de Savoie.

Mon fils m'a écrit une assez jolie lettre sur le

plaisir qu'il a eu de vous aller voir, et sur une conversation qu'il a eue avec vous. Je vous suis plus obligé que vous ne le sauriez dire de vouloir bien vous amuser avec lui. Le plaisir qu'il prend d'être avec vous me donne assez bonne opinion de lui; et s'il est jamais assez heureux que de vous entendre parler de temps en temps, je suis persuadé qu'avec l'admiration dont il est prévenu cela lui fera le plus grand bien du monde. J'espère que cet hiver vous voudrez bien faire chez moi de petits dîners dont je prétends tirer tant d'avantages. M. de Cavoie vous fait ses compliments. J'appris hier la mort du pauvre abbé de Saint-Réal[1].

XXXII.

BOILEAU A RACINE.

A Auteuil, 7 octobre (1692).

Je vous écrivis avant-hier si à la hâte que je ne sais si vous aurez bien conçu ce que je vous écrivois : c'est ce qui m'oblige à vous récrire aujourd'hui. Madame Racine vient d'arriver chez moi, qui s'engage à vous faire tenir ma lettre. L'action de M. de Lorges est très grande et très belle, et j'ai déja reçu une lettre de M. l'abbé Renaudot,

---

[1] Auteur de la *Conjuration de Venise*.

qui me mande que M. de Pontchartrain veut qu'on travaille au plus tôt à faire une médaille pour cette action. Je crois que cela occupe déja fort M. de La Chapelle; mais pour moi, je crois qu'il sera assez temps d'y penser vers la Saint-Martin. Je ne saurois assez vous remercier du soin que vous prenez de notre maison de Fontainebleau. Je n'ai point encore vu sur cela personne de notre famille; mais, autant que j'en puis juger, tout le monde trouvera assez mauvais que celui qui l'habite prétende en profiter à nos dépens. C'est une étrange chose qu'un bien en commun : chacun en laisse le soin à son compagnon; ainsi personne n'y soigne, et il demeure au pillage. Je vous mandois, le dernier jour, que j'ai travaillé à la Satire des femmes pendant huit jours : cela est véritable ; mais il est vrai aussi que ma fougue poétique est passée presque aussi vite qu'elle est venue, et que je n'y pense plus à l'heure qu'il est. Je crois que, lorsque j'aurai tout amassé, il y aura bien cent vers nouveaux d'ajoutés; mais je ne sais si je n'en ôterai pas bien vingt-cinq ou trente de la description du lieutenant et de la lieutenante criminelle. C'est un ouvrage qui me tue, par la multitude des transitions, qui sont, à mon sens, le plus difficile chef-d'œuvre de la poésie. Comme je m'imagine que vous avez quelque impatience d'en voir quelque chose, je veux bien vous en transcrire ici vingt ou trente vers; mais c'est à la charge que, foi d'honnête homme, vous ne les montrerez à ame vivante, parce que je veux être absolument maître d'en faire ce que je voudrai; et que, d'ailleurs, je ne sais s'ils sont encore en l'état où ils demeureront. Mais afin que vous en puissiez voir la suite, je vais vous mettre la fin de l'histoire de la lieutenante, de la manière que je l'ai achevée[1]:

> Mais peut-être j'invente une fable frivole.
> *Soutiens* donc tout Paris,....
> *Deux* voleurs qui, chez eux, pleins d'espérance entrèrent,
> *Enfin un beau matin tous deux les massacrèrent :*....
> *Vrai disciple*, ou plutôt singe de Bourdaloue,
> Je me plais à remplir mes sermons de portraits...
> *La louve, la coquette et la parfaite avare.*
> Il y faut joindre encor la revêche bizarre,...
> *Qui dans tous ses discours par quolibets s'exprime,*
> *A toujours dans la bouche un proverbe, une rime,*
> *Et d'un roulement d'yeux aussitôt applaudit*
> *Au mot aigrement fou qu'au hasard elle a dit....*
> Combien n'a-t-on pas vu de *Philis* aux doux yeux...
> Sous leur fontange altière asservir leurs maris!

En voilà plus que je ne vous avois promis. Mandez-moi ce que vous y aurez trouvé de fautes plus grossières. J'ai envoyé des pêches à madame de Caylus, qui les a reçues, dit-on, avec de grandes marques de joie. Je vous donne le bonsoir, et suis tout à vous.

[1] Nous avons cru devoir retrancher de cette citation trente-six vers littéralement conformes à ceux de la satire X. Les italiques indiquent ceux de ces vers que Boileau n'a point conservés.

XXXIII.

RACINE A BOILEAU.

Au Quesnoy, le 3o mai (1693).

Le roi fait demain ses dévotions. Je parlai hier de M. le doyen au père de La Chaise; il me dit qu'il avoit reçu votre lettre, me demanda des nouvelles de votre santé, et m'assura qu'il étoit fort de vos amis et de toute la famille. J'ai parlé ce matin à madame de Maintenon, et lui ai même donné une lettre que je lui avois écrite sur ce sujet, la mieux tournée que j'ai pu, afin qu'elle la pût lire au roi. M. de Chamlai, de son côté, proteste qu'il a déja fait merveilles, et qu'il a parlé de M. le doyen comme de l'homme du monde qu'il estimoit le plus, et qui méritoit le mieux les graces de sa majesté. Il promet qu'il reviendra encore ce soir à la charge. Je l'ai échauffé de tout mon possible, et l'ai assuré de votre reconnoissance et de celle de M. le doyen et de MM. Dongois. Voilà, mon cher monsieur, où la chose en est. Le reste est entre les mains du bon Dieu, qui peut-être inspirera le roi en notre faveur. Nous en saurons demain davantage.

Quant à nos ordonnances, M. de Pontchartrain me promit qu'il nous les feroit payer aussitôt après le départ du roi. C'est à vous de faire vos sollicitations, soit par M. de Pontchartrain le fils, soit par M. l'abbé Bignon. Croyez-vous que vous fissiez mal d'aller vous-même une fois chez lui? Il est bien intentionné; la somme est petite; enfin, on m'assure qu'il faut presser, et qu'il n'y a pas un moment à perdre. Quand vous aurez arraché cela de lui, il ne vous en voudra que plus de bien. Il faudroit aussi voir ou faire voir M. de Bie, qui est le meilleur homme du monde, et qui le feroit souvenir de vous quand il fera l'état de distribution.

Au reste, j'ai été obligé de dire ici, le mieux que j'ai pu, quelques uns des vers de votre satire, à M. le Prince : *Nosti hominem.* Il ne parle plus d'autre chose, et il me les a redemandés plus de dix fois. M. le prince de Conti voudroit bien que vous m'envoyassiez l'histoire du lieutenant-criminel, dont il est surtout charmé. M. le Prince et lui ne font que redire les deux vers : *La mule et les chevaux au marché*, etc. Je vous conseille de m'envoyer tout cet endroit, et quelques autres morceaux détachés, si vous pouvez : assurez-vous qu'ils ne sortiront point de mes mains. M. le Prince n'est pas moins touché de ce que j'ai pu retenir de votre ode. Je ne suis point surpris de la prière que M. de Pontchartrain le fils vous a faite en faveur de Fontenelle. Je savois bien qu'il avoit beaucoup d'inclination pour lui : et c'est pour cela même que M. de La Loubère n'en a guère ; mais enfin vous avez très bien répondu, et, pour peu que Fontenelle se reconnoisse, je vous conseillerois aussi de lui faire grace. Mais, à dire vrai, il est bien tard, et la stance a fait un furieux progrès.

Je n'ai pas le temps d'écrire ce matin à M. de La Chapelle. Ayez la bonté de lui dire que tout ce qu'il a imaginé, et vous aussi, sur l'ordre de Saint-Louis me paroît fort beau ; mais que pour moi, je voudrois simplement mettre pour type la croix même de Saint-Louis, et la légende *Ordo militaris, etc.* Chercherons-nous toujours de l'esprit dans les choses qui en demandent le moins? Je vous écris tout ceci avec une rapidité épouvantable, de peur que la poste ne soit partie. Il fait le plus beau temps du monde. Le roi, qui a eu une fluxion sur la gorge, se porte bien : ainsi nous serons bientôt en campagne. Je vous écrirai plus à loisir avant que de sortir du Quesnoy.

XXXIV.

RACINE A BOILEAU.

Au Quesnoy, le 30ᵉ mai (1693).

Vous verrez par la lettre que j'écris à M. l'abbé Dongois les obligations que vous avez à sa majesté. M. le doyen est chanoine de la Sainte-Chapelle, et est bien mieux encore que je n'avois demandé. Madame de Maintenon m'a chargé de vous bien faire ses baisemains. Elle mérite bien que vous lui fassiez quelque remerciement, ou du moins que vous fassiez d'elle une mention honorable qui la distingue de tout son sexe[1], comme en effet elle en est distinguée de toutes manières. Je suis content au dernier point de M. de Chamlai; et il faut absolument que vous lui écriviez, aussi bien qu'au père de La Chaise, qui a très bien servi M. le doyen. Tout le monde m'a chargé ici de vous faire ses compliments, entre autres M. de Cavoie et M. de Sérignan. M. le prince de Conti même m'a témoigné prendre beaucoup de part à votre joie.

Nous partons mardi pour aller camper sous Mons. Le roi se mettra à la tête de l'armée de M. de Boufflers. M. de Luxembourg, avec la

[1] Voyez les vers 516-520 de la satire x, tome I.

sienne, nous côtoiera de fort près. Le roi envoie les dames à Maubeuge : ainsi nous voilà à la veille de grandes nouvelles. Je vous donne le bonsoir, et suis entièrement à vous.

Songez à nos ordonnances. Prenez aussi la peine de recommander à M. Dongois le petit Mercier, valet de chambre de madame de Maintenon. Il voudroit avoir pour commissaire, pour la conclusion de son affaire, ou M. l'abbé Brunet ou M. l'abbé Petit. Si cela se peut faire dans les règles, et sans blesser la conscience, il faudroit tâcher de lui faire avoir ce qu'il demande.

XXXV.

BOILEAU A RACINE.

(Juin 1693).

Je sors de notre assemblée des Inscriptions, où j'ai été principalement pour parler à M. de Tourreil; mais il ne s'y est point trouvé. Il s'étoit chargé de parler de nos ordonnances à M. de Pontchartrain le père, et il m'en devoit rendre compte aujourd'hui. J'enverrai demain savoir s'il est malade, et pourquoi il n'est pas venu. Cependant M. l'abbé Renaudot m'a promis aussi d'agir très fortement auprès du même ministre. Cet abbé doit venir dîner jeudi avec moi à Auteuil, et me raconter tout ce qu'il aura fait : ainsi il ne se perdra point de temps.

Madame Racine me fit l'honneur de souper dimanche chez moi, avec toute votre petite et agréable famille. Cela se passa fort gaiement, mon rhume étant presque entièrement guéri. Je n'ai jamais vu une si belle journée. J'entretins fort monsieur votre fils, qui, à mon sens, croît toujours en mérite et en esprit. Il me montra une traduction qu'il a faite d'une harangue de Tite-Live, et j'en fus fort content. Je crois non seulement qu'il sera habile pour les lettres, mais qu'il aura la conversation agréable, parce qu'en effet il pense beaucoup, et qu'il conçoit fort vivement tout ce qu'on lui dit. Je ne saurois trouver de termes assez forts pour vous remercier des mouvements que vous vous donnez pour M. le doyen de Sens; et, quand l'affaire ne réussiroit point, je vous puis assurer que je n'oublierai jamais la sensible obligation que je vous ai.

Vous m'avez fort surpris en me mandant l'empressement qu'ont deux des plus grands princes de la terre pour voir des ouvrages que je n'ai pas achevés [1]. En vérité, mon cher monsieur, je tremble qu'ils ne se soient trop aisément laissé prévenir en ma faveur; car, pour vous dire sin-

---

[1] La Satire x *contre les femmes*, et l'Ode *sur la prise de Namur*.

cèrement ce qui se passe en moi au sujet de ces derniers ouvrages, il y a des moments où je crois n'avoir rien fait de mieux; mais il y en a aussi beaucoup où je n'en suis point du tout content, et où je fais résolution de ne les jamais laisser imprimer. Oh! qu'heureux est M. Charpentier, qui, raillé, et mettons quelquefois bafoué sur les siens, se maintient toujours parfaitement tranquille, et demeure invinciblement persuadé de l'excellence de son esprit! Il a tantôt apporté à l'Académie une médaille de très mauvais goût, et, avant que de la laisser lire, il a commencé par en faire l'éloge. Il s'est mis par avance en colère sur ce qu'on y trouveroit à redire, déclarant pourtant que, quelques critiques qu'on y pût faire, il sauroit bien ce qu'il devroit penser là dessus, et qu'il n'en resteroit pas moins convaincu qu'elle étoit parfaitement bonne. Il a en effet tenu parole, et tout le monde l'ayant généralement désapprouvée, il a querellé tout le monde, il a rougi et s'est emporté; mais il s'est en allé satisfait de lui-même. Je n'ai point, je l'avoue, cette force d'ame; et si des gens un peu sensés s'opiniâtroient de dessein formé à blâmer la meilleure chose que j'aie écrite, je leur résisterois d'abord avec assez de chaleur; mais je sens bien que peu de temps après je conclurois contre moi, et que je me dégoûterois de mon ouvrage. Ne vous étonnez donc point si je ne vous envoie point encore par cet ordinaire les vers que vous me demandez, puisque je n'oserois presque me les présenter à moi-même sur le papier. Je vous dirai pourtant que j'ai en quelque sorte achevé l'*Ode sur Namur*, à quelques vers près, où je n'ai point encore attrapé l'expression que je cherche. Je vous l'enverrai un de ces jours ; mais c'est à la charge que vous la tiendrez secrète, et que vous n'en lirez rien à personne que je ne l'aie entièrement corrigée sur vos avis.

Il n'est bruit ici que des grandes choses que le roi va faire; et, à vous dire le vrai, jamais commencement de campagne n'eut un meilleur air. J'ai bien vu dans les livres des exemples de grandes félicités; mais au prix de la fortune du roi, à mon sens, tout est malheur. Ce qui m'embarrasse, c'est qu'ayant épuisé pour Namur toutes les hyperboles et toutes les hardiesses de notre langue, où trouverai-je des expressions pour le louer, s'il vient à faire quelque chose de plus grand que la prise de cette ville? Je sais bien ce que je ferai : je garderai le silence et vous laisserai parler. C'est le meilleur parti que je puisse prendre :

Spectatus satis, et donatus jam rude [1] . . . .

Je vous prie de bien témoigner à M. de Chamlai

---

[1] Spectatum satis, et donatum jam rude, quæris,
Mæcenas, iterùm antiquo me includere ludo.
(HOR., l. 1, ep. 1, v. 2, 3.)

combien je lui suis obligé des bons offices qu'il rend à mon frère[1]; je vois bien que la fortune n'est pas capable de l'aveugler, et qu'il voit toujours ses amis avec les mêmes yeux qu'auparavant. Adieu, mon cher monsieur, soyez bien persuadé que je vous aime et que je vous estime infiniment. Dans le temps que j'allois finir cette lettre, M. l'abbé Dongois est entré dans ma chambre avec le petit mot de lettre que vous écrivez à madame Racine, et où vous mandez l'heureux, surprenant, incroyable succès de votre négociation. Que vous dirai-je là dessus? Cela demande une lettre tout entière, que je vous écrirai demain. Cependant souvenez-vous de l'état de Pamphile, à la fin de l'Andrienne :

Nunc est quum me interfici patiar.

Voilà à peu près mon état. Adieu, encore un coup, mon cher, illustrissime, effectif, ou, puisque la passion permet quelquefois d'inventer des mots, mon effectissime ami.

[1] Le doyen de Sens, Jacques Boileau.

XXXVI.

BOILEAU A RACINE.

A Paris, 4ᵉ juin (1693).

Je vous écrivis hier au soir une assez longue lettre, et qui étoit toute remplie du chagrin que j'avois alors, causé par un tempérament sombre qui me dominoit, et par un reste de maladie; mais je vous en écris une aujourd'hui toute pleine de la joie que m'a causée l'agréable nouvelle que j'ai reçue. Je ne saurois vous exprimer l'allégresse qu'elle a excitée dans toute notre famille : elle a fait changer de caractère à tout le monde. M. Dongois le greffier est présentement un homme jovial et folâtre; M. l'abbé Dongois, un bouffon et un badin. Enfin il n'y a personne qui ne se signale par des témoignages extraordinaires de plaisir et de satisfaction, et par des louanges et des exclamations sans fin sur votre bonté, votre générosité, votre amitié, etc. A mon sens, néanmoins, celui qui doit être le plus satisfait, c'est vous; et le contentement que vous devez avoir en vous-même d'avoir obligé si efficacement dans cette affaire tant de personnes qui vous estiment et qui vous honorent depuis si long-temps, est un plaisir d'autant plus agréable, qu'il ne procède que de la vertu, et que les ames du commun ne sauroient ni se l'attirer, ni le sentir. Tout ce que j'ai à vous prier maintenant, c'est de me mander les démarches que vous croyez qu'il faut que je fasse à l'égard du roi et du P. de La Chaise; et non seulement s'il faut, mais à peu près ce qu'il faut que je leur écrive. M. le doyen de Sens ne sait encore rien de ce qu'on a fait pour lui. Jugez de sa surprise, quand il apprendra tout d'un coup le bien imprévu et excessif que vous lui avez fait! Ce que j'admire le plus, c'est la félicité de la circonstance, qui a fait que, demandant pour lui la moindre de toutes les chanoinies de la Sainte-Chapelle, nous lui avons obtenu la meilleure après celle de M. l'abbé d'Ense. *O factum bene!* Vous pouvez compter que vous aurez désormais en lui un homme qui disputera avec moi de zèle et d'amitié pour vous.

J'avois résolu de ne vous envoyer la suite de mon *Ode sur Namur* que quand je l'aurois mise en état de n'avoir plus besoin que de vos corrections; mais en vérité vous m'avez fait trop de plaisir, pour ne pas satisfaire sur-le-champ la curiosité que vous avez peut-être conçue de la voir. Ce que je vous prie, c'est de ne la montrer à personne, et de ne la point épargner. J'y ai hasardé des choses fort neuves, jusqu'à parler de la plume blanche que le roi a sur son chapeau; mais, à mon avis, pour trouver des expressions nouvelles en vers, il faut parler de choses qui n'aient point été dites en vers. Vous en jugerez, sauf à tout changer si cela vous déplaît. L'ode sera de dix-huit stances. Cela fait cent quatre-vingts vers. Je ne croyois pas aller si loin. Voici ce que vous n'avez point vu : je vais le mettre sur l'autre feuillet.

> Déployez toutes vos rages
> Princes, vents, peuples, frimas, etc. [1]

Je vous demande pardon de la peine que vous aurez peut-être à déchiffrer tout ceci, que je vous ai écrit sur un papier qui boit. Je vous le recrirois bien; mais il est près de midi, et j'ai peur que la poste ne parte. Ce sera pour une autre fois. Je vous embrasse de tout mon cœur.

Despréaux.

XXXVII.

BOILEAU A RACINE.

Paris, samedi 9 juin (1693).

Je vous écrivis hier, monsieur, avec toute la chaleur qu'inspire une méchante nouvelle, le refus que fait l'abbé de Paris de se démettre de sa chanoinie. Ainsi vous jugerez bien par ma lettre que ce ne sont pas, à l'heure qu'il est, des remercie-

[1] Voyez la suite de l'*Ode sur Namur*, tome II.

ments que je médite, puisque je suis même honteux de ceux que j'ai déja faits. A vous dire le vrai, le contre-temps est fâcheux; et quand je songe aux chagrins qu'il m'a déja causés, je voudrois presque n'avoir jamais pensé à ce bénéfice pour mon frère. Je n'aurois pas la douleur de voir que vous vous soyez peut-être donné tant de peine si inutilement. Ne croyez pas toutefois, quoi qu'il puisse arriver, que cela diminue en moi le sentiment des obligations que je vous ai. Je sens bien qu'il n'y a qu'une étoile bizarre et infortunée qui pût empêcher le succès d'une affaire si bien conduite, et où vous avez également signalé votre prudence et votre amitié. Je vous ai mandé, par ma dernière lettre, ce que M. de Pontchartrain avoit répondu à M. l'abbé Renaudot touchant nos ordonnances. Comme il a fait de la distinction entre les raisons que vous aviez de le presser, et celles que j'avois d'attendre, je m'en vais ce matin chez madame Racine, et je lui conseillerai de porter votre ordonnance à M. de Bie à part; je ne doute point qu'elle ne touche au plus tôt son argent. Pour moi, j'attendrai sans peine la commodité de M. de Pontchartrain : je n'ai rien qui me presse, et je vois bien que cela viendra. J'oubliai hier à vous mander que M. de Pontchartrain, en même temps qu'il parla de nos ordonnances à M. l'abbé Renaudot, le chargea de me féliciter sur la chanoinie que sa majesté avoit donnée à mon frère. Je ne doute point, monsieur, que vous ne soyez à la veille de quelque grand et heureux événement; et, si je ne me trompe, le roi va faire la plus triomphante campagne qu'il ait jamais faite. Il fera grand plaisir à M. de La Chapelle, qui, si nous l'en voulions croire, nous engageroit déja à imaginer une médaille sur la prise de Bruxelles, dont je suis persuadé qu'il a déja fait le type en lui-même. Vous m'avez fort réjoui de me mander la part qu'a madame de Maintenon dans notre affaire. Je ne manquerai pas de me donner l'honneur de lui écrire; mais il faut auparavant que notre embarras soit éclairci, et que je sache s'il faut parler sur le ton gai ou sur le ton triste. Voici la quatrième lettre que vous devez avoir reçue de moi depuis six jours. Trouvez bon que je vous prie encore ici de ne rien montrer à personne du fragment informe que je vous ai envoyé, et qui est tout plein des négligences d'un ouvrage qui n'est point encore digéré. Le mot de *voir* y est répété partout jusqu'au dégoût. La stance *Grands défenseurs de l'Espagne, etc.*, rebat celle qui dit : *Approchez, troupes altières, etc.* Celle sur la plume blanche du roi est un peu encore en maillot, et je ne sais si je la laisserai avec *Mars et sa sœur la Victoire.* J'ai déja retouché à tout cela; mais je ne veux point l'achever que je n'aie reçu vos remarques, qui sûrement m'éclaireront encore l'esprit : après quoi je vous enverrai l'ouvrage complet. Mandez-moi si vous croyez que je doive parler de M. de Luxembourg. Vous n'ignorez pas combien notre maître est chatouilleux sur les gens qu'on associe à ses louanges. Cependant j'ai suivi mon inclination. Adieu, mon cher monsieur; croyez qu'heureux ou malheureux, gratifié ou non gratifié, payé ou non payé, je serai toujours tout à vous.

XXXVIII.

RACINE A BOILEAU.

A Gemblours, le 9ᵉ juin (1693).

J'avois commencé une grande lettre, où je prétendois vous dire mon sentiment sur quelques endroits des stances que vous m'avez envoyées; mais comme j'aurai le plaisir de vous revoir bientôt, puisque nous nous en retournons à Paris, j'aime mieux attendre à vous dire de vive voix tout ce que j'avois à vous mander. Je vous dirai seulement, en un mot, que les stances m'ont paru très belles et très dignes de celles qui les précèdent, à quelque peu de répétitions près, dont vous vous êtes aperçu vous-même.

Le roi fait un grand détachement de ses armées,

et l'envoie en Allemagne avec Monseigneur. Il a jugé qu'il falloit profiter de ce côté-là d'un commencement de campagne qui paroît si favorable, d'autant plus que le prince d'Orange s'opiniâtrant à demeurer sous de grosses places et derrière des canaux et des rivières, la guerre auroit pu devenir ici fort lente, et peut-être moins utile que ce qu'on peut faire au delà du Rhin. Nous allons demain coucher à Namur. M. de Luxembourg demeure en ce pays-ci avec une armée capable non seulement de faire tête aux ennemis, mais même de leur donner beaucoup d'embarras. Adieu, mon cher monsieur; je me fais un grand plaisir de vous embrasser bientôt.

M. de Chamlai a parlé depuis moi au père de La Chaise, qui lui a dit les mêmes choses qu'il m'avoit dites: que tout ira bien, et qu'il n'y a qu'à le laisser faire. M. de Chamlai n'a point encore reçu de vos nouvelles; mais il compte sur votre amitié. Tous les gens de mes amis qui connoissent le père de La Chaise et la manière dont s'est passée l'affaire de M. le doyen, m'assurent tous que nous devons avoir l'esprit en repos.

XXXIX.

BOILEAU A RACINE.

A Paris, 13ᵉ juin (1693).

Je ne suis revenu que ce matin d'Auteuil, où j'ai été passer durant quatre jours la mauvaise humeur que m'avoit donnée le bizarre contre-temps qui nous est arrivé dans l'affaire de la chanoinie. J'ai reçu en arrivant à Paris votre dernière lettre, qui m'a fort consolé, aussi bien que celle que vous avez écrite à M. l'abbé Dongois. J'ai été fort surpris d'apprendre que M. de Chamlai n'avoit point encore reçu le compliment que je lui ai envoyé sur-le-champ, et qui a été porté à la poste en même temps que la lettre que j'ai écrite au révérend père de La Chaise. Je lui en écris un nouveau, afin qu'il ne me soupçonne pas de paresse dans une occasion où il m'a si bien marqué et sa bonté pour moi, et sa diligence à obliger mon frère. Mais, de peur d'une nouvelle méprise, je vous l'envoie, ce compliment, empaqueté dans ma lettre, afin que vous le lui rendiez en main propre. Je ne saurois vous exprimer la joie que j'ai du retour du roi. La nouvelle bonté que sa majesté m'a témoignée, en accordant à mon frère le bénéfice que nous demandons, a encore augmenté le zèle et la passion très sincère que j'ai pour elle. Je suis ravi de voir que sa sacrée personne ne sera point en danger cette campagne; et, gloire pour gloire, il me semble que les lauriers sont aussi bons à cueillir sur le Rhin et sur le Danube que sur l'Escaut et sur la Meuse. Je ne vous parle point du plaisir que j'aurai à vous embrasser plus tôt que je ne croyois : car cela s'en va sans dire. Vous avez bien fait de ne me point envoyer par écrit vos remarques sur mes stances, et d'attendre à m'entretenir que vous soyez de retour, puisque, pour en bien juger, il faut que je vous aie communiqué auparavant les différentes manières dont je les puis tourner, et les retranchements ou les augmentations que j'y puis faire. Je vous prie de bien témoigner au révérend père de La Chaise l'extrême reconnoissance que j'ai de toutes ses bontés. Nous devons encore aller lundi prochain, M. Dongois et moi, prendre madame Racine, pour la mener avec nous chez M. de Bie, qui ne doit être revenu de la campagne que ce jour-là. J'ai fait ma sollicitation pour vous à M. l'abbé Bignon. Il m'a dit que c'étoit une chose un peu difficile, à l'heure qu'il est, d'être payé au trésor royal. Je lui ai représenté que vous étiez actuellement dans le service, et qu'ainsi vous étiez au même droit que les soldats et les autres officiers du roi. Il m'a avoué que je disois vrai, et s'est chargé d'en parler très fortement à M. de Pontchartrain. Il me doit rendre réponse aujourd'hui à notre assemblée. Adieu le type de M. de La Chapelle sur Bruxelles. Il étoit pourtant imaginé fort heureusement et fort à propos; mais, à mon sens, les médailles prophétiques dépendent un peu du hasard, et ne sont pas toujours sûres de réussir. Nous voilà revenus à Heidelberg. Je propose pour mot : *Heidelberga deleta*; et nous verrons ce soir si on l'acceptera, ou les deux vers latins que propose M. Charpentier, et qu'il trouve d'un goût merveilleux pour la médaille; les voici :

Servare potui : perdere si possim rogas[1] ?

Or, comment cela vient à Heidelberg, c'est à vous à le deviner ; car ni moi, ni même, je crois, M. Charpentier, n'en savons rien.

Je ne vous parle presque point, comme vous voyez, de notre chagrin sur la chanoinie, parce que vos lettres m'ont rassuré, et que d'ailleurs il n'y a point de chagrin qui tienne contre le bonheur que vous me faites espérer de vous revoir bientôt ici de retour. Adieu, mon cher monsieur, aimez-moi toujours, et croyez qu'il n'y a personne qui vous honore et vous révère plus que moi.

[1] Vers cité par Quintilien comme tiré de la *Médée* d'Ovide.

XL.

BOILEAU A RACINE.

Paris, jeudi au soir 18 juin (1693).

Je ne saurois, mon cher monsieur, vous exprimer ma surprise; et quoique j'eusse les plus grandes espérances du monde, je ne laissois pas encore de me défier de la fortune de monsieur le doyen. C'est vous qui avez tout fait, puisque c'est à vous que nous devons l'heureuse protection de madame de Maintenon. Tout mon embarras maintenant est de savoir comment je m'acquitterai de tant d'obligations que je vous ai. Je vous écris ceci de chez M. Dongois le greffier, qui est sincèrement transporté de joie, aussi bien que toute notre famille; et, de l'humeur dont je vous connois, je suis sûr que vous seriez ravi vous-même de voir combien d'un seul coup vous avez fait d'heureux. Adieu, mon cher monsieur, croyez qu'il n'y a personne qui vous aime plus sincèrement, ni par plus de raisons que moi. Témoignez bien à M. de Cavoie la joie que j'ai de sa joie, et à M. de Luxembourg mes profonds respects. Je vous donne le bonsoir, et suis, autant que je le dois, tout à vous.

Je viens d'envoyer chez madame Racine.

XLI.

RACINE A BOILEAU.

A Versailles, le 9e juillet (1693).

Je vais aujourd'hui à Marly, où le roi demeurera près d'un mois; mais je ferai de temps en temps quelques voyages à Paris, et je choisirai les jours de la petite Académie. Cependant je suis bien fâché que vous ne m'ayez pas donné votre ode: j'aurois peut-être trouvé quelque occasion de la lire au roi. Je vous conseille même de me l'envoyer. Il n'y a pas plus de deux lieues d'Auteuil à Marly. Votre laquais n'aura qu'à me demander et me chercher dans l'appartement de M. Félix. Je vous prie de renvoyer mon fils à sa mère : j'appréhende que votre grande bonté ne vous coûte un peu trop d'incommodité. Je suis entièrement à vous.

RACINE.

XLII.

RACINE A BOILEAU.

A Marly, le 6ᵉ août au matin (1693).

Je ferai vos présents[1] ce matin. Je ne sais pas bien encore quand je vous reverrai, parce qu'on attend à toute heure des nouvelles d'Allemagne. La victoire[2] de M. de Luxembourg est bien plus grande que nous ne pensions, et nous n'en savions pas la moitié. Le roi reçoit tous les jours des lettres de Bruxelles et de mille autres endroits, par où il apprend que les ennemis n'avoient pas une troupe ensemble le lendemain de la bataille; presque toute l'infanterie qui restoit avoit jeté ses armes. Les troupes hollandoises se sont la plupart enfuies jusqu'en Hollande. Le prince d'Orange, qui pensa être pris après avoir fait des merveilles, coucha le soir, lui huitième, avec M. de Bavière[3], chez un curé près de Loo. Nous avons pris vingt-cinq ou trente drapeaux, cinquante-cinq étendards, soixante-seize pièces de canon, huit mortiers, neuf pontons, sans tout ce qui est tombé dans la rivière. Si nos chevaux, qui

---

[1] La distribution des exemplaires de l'*Ode sur la prise de Namur*.
[2] De Nerwinde, 29 juillet 1693.
[3] Maximilien-Emmanuel.

n'avoient pas mangé depuis deux fois vingt-quatre heures, eussent pu marcher, il ne resteroit pas un corps de troupes aux ennemis.

Tout en vous écrivant, il me vient en pensée de vous envoyer deux lettres, une de Bruxelles, l'autre de Vilvorde, et un récit du combat général, qui me fut dicté hier au soir par M. d'Albergotti. Croyez que c'est comme si M. de Luxembourg l'avoit dicté lui-même. Je ne sais si vous le pourrez lire; car en écrivant j'étois accablé de sommeil, à peu près comme l'étoit M. de Puimaurin en écrivant ce bel arrêt sous M. Dongois. Le roi est transporté de joie, et tous les ministres, de la grandeur de cette action. Vous me feriez un fort grand plaisir, quand vous aurez lu tout cela, de l'envoyer, bien cacheté, avec cette même lettre que je vous écris, à M. l'abbé Renaudot, afin qu'il ne tombe point dans l'inconvénient de l'année passée. Je suis assuré qu'il vous en aura obligation : *ce ne sera que la peine de votre jardinier.* Il pourra distribuer une partie des choses que je vous envoie en plusieurs articles, tantôt sous celui de Bruxelles, tantôt sous celui de Landefermé, où M. de Luxembourg campa le 31 juillet, à demi-lieue du champ de bataille, tantôt même sous l'article de Malines ou de Vilvorde.

Il saura d'ailleurs les actions des principaux particuliers, comme, que M. de Chartres chargea trois ou quatre fois à la tête de divers escadrons, et fut débarrassé des ennemis, ayant blessé de sa main l'un d'eux qui le vouloit emmener; le pauvre Vacoigne, tué à son côté; M. d'Arci, son gouverneur, tombé aux pieds de ses chevaux, le sien ayant été blessé; La Bertière son sous-gouverneur, aussi blessé. M. le prince de Conti chargea aussi plusieurs fois, tantôt avec la cavalerie, tantôt avec l'infanterie, et regagna pour la troisième fois le fameux village de Nerwinde, qui donne le nom à la bataille, et reçut sur la tête un coup de sabre d'un des ennemis qu'il tua sur-le-champ. M. le Duc chargea de même, regagna la seconde fois le village à la tête de l'infanterie, et combattit encore à la tête de plusieurs escadrons de cavalerie. M. de Luxembourg étoit, dit-on, quelque chose de plus qu'humain, volant partout, et même s'opiniâtrant à continuer les attaques dans le temps que les plus braves étoient rebutés, menant en personne les bataillons et les escadrons à la charge. M. de Montmorency, son fils aîné, après avoir combattu plusieurs fois à la tête de sa brigade de cavalerie, reçut un coup de mousquet, dans le temps qu'il se mettoit au devant de son père, pour le couvrir d'une décharge horrible que les ennemis firent sur lui. M. le comte de Luxe son frère a été blessé à la jambe, M. de la Roche-Guyon au pied, et tous les autres que sait M. l'abbé; M. le maréchal de Joyeuse blessé aussi à la cuisse, et retournant au combat après sa blessure. M. le maréchal de Villeroi entra dans les lignes ou retranchements, à la tête de la maison du roi.

Nous avons quatorze cents prisonniers, entre lesquels cent soixante-cinq officiers, plusieurs officiers-généraux, dont on aura sans doute donné les noms. On croit le pauvre Ruvigni tué; on a ses étendards; et ce fut à la tête de son régiment de François que le prince d'Orange chargea nos escadrons, en renversa quelques uns, et enfin fut renversé lui-même. Le lieutenant-colonel de ce régiment, qui fut pris, dit à ceux qui le prenoient, en leur montrant de loin le prince d'Orange : « Tenez, messieurs, voilà celui qu'il vous « falloit prendre. » Je conjure M. l'abbé Renaudot, quand il aura fait son usage de tout ceci, de bien recacheter et cette lettre et mes mémoires et de les renvoyer chez moi.

Voici encore quelques particularités. Plusieurs généraux des ennemis étoient d'avis de repasser d'abord la rivière. Le prince d'Orange ne voulut pas; l'électeur de Bavière dit qu'il falloit au contraire rompre tous les ponts, et qu'ils tenoient à ce coup les François. Le lendemain du combat M. de Luxembourg a envoyé à Tirlemont, où il étoit resté plusieurs officiers ennemis blessés, entre autres le comte de Solms, général de l'infanterie, qui s'est fait couper la jambe. M. de Luxembourg, au lieu de les faire transporter en cet état, s'est contenté de leur parole, et leur a fait offrir toutes sortes de rafraîchissements. « Quelle nation est la « vôtre ! » s'écria le comte de Solms en parlant au chevalier du Rozel : « vous vous battez comme des « lions, et vous traitez les vaincus comme s'ils « étoient vos meilleurs amis. » Les ennemis commencent à publier que la poudre leur manqua tout à coup, voulant par là excuser leur défaite. Ils ont tiré plus de neuf mille coups de canon, et nous quelque cinq ou six mille.

Je fais mille compliments à M. l'abbé Renaudot, et j'exciterai ce matin M. de Croissy à empêcher, s'il peut, le malheureux *Mercure galant*[1] de défigurer notre victoire. Il y avoit sept lieues du camp dont M. de Luxembourg partit jusqu'à Nerwinde. Les ennemis avoient cinquante-cinq bataillons et cent soixante escadrons.

XLIII.

RACINE A BOILEAU.

(1693.)

Denys d'Halicarnasse, pour montrer que la beauté du style consiste principalement dans l'ar-

[1] Rédigé depuis 1672 par Donneau de Visé. Thomas Corneille y coopéroit depuis 1690.

rangement des mots, cite un endroit de l'Odyssée où, Ulysse et Eumée étant sur le point de se mettre à table pour déjeuner, Télémaque arrive tout à coup dans la maison d'Eumée. Les chiens, qui le sentent approcher, n'aboient point, mais remuent la queue; ce qui fait voir à Ulysse que c'est quelqu'un de connoissance qui est sur le point d'entrer. Denys d'Halicarnasse, ayant rapporté tout cet endroit, fait cette réflexion: que ce n'est point le choix des mots qui en fait l'agrément, la plupart de ceux qui y sont employés étant, dit-il, très vils et très bas, εὐτελεστάτων τε καὶ ταπεινοτάτων, et qui sont tous les jours dans la bouche des moindres laboureurs et des moindres artisans; mais qu'ils ne laissent pas de charmer par la manière dont le poëte a eu soin de les arranger. En lisant cet endroit, je me suis souvenu que, dans une de vos nouvelles remarques, vous avancez que jamais on n'a dit qu'Homère ait employé un seul mot bas. C'est à vous de voir si cette remarque de Denys d'Halicarnasse n'est point contraire à la vôtre, et s'il n'est point à craindre qu'on ne vienne vous chicaner là dessus. Prenez la peine de lire toute la réflexion de Denys d'Halicarnasse, qui m'a paru très belle et merveilleusement exprimée; c'est dans son traité περὶ συνθέσεως ὀνομάτων, à la troisième page.

J'ai fait réflexion aussi qu'au lieu de dire que le mot d'*âne* est en grec un mot très noble, vous pourriez vous contenter de dire que c'est un mot qui n'a rien de bas, et qui est comme celui de cerf, de cheval, de brebis, etc. Ce *très noble* me paroît un peu trop fort.

Tout ce traité de Denys d'Halicarnasse, dont je viens de vous parler, et que je relus hier tout entier avec un grand plaisir, me fit souvenir de l'extrême impertinence de M. Perrault, qui avance que le tour des paroles ne fait rien pour l'éloquence, et qu'on ne doit regarder qu'au sens; et c'est pourquoi il prétend qu'on peut mieux juger d'un auteur par son traducteur, quelque mauvais qu'il soit, que par la lecture de l'auteur même. Je ne me souviens point que vous ayez relevé cette extravagance, qui vous donneroit pourtant beau jeu pour le tourner en ridicule.

Pour le mot de μισγεῖσθαι, qui signifie quelquefois coucher avec une femme ou avec un homme, et souvent converser simplement, voici des exemples tirés de l'Écriture. Dieu dit à Jérusalem, dans Ézéchiel: *Congregabo tibi amatores tuos cum quibus commista es*, etc.[1] Dans le prophète Daniel, les deux vieillards, racontant comme ils ont surpris Suzanne en adultère, disent, parlant d'elle et du jeune homme qu'ils prétendent qui étoit avec elle : *Vidimus eos pariter commisceri*[2]. Ils disent aussi à Suzanne:

[1] C. xvi, v. 37.
[2] C. xiii, v. 38.

Assentire nobis, et commiscere nobiscum [1]. Voilà *commisceri* dans le premier sens. Voici des exemples du second sens. Saint Paul dit aux Corinthiens: *Ne commisceamini fornicariis* : « N'ayez point de com-« merce avec les fornicateurs. » Et, expliquant ce qu'il a voulu dire par là, il dit qu'il n'entend point parler des fornicateurs qui sont parmi les gentils; autrement, ajoute-t-il, il faudroit renoncer à vivre avec les hommes: mais quand je vous ai mandé de n'avoir point de commerce avec les fornicateurs, *non commisceri*, j'ai entendu parler de ceux qui se pourroient trouver parmi les fidèles, et non seulement avec les fornicateurs, mais encore avec les avares et les usurpateurs du bien d'autrui, etc. Il en est de même du mot *cognoscere*, qui se trouve dans ces deux sens, en mille endroits de l'Écriture.

Encore un coup, je me passerois de la fausse érudition de Tussanus [2], qui est trop clairement démentie par l'endroit des servantes de Pénélope. M. Perrault ne peut-il pas avoir quelque ami grec qui lui fournisse des mémoires?

[1] V. 20.
[2] Jacques Toussaint, helléniste, mort en 1547.

XLIV.

RACINE A BOILEAU.

A Fontainebleau, le 28 septembre (1694).

Je suppose que vous êtes de retour de votre voyage, afin que vous puissiez bientôt m'envoyer vos avis sur un nouveau cantique que j'ai fait depuis que je suis ici, et que je ne crois pas qui soit suivi d'aucun autre. Ceux que Moreau[1] a mis en musique ont extrêmement plu : il est ici, et le roi doit les lui entendre chanter au premier jour. Prenez la peine de lire le cinquième chapitre de la Sagesse, d'où ces derniers vers ont été tirés : je ne les donnerai point qu'ils n'aient passé par vos mains; mais vous me ferez plaisir de me les renvoyer le plus tôt que vous pourrez. Je voudrois bien qu'on ne m'eût point engagé dans un embarras de cette nature; mais j'espère m'en tirer, en substituant à ma place ce M. Bardou que vous avez vu à Paris. Vous savez bien, sans doute, que les Allemands ont repassé le Rhin, et même avec quelque espèce de honte. On dit qu'on leur a tué ou pris sept à huit cents hommes, et qu'ils ont abandonné trois pièces de canon. Il est venu une lettre à Ma-

---

[1] Mort en 1723; il avoit fait la musique des chœurs d'*Esther* et d'*Athalie*.

dame, par laquelle on lui mande que le Rhin s'étoit débordé tout à coup, et que près de quatre mille Allemands ont été noyés; mais, au moment que je vous écris, le roi n'a point encore reçu de confirmation de cette nouvelle. On dit que milord Barclay est devant Calais pour le bombarder : M. le maréchal de Villeroi s'est jeté dedans. Voilà toutes les nouvelles de la guerre. Si vous voulez, je vous en dirai d'autres de moindre conséquence. M. de Tourreil est venu ici présenter le dictionnaire de l'Académie au roi et à la reine d'Angleterre, à Monseigneur et aux ministres. Il a partout accompagné son présent d'un compliment, et on m'a assuré qu'il avoit très bien réussi partout. Pendant qu'on présentoit ainsi le dictionnaire de l'Académie, j'ai appris que Leers, libraire d'Amsterdam, avoit aussi présenté au roi et aux ministres une nouvelle édition du dictionnaire de Furetière, qui a été très bien reçue. C'est M. de Croissy et M. de Pomponne qui ont présenté Leers au roi. Cela a paru un assez bizarre contre-temps pour le dictionnaire de l'Académie, qui me paroît n'avoir pas tant de partisans que l'autre. J'avois dit plusieurs fois à M. Thierry qu'il auroit dû faire quelques pas pour ce dernier dictionnaire; et il ne lui auroit pas été difficile d'en avoir le privilége : peut-être même il ne le seroit pas encore. *Ne parlez qu'à lui seul de ce que je vous mande là dessus.* On commence à dire que le voyage de Fontainebleau pourra être abrégé de huit ou dix jours, à cause que le roi y est fort incommodé de la goutte. Il en est au lit depuis trois ou quatre jours; il ne souffre pas pourtant beaucoup, Dieu merci, et il n'est arrêté au lit que par la foiblesse qu'il a encore aux jambes. Il me paroît, par les lettres de ma femme, que mon fils a grande envie de vous aller voir à Auteuil. J'en serai fort aise, pourvu qu'il ne vous embarrasse point du tout. Je prendrai en même temps la liberté de vous prier de tout mon cœur de l'exhorter à travailler sérieusement, et à se mettre en état de vivre en honnête homme. Je voudrois bien qu'il n'eût pas l'esprit autant dissipé qu'il l'a, par l'envie démesurée qu'il témoigne de voir des opéras et des comédies. Je prendrai là dessus vos avis, quand j'aurai l'honneur de vous voir; et cependant je vous supplie de ne lui pas témoigner le moins du monde que je vous aie fait aucune mention de lui. Je vous demande pardon de toutes les peines que je vous donne, et suis entièrement à vous.

RACINE.

XLV.

RACINE A BOILEAU.

A Fontainebleau, le 3e octobre (1694).

Je vous suis bien obligé de la promptitude avec laquelle vous m'avez fait réponse. Comme je suppose que vous n'avez pas perdu les vers que je vous ai envoyés, je vais vous dire mon sentiment sur vos difficultés, et en même temps vous dire plusieurs changements que j'avois déja faits de moi-même : car vous savez qu'un homme qui compose fait souvent son thème en plusieurs façons.

. . . .
Quand, par une fin soudaine,
Détrompés d'une ombre vaine
Qui passe et ne revient plus...

J'ai choisi ce tour, parce qu'il est conforme au texte, qui parle de la fin imprévue des réprouvés; et je voudrois bien que cela fût bon, et que vous pussiez passer et approuver *par une fin soudaine*, qui dit précisément la même chose. Voici comme j'avois mis d'abord :

Quand, déchus d'un bien frivole,
Qui comme l'ombre s'envole,
Et ne revient jamais plus . .

Mais ce *jamais* me parut un peu mis pour remplir

le vers, au lieu que *qui passe et ne revient plus* me sembloit assez plein et assez vif. D'ailleurs, j'ai mis à la troisième stance : *pour trouver un bien fragile*, et c'est la même chose qu'*un bien frivole*. Ainsi tâchez de vous accoutumer à la première manière, ou trouvez quelque autre chose qui vous satisfasse. Dans la seconde stance :

> Misérables que nous sommes,
> Où s'égaroient nos esprits?

Infortunés m'étoit venu le premier ; mais le mot de *misérables*, que j'ai employé dans Phèdre, à qui je l'ai mis dans la bouche, et que l'on a trouvé assez bien, m'a paru avoir de la force en le mettant aussi dans la bouche des réprouvés, qui s'humilient et se condamnent eux-mêmes. Pour le second vers, j'avois mis :

> Diront-ils avec des cris...

Mais j'ai cru qu'on pouvoit leur faire tenir tout ce discours sans mettre *diront-ils*, et qu'il suffisoit de mettre à la fin : *Ainsi, d'une voix plaintive,* et le reste, par où on fait entendre que tout ce qui précède est le discours des réprouvés. Je crois qu'il y en a des exemples dans les Odes d'Horace.

> Et voilà que triomphants...

Je me suis laissé entraîner au texte : *Ecce quomodo computati sunt inter filios Dei!* et j'ai cru que ce tour marquoit mieux la passion; car j'aurois pu mettre *Et maintenant triomphants*, etc. Dans la troisième stance :

> . . . .
> Qui nous montroit la carrière
> De la bienheureuse paix.

On dit *la carrière de la gloire*, *la carrière de l'honneur*, c'est-à-dire, *par où on court à la gloire, à l'honneur*. Voyez si l'on ne pourroit pas dire de même *la carrière de la bienheureuse paix* ; on dit même *la carrière de la vertu*. Du reste, je ne devine pas comment je le pourrois mieux dire. Il reste la quatrième stance. J'avois d'abord mis le mot de *repentance* ; mais, outre qu'on ne diroit pas bien les remords de la repentance, au lieu qu'on dit les remords de la pénitence, ce mot de *pénitence*, en le joignant avec *tardive*, est assez consacré dans la langue de l'Écriture : *sero pœnitentiam agentes*. On dit *la pénitence d'Antiochus*, pour dire *une pénitence tardive et inutile* ; on dit aussi dans ce sens *la pénitence des damnés*. Pour la fin de cette stance, je l'avois changée deux heures après que ma lettre fut partie. Voici la stance entière :

> Ainsi, d'une voix plaintive,
> Exprimera ses remords
> La pénitence tardive
> Des inconsolables morts.
> Ce qui faisoit leurs délices,
> Seigneur, fera leurs supplices;

> Et, par une égale loi,
> Les saints trouveront des charmes
> Dans le souvenir des larmes
> Qu'ils versent ici pour toi.

Je vous conjure de m'envoyer votre sentiment sur tout ceci. J'ai dit franchement que j'attendois votre critique, avant que de donner mes vers au musicien; et je l'ai dit à madame de Maintenon, qui a pris de là occasion de me parler de vous avec beaucoup d'amitié. Le roi a entendu chanter les deux autres cantiques, et a été fort content de M. Moreau, à qui nous espérons que cela pourra faire du bien. Il n'y a rien ici de nouveau. Le roi a toujours la goutte, et en est au lit. Une partie des princes sont revenus de l'armée; les autres arriveront demain ou après-demain. Je vous félicite du beau temps que nous avons ici : car je crois que vous l'avez aussi à Auteuil, et que vous en jouissez plus tranquillement que nous ne faisons ici. Je suis entièrement à vous.

La harangue de M. l'abbé Boileau a été trouvée très mauvaise en ce pays-ci. M. de Niert prétend que Richesource en est mort de douleur. Je na sais pas si la douleur est bien vraie, mais la mort est bien véritable.

XLVI.

RACINE A BOILEAU.

A Compiègne, ce 4ᵉ mai (1695).

M. Desgranges m'a dit qu'il avoit fait signer hier nos ordonnances, et qu'on les feroit viser par le roi après demain, qu'ensuite il les renverroit à M. Dongois, de qui vous les pouvez retirer. Je vous prie de me garder la mienne jusqu'à mon retour. Il n'y a point ici de nouvelles. Quelques gens veulent que le siége de Casal soit levé; mais la chose est fort douteuse, et on n'en sait rien de certain. Six armateurs de Saint-Malo ont pris dix-sept vaisseaux d'une flotte marchande des ennemis, et un vaisseau de guerre de soixante pièces de canon. Le roi est en parfaite santé, et ses troupes merveilleuses.

Quelque horreur que vous ayez pour les méchants vers, je vous exhorte à lire Judith[1], et surtout la préface, dont je vous prie de me mander votre sentiment. Jamais je n'ai rien vu de si méprisé que tout cela l'est en ce pays-ci; et toutes vos prédictions sont accomplies. Adieu, monsieur; je suis entièrement à vous.

Je crains de m'être trompé en vous disant qu'on

[1] Tragédie de Boyer.

enverroit nos ordonnances à M. Dongois, et je crois que c'est à M. de Bie chez qui M. Desgranges m'a dit que M. Dongois n'auroit qu'à envoyer samedi prochain.

XLVII.

RACINE A BOILEAU.

Versailles, 4 avril 1696.

Je suis très obligé au père Bouhours de toutes les honnêtetés qu'il vous a prié de me faire de sa part, et de la part de sa compagnie. Je n'avois point encore entendu parler de la harangue de leur régent de troisième; et comme ma conscience ne me reproche rien à l'égard des jésuites, je vous avoue que j'ai été un peu surpris d'apprendre que l'on m'eût déclaré la guerre chez eux. Vraisemblablement ce bon régent est du nombre de ceux qui m'ont très faussement attribué la traduction du *Santolius pœnitens;* et il s'est cru engagé d'honneur à me rendre injures pour injures. Si j'étois capable de lui vouloir quelque mal, et de me réjouir de la forte réprimande que le père Bouhours dit qu'on lui a faite, ce seroit sans doute pour m'avoir soupçonné d'être l'auteur d'un pareil ouvrage : car pour mes tragédies, je les abandonne volontiers à sa critique. Il y a long-temps que Dieu m'a fait la grace d'être assez peu sensible au bien et au mal que l'on en peut dire, et de ne me mettre en peine que du compte que j'aurai à lui en rendre quelque jour.

Ainsi, monsieur, vous pouvez assurer le père Bouhours et tous les jésuites de votre connoissance que, bien loin d'être fâché contre le régent qui a tant déclamé contre mes pièces de théâtre, peu s'en faut que je ne le remercie d'avoir prêché une si bonne morale dans leur collége, et d'avoir donné lieu à sa compagnie de marquer tant de chaleur pour mes intérêts; et qu'enfin, quand l'offense qu'il m'a voulu faire seroit plus grande, je l'oublierois avec la même facilité, en considération de tant d'autres pères dont j'honore le mérite, et surtout en considération du révérend père de La Chaise, qui me témoigne tous les jours mille bontés, et à qui je sacrifierois bien d'autres injures. Je suis, etc.

XLVIII.

BOILEAU A RACINE.

A Auteuil, mercredi (1696 ou 1697).

Je crois que vous serez bien aise d'être instruit de ce qui s'est passé dans la visite que nous avons, suivant votre conseil, rendue ce matin, mon frère le docteur de Sorbonne et moi, au révérend père de La Chaise. Nous sommes arrivés chez lui sur les neuf heures; et sitôt qu'on lui a dit notre nom, il nous a fait entrer. Il nous a reçus avec beaucoup d'agrément, m'a interrogé fort obligeamment sur l'état de ma santé, et a paru fort content de ce que je lui ai dit que mon incommodité n'augmentoit point. Ensuite il a fait apporter des chaises, s'est mis tout proche de moi, afin que je le pusse mieux entendre, et aussitôt entrant en matière, m'a dit que vous lui aviez lu un ouvrage de ma façon, où il y avoit beaucoup de bonnes choses, mais que la matière que j'y traitois étoit une matière fort délicate, et qui demandoit beaucoup de savoir; qu'il avoit autrefois enseigné la théologie, et qu'ainsi il devoit être instruit de cette matière à fond; qu'il falloit faire une grande différence de l'amour *affectif* d'avec l'amour *effectif*; que ce dernier étoit absolument nécessaire, et entroit dans l'attrition; au lieu que l'amour affectif venoit de la contrition parfaite, et qu'ainsi il justifioit par lui-même le pécheur, mais que l'amour effectif n'avoit d'effet qu'avec l'absolution du prêtre. Enfin, il nous a débité en très bons termes tout ce que beaucoup d'habiles auteurs scolastiques ont écrit sur ce sujet, sans pourtant dire, comme quelques uns d'eux, que l'amour de Dieu, absolument parlant, n'est point nécessaire pour la justification du pécheur. Mon frère applaudissoit à chaque mot qu'il disoit, paroissant être enchanté de sa doctrine, et encore plus de sa manière de l'énoncer. Pour moi, je suis demeuré dans le silence. Enfin, lorsqu'il a cessé de parler, je lui ai dit que j'avois été fort surpris qu'on m'eût prêté des charités auprès de lui, et qu'on lui eût donné à entendre que j'avois fait un ouvrage contre les jésuites; ajoutant que ce seroit une chose bien étrange, si soutenir qu'on doit aimer Dieu s'appeloit écrire contre les jésuites; que mon frère avoit apporté avec lui vingt passages de dix ou douze de leurs plus fameux écrivains, qui soutenoient, en termes beaucoup plus forts que ceux de mon épître, que, pour être justifié, il faut indispensablement aimer Dieu; qu'enfin j'avois si peu songé à écrire contre les jésuites que, les premiers à qui j'avois lu mon ouvrage, c'étoit six jésuites des plus célèbres, qui m'avoient tous dit qu'un chrétien ne pouvoit pas avoir d'autres sentiments sur l'amour de Dieu que ceux que j'énonçois dans mes vers. J'ai ajouté ensuite que depuis peu j'avois eu l'honneur de réciter mon ouvrage à monseigneur l'archevêque de Paris, et à monseigneur l'évêque de Meaux, qui en avoient tous deux paru, pour ainsi dire, transportés; qu'avec tout cela néanmoins, si sa révérence croyoit mon ouvrage périlleux, je venois présentement pour le lui lire, afin qu'il m'instruisît de mes fautes. Enfin, je lui ai fait le même compliment que je fis à monseigneur l'archevêque, lorsque j'eus l'honneur de le lui réciter, qui étoit que je ne venois pas pour être loué, mais pour être jugé; que je le priois donc de me prêter une vive attention, et de trouver bon même que je lui répétasse beaucoup d'endroits. Il a fort approuvé ma proposition, et je lui ai lu mon épître très posément, jetant au reste dans ma lecture toute la force et tout l'agrément que j'ai pu. J'oubliois de vous avertir que je lui ai auparavant dit encore une particularité qui l'a assez agréablement surpris : c'est à savoir que je prétendois n'avoir proprement fait autre chose dans mon ouvrage, que mettre en vers la doctrine qu'il venoit de nous débiter; et l'ai assuré que j'étois persuadé que lui-même n'en disconviendroit pas. Mais pour en revenir au récit de ma pièce, croiriez-vous, monsieur, que la chose est arrivée comme je l'avois prophétisé, et qu'à la réserve des deux petits scrupules qu'il vous a dits, et qu'il nous a répétés, qui lui étoient venus au sujet de ma hardiesse à traiter en vers une matière si délicate, il n'a fait d'ailleurs que s'écrier : « *Pulchrè! bene! rectè!* Cela est vrai, « cela est indubitable; voilà qui est merveilleux; il « faut lire cela au roi, répétez-moi encore cet en- « droit. Est-ce là ce que M. Racine m'a lu? » Il a été surtout extrêmement frappé de ces vers que vous lui aviez passés, et que je lui ai recités avec toute l'énergie dont je suis capable :

> Cependant on ne voit que docteurs, même austères,
> Qui, les semant partout, s'en vont pieusement
> De toute piété, etc.

Il est vrai que je me suis heureusement avisé d'insérer dans mon épître huit vers que vous n'avez point approuvés, et que mon frère juge très à propos de rétablir. Les voici; c'est en suite de ce vers :

> *Oui, dites-vous. Allez, vous l'aimez, croyez-moi.*

> « Qui fait exactement ce que ma loi commande,
> « A pour moi, dit ce dieu, l'amour que je demande. »
> Faites-le donc; et, sûr qu'il nous veut sauver tous,
> Ne vous alarmez point pour quelques vains dégoûts
> Qu'en sa ferveur souvent la plus sainte ame éprouve.
> Marchez, courez à lui; qui le cherche le trouve;
> Et plus de votre cœur il paroît s'écarter,
> Plus par vos actions songez à l'arrêter.

Il m'a fait redire trois fois ces huit vers. Mais je ne saurois vous exprimer avec quelle joie, quels éclats de rire il a entendu la prosopopée de la fin. En un mot, j'ai si bien échauffé le révérend père que, sans une visite que dans ce temps-là M. son frère lui est venu rendre, il ne nous laissoit point partir que je ne lui eusse récité aussi les deux autres nouvelles épîtres de ma façon que vous avez lues au roi. Encore ne nous a-t-il laissés partir qu'à la charge que nous l'irions voir à sa maison de campagne[1], et il s'est chargé de nous faire avertir du jour où nous l'y pourrions trouver seul. Vous voyez donc, monsieur, que si je ne suis pas bon poëte, il faut que je sois bon récitateur.

Après avoir quitté le père de La Chaise, nous avons été voir le père Gaillard, à qui j'ai aussi, comme vous pouvez penser, récité l'épître. Je ne vous dirai point les louanges excessives qu'il m'a données. Il m'a traité d'homme inspiré de Dieu, et il m'a dit qu'il n'y avoit que des coquins qui pussent contredire mon opinion. Je l'ai fait ressouvenir du petit théologien avec qui j'eus une prise devant lui chez M. de Lamoignon. Il m'a dit que ce théologien étoit le dernier des hommes; que si sa société avoit à être fâchée, ce n'étoit pas de mon ouvrage, mais de ce que des gens osoient dire que cet ouvrage étoit fait contre les jésuites. Je vous écris tout ceci à dix heures du soir, au courant de la plume. Je vous prie de retirer la copie que vous avez mise entre les mains de madame de Maintenon, afin que je lui en donne une autre, où l'ouvrage soit dans l'état où il doit demeurer. Je vous embrasse de tout mon cœur, et suis tout à vous.

---

[1] Mont-Louis, aujourd'hui le cimetière du père La Chaise.

XLIX.

RACINE A BOILEAU.

A Fontainebleau, 8 octobre (1697).

Je vous demande pardon si j'ai été si long-temps sans vous faire réponse; mais j'ai voulu, avant toutes choses, prendre un temps favorable pour recommander M. Manchon[1] à M. de Barbezieux. Je l'ai fait; et il m'a fort assuré qu'il feroit son possible pour me témoigner la considération qu'il avoit pour vous et pour moi. Il m'a paru que le nom de M. Manchon lui étoit assez inconnu, et je me suis rappelé alors qu'il avoit un autre nom dont je ne me souvenois point du tout. J'ai eu recours à M. de La Chapelle qui m'a fait un mémoire que je présenterai à M. de Barbezieux, dès que je le verrai. Je lui ai dit que M. l'abbé de Louvois voudroit bien joindre ses prières aux nôtres, et je crois qu'il n'y aura point de mal qu'il lui en écrive un mot.

Je suis bien aise que vous ayez donné votre épître[2] à M. de Meaux[3] et que M. de Paris soit disposé à vous donner une approbation authentique.

---

[1] Beau-frère de Boileau.
[2] Sur l'Amour de Dieu.
[3] Bossuet.

Vous serez surpris quand je vous dirai que je n'ai point encore rencontré M. de Meaux, quoiqu'il soit ici; mais je ne vais guère aux heures où il va chez le roi, c'est-à-dire, au lever et au coucher: d'ailleurs, la pluie presque continuelle empêche qu'on ne se promène dans les cours et dans les jardins, qui sont les endroits où l'on a coutume de se rencontrer. Je sais seulement qu'il a présenté au roi l'ordonnance de M. l'archevêque de Reims contre les jésuites : elle m'a paru très forte, et il y explique très nettement la doctrine de Molina avant de la condamner. Voilà, ce me semble, un rude coup pour les jésuites. Il y a bien des gens qui commencent à croire que leur crédit est fort baissé, puisqu'on les attaque si ouvertement. Au lieu que c'étoit à eux qu'on donnoit autrefois les priviléges pour écrire tout ce qu'ils vouloient, ils sont maintenant réduits à ne se défendre que par de petits libelles anonymes, pendant que les censures des évêques pleuvent de tous côtés sur eux. Votre épître ne contribuera pas à les consoler; et il me semble que vous n'avez rien perdu pour attendre, et qu'elle paroîtra fort à propos.

On a eu nouvelle aujourd'hui que M. le prince de Conti étoit arrivé en Pologne; mais on n'en sait pas davantage, n'y ayant point encore de courrier qui soit venu de sa part. M. l'abbé Renaudot vous en dira plus que je ne saurois vous en écrire. Je

n'ai pas fort avancé le mémoire dont vous me
parlez. Je crains même d'être entré dans des détails qui l'allongeront bien plus que je ne croyois.
D'ailleurs, vous savez la dissipation de ce pays-ci.

Pour m'achever, j'ai ma seconde fille à Melun,
qui prendra l'habit dans huit jours. J'ai fait deux
voyages pour essayer de la détourner de cette résolution, ou du moins pour obtenir d'elle qu'elle différât encore six mois; mais je l'ai trouvée inébranlable. Je souhaite qu'elle se trouve aussi heureuse
dans ce nouvel état qu'elle a eu d'empressement
pour y entrer. M. l'archevêque de Sens s'est offert
de venir faire la cérémonie, et je n'ai pas osé refuser un tel honneur. J'ai écrit à M. l'abbé Boileau
pour le prier d'y prêcher; il a l'honnêteté de vouloir bien partir exprès de Versailles en poste, pour
me donner cette satisfaction. Vous jugez que tout
cela cause assez d'embarras à un homme qui s'embarrasse aussi aisément que moi. Plaignez-moi un
peu dans votre profond loisir d'Auteuil, et excusez si je n'ai pas été plus exact à vous mander des
nouvelles. La paix en a fourni d'assez considérables, et qui nous donneront assez de matière
pour nous entretenir quand j'aurai l'honneur de
vous revoir. Ce sera au plus tard dans quinze
jours, car je partirai deux ou trois jours avant le
départ du roi. Je suis entièrement à vous.

L.

RACINE A BOILEAU.

A Paris, ce lundi 20ᵉ janvier (1698).

J'ai reçu une lettre de la mère abbesse de Port-Royal[1], qui me charge de vous faire mille remerciements de vos épîtres que je lui ai envoyées de votre part. On y est charmé et de l'épître de l'*Amour de Dieu*, et de la manière dont vous parlez de M. Arnauld : on voudroit même que ces épîtres fussent imprimées en plus petit volume. Ma fille aînée, à qui je les ai aussi envoyées, a été transportée de joie de ce que vous vous souvenez encore d'elle. Je pars dans ce moment pour Versailles, d'où je ne reviendrai que samedi. J'ai laissé à ma femme ma quittance pour recevoir ma pension d'homme de lettres. Je vous prie de l'avertir du jour que vous irez chez M. Gruyn; elle vous ira prendre, et vous mènera dans son carrosse.

J'ai eu des nouvelles de mon fils par M. l'archevêque de Cambrai, qui me mande qu'il l'a vu à Cambrai jeudi dernier, et qu'il a été fort content de l'entretien qu'il a eu avec lui. Je suis à vous de tout mon cœur. RACINE.

[1] Tante de Racine.

FIN DU SECOND RECUEIL.

TROISIÈME RECUEIL.

LETTRES
DE BOILEAU A BROSSETTE.

TROISIÈME RECUEIL.

LETTRES
DE BOILEAU A BROSSETTE[1].

I.

Paris, 25 mars 1699.

La maladie de M. Racine qui est encore en fort grand danger a été cause, monsieur, que j'ai tardé quelques jours à vous faire réponse. Je vous assure pourtant que j'ai reçu votre lettre avec fort grand plaisir. Mais pour le livre de M. de Bonnecorse[2], il ne m'a ni affligé, ni réjoui. J'admire sa mauvaise humeur contre moi; mais que lui a fait la pauvre Terpsichore, pour la faire une Muse de plus mauvais goût que ses autres sœurs? Je le trouve bien hardi d'envoyer un si mauvais ouvrage à Lyon; ne sait-il pas que c'est la ville où l'on obli-

---

[1] Né à Lyon en 1671, il voulut devenir le commentateur de Boileau et se mit en correspondance avec ce grand poëte depuis 1699 jusqu'en 1710. Brossette a donné en 1716 une édition des OEuvres de Despréaux, avec des éclaircissements historiques. Il a aussi commenté Régnier et publié quelques ouvrages, principalement un in-4° intitulé : *Titres des droits civils et canoniques*. Il mourut en 1743.

[2] Le *Lutrigot*, parodie du *Lutrin*.

geoit les méchants écrivains à effacer eux-mêmes leurs écrits avec la langue? n'a-t-il point peur que cette mode ne se renouvelle contre lui, et ne le fasse pâlir :

. . . .
Aut Lugdunensem rhetor dicturus ad aram [1] ?

Je suis bien aise que mon tableau[2] y excite la curiosité de tant d'honnêtes gens, et je vois bien qu'il reste encore chez vous beaucoup de cet ancien esprit qui faisoit haïr les méchants auteurs, jusqu'à les punir du dernier supplice. C'est vraisemblablement ce qui a donné de moi une idée si avantageuse. L'épigramme qu'on a faite pour mettre au bas de ce tableau est fort jolie. Je doute pourtant que mon portrait donnât un signe de vie dès qu'on lui présenteroit un sot ouvrage, et l'hyperbole est un peu forte. Ne seroit-il pas mieux de mettre, suivant ce qui est représenté dans cette peinture :

Ne cherchez point comment s'appelle
L'écrivain peint dans ce tableau.
A l'air dont il regarde et montre la Pucelle
Qui ne reconnoîtroit Boileau [3] ?

Je vous écris tout ceci, monsieur, au courant de la plume; mais, si vous voulez que nous entretenions commerce ensemble, trouvez bon, s'il

[1] Juvénal, sat. I, v. 44.
[2] Le portrait de Boileau, par Santerre.
[3] Épigramme XXXIII, tome II.

vous plaît, que je ne me fatigue point, *et hanc veniam petimusque damusque vicissim*, et surtout évitons les cérémonies, et ces grands espaces de papier vides d'écriture à toutes les pages; et ne me donnez point, par les termes respectueux dont vous m'accablez, occasion de vous dire :

<small>Vis te, Sexte, coli; volebam amare [1].</small>

En un mot, monsieur, mettez-moi en droit, par la première lettre que vous me ferez l'honneur de m'écrire, de n'être plus obligé de vous dire si respectueusement que je suis, etc.

II.

<small>Paris, 9 mai 1699.</small>

Vous vous figurez bien, monsieur, que, dans l'affliction et dans l'accablement d'affaires où je suis, je n'ai guère le temps d'écrire de longues lettres. J'espère donc que vous me pardonnerez si je ne vous écris qu'un mot, et seulement pour vous instruire de ce que vous me demandez. Je ne suis point encore à Auteuil, parce que mes affaires et ma santé, qui est fort altérée, ne me permettent pas d'y aller respirer l'air, qui est encore très froid, malgré la saison avancée, et dont ma poitrine ne

<small>« Martial, liv. II, épigr. LV.</small>

s'accommode pas. J'ai pourtant été à Versailles, où j'ai vu madame de Maintenon, et le roi ensuite, qui m'a comblé de bonnes paroles : ainsi me voilà plus historiographe que jamais. Sa majesté m'a parlé de M. Racine d'une manière à donner envie aux courtisans de mourir, s'ils croyoient qu'elle parlât d'eux de la sorte après leur mort. Cependant cela m'a très peu consolé de la perte de cet illustre ami, qui n'en est pas moins mort, quoique regretté du plus grand roi de l'univers.

Pour mon affaire de la noblesse, je l'ai gagnée avec éloge, du vivant même de M. Racine, et j'en ai l'arrêt en bonne forme, qui me déclare noble de quatre cents ans. M. de Pommereu, président de l'assemblée, fit en ma présence, l'assemblée tenant, une réprimande à l'avocat des traitants, et lui dit ces propres mots : « Le roi veut bien que « vous poursuiviez les faux nobles de son royaume ; « mais il ne vous a pas pour cela donné permis- « sion d'inquiéter des gens d'une noblesse aussi « avérée que sont ceux dont nous venons d'exami- « ner les titres. Que cela ne vous arrive plus. » Je ne sais si M. Perrachon [1] a de meilleures preuves de sa noblesse que cela, et je ne vois pas qu'il les ait rapportées dans son livre [2]. Adieu, monsieur; croyez que je suis très affectueusement,....

[1] Avocat et versificateur à Lyon.
[2] Contre Gacon.

III.

Paris, 22 juillet 1699.

J'ai été, monsieur, si occupé depuis votre longue et pourtant trop courte lettre, que je n'ai pu vous faire plus tôt réponse. Plût à Dieu que je pusse aussi bien prouver à M. Perrachon le mérite de mes ouvrages que la noblesse et l'antiquité de mes pères! Je doute qu'alors il pût préférer même ses écrits aux miens. Je ne vous envoie point, néanmoins, pour ce voyage, la copie de mon arrêt, parce qu'il est trop gros, le greffier qui l'a dressé ayant pris soin d'y énoncer toutes les preuves que j'alléguois; et cela fait plus de trente rôles en parchemin d'écriture assez minutée. Cependant, si vous persistez dans l'envie de l'avoir, je vous le ferai tenir au premier jour. Vous m'avez fort réjoui avec *le torre de' Perrachoni*. Je crois que M. Perrachon ne feroit pas mal de se tenir sur le haut d'une de ces tours, avec une lunette à longue vue, pour voir s'il ne découvrira point quelqu'un qui aille à Lyon ou à Paris acheter ses livres; car je ne crois pas qu'il en ait vu jusqu'ici. Je suis bien aise qu'un homme comme vous entreprenne mon apologie; mais les livres qu'on a faits contre moi sont si peu connus, qu'en vérité je ne sais s'ils méritent aucune réponse. Oserois-je vous dire que le dessein que vous aviez pris de faire des remarques sur mes ouvrages, est bien aussi bon, et que ce seroit le moyen d'en faire une imperceptible apologie qui vaudroit bien une apologie en forme? Je vous laisse pourtant le maître de faire tout ce que vous jugerez à propos. Je sais assez bien donner conseil aux autres sur ce qui les concerne; mais pour ce qui me regarde, je m'en rapporte toujours aux conseils d'autrui. Les vers latins que vous m'avez envoyés sont très élégants et très particuliers; ils m'ont réconcilié avec les poëtes latins modernes, dont vous savez que je fais une médiocre estime, dans la prévention où je suis qu'on ne sauroit bien écrire que sa propre langue. Vos couplets de chanson[1] me paroissent fort jolis, et il paroît bien que vous parlez votre propre et naturelle langue; car, comme vous savez bien, c'est au François qu'appartient le vaudeville[2], et c'est dans ce genre-là principalement que notre langue l'emporte sur la grecque et sur la latine. Voilà la quatrième lettre que j'écris ce matin; c'est beaucoup pour un paresseux accablé d'un million d'affaires. Ainsi trouvez bon que je vous dise tout court que je suis très cordialement, monsieur, etc.

---

[1] Intitulés : *Abrégé chronologique de l'histoire glorieuse de M. Perrachon*, sur l'air : *Réveillez-vous, belle endormie*, etc.

[2] *Art poétique*, chant II, vers 181.

IV.

Auteuil, 15 août 1699.

Si vous comprenez bien, monsieur, quel embarras c'est à un homme de lettres qui a des livres, des bijoux et des tableaux, que d'avoir à déménager, vous ne trouverez pas étrange que je sois demeuré si long-temps sans faire réponse à votre dernière lettre. Eh! le moyen de se ressouvenir de son devoir, au milieu d'une foule de maçons, de menuisiers et de crocheteurs, qu'il faut sans cesse gronder, réprimander, instruire, etc. Il y a tantôt trois semaines que je fais cet importun métier, et je n'en suis pas encore dehors. Ainsi, bien loin de croire que vous ayez raison de vous plaindre, je prétends même que je dois être plaint, et qu'il faut que je vous aime beaucoup pour trouver, comme je fais aujourd'hui, le temps de vous faire mes remerciements sur toutes les douceurs que vous m'écrivez, et sur tous les présents que vous me faites. Vous me direz peut-être que ce discours n'est que l'artifice d'un homme qui a tort, et qui le premier fait un procès aux autres, afin qu'on n'ait pas le temps de lui faire le sien. Peut-être cela est-il véritable. Je vous assure pourtant qu'on ne peut pas être plus touché que je le suis de toutes vos bontés, et que, s'il y a en moi de la paresse, il n'y a assurément point de méconnoissance. D'ailleurs je m'attendois à vous écrire quand j'aurois reçu votre thé qui n'est point encore venu, non plus que le livre dont vous me parlez dans une autre de vos lettres.

Mais est-ce une promesse ou une menace que vous me faites, quand vous me mandez qu'au premier jour vous m'enverrez le livre de M. Perrachon [1] ?

Di magni, horribilem et sacrum libellum [2] !

Savez-vous que si vous vous y jouez, je cours sur-le-champ chez Coignard ou chez Ribou, et que là *Cotinos, Peraltos, Pradonos et omnia colligam venena, atque hoc te munere remunerabo*, de la même manière que Catulle prétendoit récompenser son ami, en lui envoyant *Metios, Suffenos et Varios ?* Voilà, monsieur, de quoi je vous régalerai, au lieu de la copie que je vous ai promise de mon arrêt sur la noblesse. La vérité est pourtant que j'ai donné ordre de la faire, et que vous l'aurez au premier ordinaire, supposé que vous ne m'exposiez pas à la lecture du livre de M. Perrachon.

Je suis bien aise que vous suiviez votre premier

---

[1] Contre Gacon.
[2] Catullus ad Calvum Licinium.

dessein sur l'ouvrage que vous méditez. L'apologie met un lecteur sur ses gardes, au lieu que le commentaire lui ôte toute défiance. Votre devise sur ma noblesse et sur mes ouvrages est fort spirituelle, et il ne lui manque que d'être un peu plus vraie. Mais à quoi songez-vous de me proposer d'en faire une pour la ville de Lyon? Ai-je le temps de cela, et de quoi m'aviserois-je d'aller sur le marché d'un aussi bon ouvrier que vous? Est-ce à un Béotien d'aller enseigner dans Lacédémone à dire des bons mots? C'est donc, monsieur, de cette proposition que je me plains, et non pas de vos lettres, qui ne sauroient jamais que me divertir très agréablement, pourvu que vous me laissiez la liberté, quand je déménage, de tarder quelquefois à y répondre. Je suis avec beaucoup de reconnoissance, etc.

V.

Paris, 10 novembre 1699.

Je suis fort honteux, monsieur, d'avoir été si long-temps à vous remercier de vos magnifiques présents et à répondre à vos lettres, plus agréables encore pour moi que vos présents; mais si vous saviez le prodigieux accablement d'affaires que m'a laissé la mort de M. Racine, vous me pardonneriez sans peine, et vous verriez bien que je n'ai presque point de temps à donner à mon plaisir, c'est-à-dire, à vous entretenir et à vous écrire. J'ai lu votre préface du livre des Conférences, et elle me semble très bien, à quelques manières de parler près, que je vous y marquerai à mon premier loisir.

Vous m'avez fait un fort grand plaisir en m'envoyant le Télémaque de M. de Cambrai. Je l'avois pourtant déja lu. Il y a de l'agrément dans ce livre, et une imitation de l'Odyssée que j'approuve fort. L'avidité avec laquelle on le lit fait bien voir que si on traduisoit Homère en beaux mots, il feroit l'effet qu'il doit faire, et qu'il a toujours fait. Je souhaiterois que M. de Cambrai eût rendu son Mentor un peu moins prédicateur, et que la morale fût répandue dans son ouvrage un peu plus imperceptiblement et avec plus d'art. Homère est plus instructif que lui; mais ses instructions ne paroissent point préceptes, et résultent de l'action du roman, plutôt que des discours qu'on y étale. Ulysse, par ce qu'il fait, nous enseigne mieux ce qu'il faut faire, que par tout ce que lui ni Minerve disent. La vérité est pourtant que le Mentor du Télémaque dit de fort bonnes choses, quoiqu'un peu hardies, et qu'enfin M. de Cambrai me paroît beaucoup meilleur poëte que théologien. De sorte que si, par son livre des *Maximes*, il me semble très peu comparable à saint Augustin, je le trouve, par son roman, digne d'être mis en parallèle avec Héliodore. Je doute néanmoins qu'il fût d'humeur, comme ce dernier, à quitter sa mitre pour son roman. Aussi, vraisemblablement le revenu de l'évêque Héliodore n'approchoit guère du revenu de l'archevêque de Cambrai : mais, monsieur, il me semble que pour un paresseux aussi affairé que je le suis je vous entretiens là de choses assez peu nécessaires. Trouvez bon que je ne vous en dise pas davantage, et pardonnez-moi les ratures que je fais à chaque bout de champ dans mes lettres qui m'embarrasseroient fort s'il falloit que je les récrivisse. Je suis sincèrement, etc.

VI.

Paris, 5 février 1700.

Il est arrivé, monsieur, ce que vous avez prévu, et vos présents sont arrivés deux jours devant vos lettres. Cela a causé quelque petite méprise; mais cela n'a pourtant fait aucun mal, et chacun a reçu ce qui lui appartenoit. M. de Lamoignon m'a écrit une lettre pour me prier de vous faire ses remerciements, et M. Dongois et M. Gilbert m'ont assuré qu'ils vous feroient au premier jour le leur. Je ne sais si cela pourra un peu distraire la juste affliction où vous êtes. Je la conçois telle qu'elle doit être, quoique je n'en aie jamais éprouvé une pareille ; ma mère, comme mes vers vous l'ont vraisemblablement appris, étant morte que je n'étois encore qu'au berceau. Tout ce que j'ai à vous conseiller, c'est de vous rassasier de larmes. Je ne saurois approuver cette orgueilleuse indolence des stoïciens, qui rejettent follement ces secours innocents que la nature envoie aux affligés, je veux dire les cris et les pleurs. Ne point pleurer d'une mère ne s'appelle pas de la fermeté et du courage, cela s'appelle de la dureté et de la barbarie. Il y a bien de la différence entre se désespérer et se plaindre. Le désespoir brave et accuse Dieu ; mais la plainte lui demande des consolations. Voilà, monsieur, de quelle manière je vous exhorte à vous affliger, c'est-à-dire, en vous consolant, et en ne prétendant pas que Dieu fasse pour vous un loi particulière qui vous exempte de la nécessité à laquelle il a condamné tous les enfants, qui est de voir mourir leurs pères et mères. Cependant soyez bien persuadé que je vous estime infiniment, et que si je ne vous écris pas aussi souvent que je devrois, ce n'est pas manque de reconnoissance, mais manque de cet esprit de vigilance et d'exactitude que Dieu donne rarement aux poëtes, surtout lorsqu'ils sont historiographes. Je suis avec beaucoup de respect et de sincérité,.....

VII.

1ᵉʳ avril 1700.

C'est une chose très dangereuse, monsieur, d'être aussi facile que vous l'êtes à pardonner à vos amis leurs fautes. Cela leur en fait encore faire de nouvelles; et ce sont les louanges que vous avez données à ma négligence, dans votre dernière lettre, qui m'ont rendu encore plus négligent à vous faire réponse. Je vous assure pourtant que cela ne vient point en moi de manque d'amitié ni de reconnoissance; mais je suis paresseux. Tel j'ai vécu, et tel je mourrai; mais je n'en mourrai pas moins votre ami.

Ainsi, laissant là toutes les excuses bonnes ou mauvaises que je pourrois vous faire, je vous dirai que je n'ai aucun *mal-talent* contre M. de Bonnecorse du beau poëme[1] qu'il a imaginé contre moi. Il semble qu'il ait pris à tâche, dans ce poëme, d'attaquer tous les traits les plus vifs de mes ouvrages; et le plaisant de l'affaire est que, sans montrer en quoi ces traits pèchent, il se figure qu'il suffit de les rapporter pour en dégoûter les hommes. Il m'accuse surtout d'avoir, dans le Lutrin, exagéré en grands mots de petites choses pour les rendre

[1] Le Lutrigot.

ridicules, et il fait lui-même, pour me rendre ridicule, la chose dont il m'accuse. Il ne voit pas que, par une conséquence infaillible, si le Lutrin est une impertinente imagination, le Lutrigot est encore plus impertinent, puisque ce n'est que la même chose plus mal exécutée. Du reste, on ne sauroit m'élever plus haut qu'il ne le fait, puisqu'il me donne pour suivants et pour admirateurs passionnés les deux plus beaux esprits de notre siècle, je veux dire M. Racine et M. Chapelle. Il n'a pas trop bien profité de la lecture de ma première préface, et de l'avis que j'y donne aux auteurs attaqués dans mon livre, d'attendre, pour écrire contre moi, que leur colère soit passée. S'il avoit laissé passer la sienne, il auroit vu que de traiter de haut en bas un auteur approuvé du public, c'est traiter de haut en bas le public même, et que me mettre à califourchon sur le Lutrin, c'est y mettre tout ce qu'il y a de gens sensés, et M. Brossette lui-même qui me fait l'honneur

Meas esse aliquid putare nugas [1].

Je ne me souviens point d'avoir jamais parlé de M. de Bonnecorse à M. Bernier, et je ne connoissois point le nom de Bonnecorse quand j'ai parlé de la *Montre* dans mon épître à M. de Seignelai. Je puis même dire que je ne connoissois point la

[1] Catul. ad Cornel. Nepot.

Montre d'amour, que j'avois seulement entrevue chez M. Barbin, et dont le titre m'avoit paru très frivole, aussi bien que ceux de quantité d'autres ouvrages de galanterie moderne, dont je ne lis jamais que le premier feuillet.

Mais voilà, monsieur, assez parlé de M. Bonnecorse; venons à M. Boursault, qui est, à mon sens, de tous les auteurs que j'ai critiqués, celui qui a le plus de mérite. Le livre où il rapporte de moi le mot dont est question, ne m'est point encore tombé entre les mains; la vérité est que j'ai en effet dit ce mot autrefois, et que c'est à M. l'abbé Dangeau à qui je l'ai dit à Saint-Germain. Il en fut un peu confus; mais il n'en garda pas moins ses bénéfices, et je crois que même aujourd'hui il en accepteroit volontiers encore d'autres, au hasard de mourir moins content qu'il n'auroit vécu. J'ai fait vos compliments à tous ces messieurs que vous avez honorés de vos présents; et ils m'ont paru aussi satisfaits de vos honnêtetés que de votre recueil, dont ils font pourtant beaucoup d'estime. Je suis très sincèrement,.....

VIII.

Auteuil, le 2 juin 1700.

Vous excusez, monsieur, si aisément mes fautes, que je ne crains presque plus de faillir, et que je ne me crois pas même obligé de vous faire des excuses d'avoir été si long-temps sans me donner l'honneur de vous écrire. J'en aurois pourtant d'assez bonnes à vous alléguer, puisqu'il est certain que j'ai été malade assez long-temps, et que j'ai eu plusieurs affaires plus occupantes même que la maladie.

Enfin m'en voilà sorti, et je puis vous parler. Je vous dirai donc, monsieur, que j'ai reçu votre dernier présent avant votre dernière lettre, et que j'avois même lu votre livre avant que de l'avoir reçue. J'ai été pleinement convaincu de la noblesse de messieurs les avocats de Lyon par les preuves qui y sont très bien énoncées, et encore plus par la noblesse du cœur que je remarque en vos actions et en vos libéralités qui sont sans fin.

Je suis ravi de l'académie qui se forme en votre ville. Elle n'aura pas grand'peine à surpasser en mérite celle de Paris, qui n'est maintenant composée, à deux ou trois hommes près, que de gens du plus vulgaire mérite, et qui ne sont grands que dans leur propre imagination. C'est tout dire qu'on y opine du bonnet contre Homère et Virgile, et surtout contre le bon sens, comme contre un ancien, beaucoup plus ancien qu'Homère et Virgile. Ces messieurs y examinent présentement l'*Aristippe* de Balzac, et tout cet examen se réduit à lui faire quelques misérables critiques sur la langue, qui est juste l'endroit par où cet auteur ne pèche point. Du reste, il n'y est parlé ni de ses bonnes ni de ses méchantes qualités. Ainsi, monsieur, si dans la vôtre il y a plusieurs gens de votre force, je suis persuadé que dans peu ce sera à l'académie de Lyon qu'on appellera des jugements de l'académie de Paris. Pardonnez-moi ce petit trait de satire, et croyez que c'est de la manière du monde la plus sincère que je suis,.....

IX.

Paris, 3 juillet 1700.

Je sais bien, monsieur, que ma lettre devroit commencer à l'ordinaire par des excuses de ce que j'ai été si long-temps à vous écrire; mais depuis que nous sommes en commerce ensemble, vous m'avez si bien accoutumé à recevoir le pardon de mes négligences, que je crois même pouvoir aujourd'hui impunément négliger de vous le demander. Ainsi, laissant là tous les compliments, je vous dirai donc, avec la même confiance que si j'avois répondu sur-le-champ à votre dernière lettre, qu'on ne peut pas vous être plus obligé que je le suis de toutes vos bontés et du soin que vous voulez bien prendre de m'enrichir en m'admettant dans votre loterie; mais qu'ayant mis à plus de cent loteries depuis que je me connois, et n'ayant jamais eu aucun billet approchant du noir, je ne suis plus d'humeur à acheter de petits morceaux de papier blanc un louis d'or la pièce. Ce n'est pas que je me défie de la fidélité de messieurs les directeurs de l'hôpital de votre illustre ville, qui sont tous, à ce qu'on m'a dit, des gens de la trempe d'Aristide et de Phocion; mais je me défie fort de la fortune, qui ne m'a pas jusqu'ici paru trop bien intentionnée pour les gens de lettres, et à qui je demande maintenant, non pas qu'elle me donne, mais qu'elle ne m'ôte rien.

Croiriez-vous, monsieur, que vous ne m'avez pas fait plaisir en me mandant le pitoyable état où est à cette heure votre pauvre gentilhomme à la Tour antique? Après tout, quoique méchant auteur, c'est un fort bon homme, et qui n'a jamais fait de mal à personne, non pas même à ceux contre lesquels il a écrit.

Vous ne m'avez, ce me semble, rien dit dans votre dernière lettre de votre nouvelle académie.

En quel état est-elle? Celle de Paris a enfin abandonné l'examen de l'*Aristippe* de Balzac, comme ne jugeant pas Balzac digne d'être examiné par une compagnie comme elle. Voilà une furieuse ignominie pour un auteur qui a été, il n'y a pas quarante ans, les délices de la France. A mon avis pourtant, il n'est pas si méprisable que cette compagnie se l'imagine, et elle auroit peut-être de la peine à trouver, à l'heure qu'il est, des gens dans son assemblée qui le vaillent : car, quoique ses beautés soient vicieuses, ce sont néanmoins des beautés; au lieu que la plupart des auteurs de ce temps pèchent moins par avoir des défauts que par n'avoir rien de bon. Mandez-moi ce que pense votre académie là dessus. Excusez mes *pataraffes* et mes ratures, et croyez que je suis très véritablement,....

M. Chanut, avec qui j'ai dîné aujourd'hui chez moi et bu à votre santé, me charge de vous faire ici ses recommandations. Ne vous lassez point d'être aussi diligent que je suis paresseux, et croyez que vos lettres me font un très grand plaisir.

X.

Auteuil, 12 juillet 1700.

Je vous écris d'Auteuil, où je suis résidant à l'heure qu'il est; ainsi je ne puis pas revoir votre précédente lettre que j'ai laissée à Paris, et je ne me ressouviens pas trop bien de ce que vous me demandiez sur l'*Historia flagellantium*[1]. Je ne tarderai pas à y aller, et aussitôt je m'acquitterai de ce que vous souhaitez.

Pour ce qui est de la loterie, je vous ai fait réponse par la lettre que vous devez avoir reçue de moi, et vous y ai marqué le peu d'inclination que j'ai maintenant à donner rien au hasard de la fortune, qui, à mon avis, n'a déja que trop de puissance sur nous, sans que nous allions encore lui donner de nouveaux avantages en lui portant notre argent. Si vous jugez néanmoins qu'on souhaite fort à Lyon que je mette à cette loterie, je suis trop obligé à votre ville pour lui refuser cette satisfaction, et vous pourrez y mettre quatre ou cinq pistoles pour moi, que je vous rendrai par la première voie que vous me marquerez. Je les regarderai comme données à Dieu et à l'hôpital.

Je voudrois bien pouvoir trouver de nouveaux

---

[1] De l'abbé Boileau, frère de Despréaux.

termes pour vous remercier du nouveau présent que vous m'avez fait; mais vous m'en avez déja fait tant d'autres, que je ne sais plus comment varier la phrase.

Il paroît ici une traduction en vers du premier livre de l'Iliade d'Homère, qui, je crois, va donner cause gagnée à M. Perrault.

Di magni, horribilem et sacrum libellum [1]!

Je crois qu'en la mettant dans les seaux pour rafraîchir le vin, elle pourra suppléer au manque de glace qu'il y a cette année. En voilà le troisième et le quatrième vers ; c'est au sujet de la colère d'Achille :

Et qui funeste aux Grecs fit périr par le fer
Tant de héros. Ainsi l'a voulu Jupiter.

Ne voilà-t-il pas Homère un joli garçon? Cette traduction est cependant d'un fameux académicien [2], qui la donne, dit-il, au public, pour faire voir Homère dans toute sa force. On me vient querir pour aller à un rendez-vous que j'ai donné. Ainsi vous trouverez bon que je me hâte de vous dire qu'on ne peut pas être plus que je le suis,....

[1] Catullus ad Calvum Licinium.
[2] Regnier Desmarais.

XI.

Paris, 29 juillet 1700.

Vous permettrez, monsieur, qu'à mon ordinaire j'abuse de votre bonté et que je me contente de répondre en Lacédémonien à vos longues, mais pourtant très courtes et très agréables lettres. Je suis bien aise que vous m'ayez associé à votre charitable et pécunieuse loterie; mais vous me ferez plaisir d'envoyer querir au plus tôt les cinq pistoles que vous y avez mises en mon nom, parce qu'au moment que je les aurai payées, j'oublierai même que je les ai eues dans ma bourse, et je dirai avec Catulle :

Et quod vides periisse, perditum ducas [1],

si l'on peut appeler perdu ce qu'on donne à Dieu.

Je suis charmé du récit que vous me faites de votre assemblée académique, et j'attends avec grande impatience le poëme sur la *Musique* [2], qui ne sauroit être que merveilleux, s'il est de la force des deux que j'ai déja lus. Faites-bien mes compliments à tous vos illustres confrères, et dites-

---

[1] Catullus *ad se ipsum*, VIII.
[2] Par le jésuite Fellon : ce poëme latin n'a pas été publié.

leur que c'est à des lecteurs comme eux que j'offre mes écrits,

> . . . . . . doliturus, si placeant spe
> Deterius nostra [1]. . . . .

On travaille actuellement à une nouvelle édition de mes ouvrages; je ne manquerai pas de vous l'envoyer sitôt qu'elle sera faite. Adieu, mon cher monsieur; pardonnez mon laconisme à la multitude d'affaires dont je suis surchargé, et croyez que c'est du meilleur de mon cœur que je suis,....

XII.

Paris, 8 septembre 1700.

Je souhaiterois que ce fût par oubli que vous eussiez tardé à me répondre, parce que votre négligence seroit une autorité pour la mienne, et que je pourrois vous dire : *Tu igitur unus es ex nostris.* J'ai reçu vos quatre billets de loterie. Vous m'avez fait grand plaisir d'associer mon nom avec le vôtre, et il me semble que c'est déja un commencement de fortune qui vaut mon argent. On ne peut être plus touché que je le suis des bontés qu'on a pour moi dans votre illustre ville. Témoignez bien à

[1] Horat., l. 1, sat. x, v. 89.

vos messieurs la reconnoissance que j'en ai, et assurez-les que, bien qu'il n'y ait pas peut-être d'homme en France si parisien que moi, je me regarde néanmoins comme un habitant de Lyon, et par la pension que j'y touche, et par les honnêtetés que j'en reçois.

L'édition dont vous me parlez dans votre lettre est déja commencée, et j'en ai revu ce matin la sixième feuille. Toutes choses y seront dans l'ordre que vous souhaitez. L'édition en grand sera magnifique, et on fait présentement trois nouvelles planches pour mettre au *Lutrin* dans la petite, où il y aura désormais une estampe à chaque chant. *Le Faux Honneur* y fera la onzième satire, et j'espère qu'elle ne vous paroîtra pas plus mauvaise que lorsque je vous en récitai les premiers vers. J'y parle de mon procès sur la noblesse d'une manière assez noble et qui pourtant ne donnera aucune occasion de m'accuser d'orgueil. Pour les autres ouvrages que j'ajouterai, je ne puis vous en rendre compte présentement, parce que je ne le sais pas encore trop bien moi-même.

Vos remarques sur l'*Iliade* de M. l'abbé Regnier sont merveilleuses; et on ne peut pas avoir mieux conçu que vous avez fait toute la platitude de son style. Est-il possible qu'il ait pu ne point s'affadir lui-même en faisant une si fade traduction? Oh! que voilà Homère en bonnes mains! Les vers que vous m'en avez transcrits m'ont fait ressouvenir de ces deux vers de M. Perrin, qui commence ainsi la traduction du second livre de l'*Énéide*, pour rendre

Conticuere omnes, intentique ora tenebant:

« Chacun se tut alors, et l'esprit rappelé
Tenoit la bouche close et le regard collé. »

Voilà, si je ne me trompe, le modèle sur lequel s'est formé M. l'abbé Regnier, aussi bien que sur ces deux vers de la Pucelle :

O grand cœur de Dunois, le plus grand de la terre,
Grand cœur qui dans lui seul deux grands amours enserre !

Je suis bien fâché de la mort de M. Perrachon; mais je ne saurois lui faire d'autre épitaphe que ces quatre vers de Gombauld :

Colas est mort de maladie,
Tu veux que je plaigne son sort.
Que diable veux-tu que j'en die ?
Colas vivoit, Colas est mort.

Adieu, monsieur, aimez-moi toujours, et croyez que je suis parfaitement,....

XIII.

Paris, 6 décembre 1700.

Je suis ressuscité, monsieur, mais je ne suis pas guéri; et il m'est resté une petite toux qui ne me promet rien de bon. La vérité est pourtant que je ne laisse pas de me remettre, et que ce n'est pas tant la maladie qui m'a empêché de répondre sur-le-champ à vos deux lettres, que l'occupation que me donnent les deux éditions qu'on fait tout à la fois en grand et en petit de mes ouvrages, et qui seront achevées, je crois, avant le carême. J'ai envoyé sur-le-champ votre lettre cachetée à M. de Lamoignon; mais en la cachetant, je n'ai pas songé que vous me priez de la lire, et je ne l'ai en effet point lue : ainsi je ne puis pas vous donner conseil sur votre préface. Cela est fort ridicule à moi; mais il faut que vous excusiez tout d'un poëte convalescent et employé à faire réimprimer ses poésies. Du reste, vous verrez mon exactitude par la prompte réponse qu'il vous a faite, et que vous trouverez dans le même paquet que celui de ma lettre.

Je ne suis pas fort en peine du temps où se tirera votre loterie, et je ne suis pas assez fou pour me persuader qu'en quatre coups j'amènerai rafle de six. Ce qui m'embarrasse, c'est comment je vous ferai tenir les quatre pistoles que je vous dois, et que j'aurois bien voulu vous donner avant que la loterie fût tirée, c'est-à-dire avant que je les eusse perdues; faites-moi donc la faveur de me mander ce qu'il faut faire pour cela. Adieu, monsieur. Trouvez bon que, pour profiter de vos bons conseils grecs et françois, je ne m'engage point dans une plus longue lettre, et que je me contente de vous dire très laconiquement et très sincèrement que je suis, etc.....

XIV.

Paris, 18 janvier 1701.

Un nombre infini de chagrins, des restes de maladies, beaucoup d'affaires et ma nouvelle édition sont cause que j'ai tardé si long-temps à faire réponse à votre dernière lettre. Je vous assure pourtant, monsieur, que ce n'est pas faute de l'avoir lue avec beaucoup de plaisir. J'admire la solidité que vous jetez dans vos conférences académiques, et je vois bien qu'il s'y agit d'autre chose que de savoir s'il faut dire: *Il a extrêmement d'esprit*, ou *il a extrêmement de l'esprit* [1]. Il n'y a rien de plus

[1] On agitoit alors cette question dans l'Académie françoise.

joli que votre remarque sur le dieu Cneph, et je ne saurois assez vous remercier de cette autorité que vous me donnez pour la métamorphose de la plume du roi en astre.

Je me doute bien que votre loterie est tirée à l'heure qu'il est, et je ne doute point qu'elle n'ait été pour moi la même que toutes celles où j'ai mis jusqu'à cette heure, c'est-à-dire très dénuée de bons billets, dont je ne me souviens point d'avoir jamais vu aucun. Ainsi, vous pouvez bien juger que je n'aurai pas grand'peine à me consoler d'une chose dont je me suis déja consolé tant de fois. Prenez donc la peine de m'envoyer quérir les quatre pistoles perdues, et que je regarde pourtant comme mises à profit, puisqu'elles m'ont procuré l'honneur de recevoir de vos nouvelles. Je suis avec toute la reconnoissance que je dois, etc.....

XV.

Paris, 20 mars 1701.

Il me semble, monsieur, qu'il y a assez longtemps que nous sommes amis, pour n'être plus l'un avec l'autre à ces termes de respect que vous me prodiguez dans votre dernière lettre. Par quel procédé ridicule puis-je me les être attirés, et suis-je à votre égard ce *Sextus* de Martial, à qui il disoit :

> Vis te, Sexte, coli ; volebam amare ?

Je serois bien fâché, monsieur, que vous en usassiez avec moi de la sorte, et je ne me consolerois pas aisément de la métamorphose d'un ami aussi commode et aussi obligeant que vous, en un courtisan respectueux. Ainsi, monsieur, sans vous rendre compliments pour compliments, trouvez bon que je vous dise très familièrement que si j'ai été si long-temps à répondre à vos dernières lettres, c'est que j'ai été malade et incommodé, et que je le suis encore ; que c'est ce qui fait que je ne vous écris que ce mot, pour vous faire ressouvenir de la passion avec laquelle je suis, etc.

XVI.

Paris, 16 mai 1701.

Je me sens si coupable envers vous, monsieur, et j'ai tant de pardons à vous demander, que vous trouverez bon que je ne vous en demande aucun, et que je me contente de vous dire ce que disoit le bon homme Horace à son ami Lollius : « Vous « avez acheté en moi, par vos bontés et par vos

« présents, un serviteur très imparfait et très peu
« propre à s'acquitter des devoirs de la vie civile ;
« mais enfin vous l'avez acheté, et il le faut garder
« tel qu'il est. »

Prudens emisti vitiosum, dicta tibi est lex [1].

Mes excuses ainsi faites, je vous dirai, monsieur, que j'ai lu avec grand plaisir l'exacte relation que vous m'avez envoyée de la réception de nos deux jeunes princes dans votre illustre ville, et que je ne l'aurois pas, à mon sens, mieux vue, cette réception, quand j'aurois été à la meilleure fenêtre de votre Hôtel-de-Ville. L'excessive dépense qu'on y a faite m'a paru d'autant plus belle, que j'ai bien reconnu par là qu'on ne sera pas fort embarrassé chez vous de payer la capitation. J'en suis fort aise, et je crois qu'on n'en est pas moins joyeux à la cour.

Votre tableau des effets de l'aimant m'a été rendu fort fidèlement et en très bon état ; et j'en ai fait un des plus beaux et des plus utiles ornements de mon cabinet.

Omne tulit punctum qui miscuit utile dulci [2].

Si votre académie produit souvent de pareils ouvrages, je doute fort que la nôtre, avec tout cet

---

[1] Hor., l. II, ep. II, v. 18.
[2] Hor., Art. poet., v. 342.

amas de proverbes qu'elle a entassés dans son dictionnaire, puisse lui être mise en parallèle, ni me fasse mieux concevoir, à la lettre A, ce que c'est que la vertu de l'aimant, que je l'ai conçu par votre tableau.

Je suis bien aise que vous soyez content de ma dernière édition. Elle réussit assez bien ici, et, contre mon attente, elle trouve beaucoup plus d'acheteurs que de censeurs. Elle va bientôt paroître en petit, en deux volumes, que je me donnerai l'honneur de vous envoyer. J'espère, par ce présent, adoucir un peu le juste ressentiment que vous devez avoir de mes négligences, et vous faire concevoir à quel point, quoique très paresseux, je suis, etc.

Faites-moi la faveur de m'écrire au plus tôt en quelles mains vous voulez que je remette les trois pistoles que vous savez. Elles m'importunent dans ma cassette, où je les ai mises à part, et où, en les voyant, je me dis sans peine tous les jours :

> Quod vides periisse perditum ducas [1].

[1] Catullus *ad se ipsum*, VIII.

XVII.

Paris, 10 juillet 1701.

Je différois, monsieur, à vous écrire jusqu'à ce que l'édition de mes ouvrages fût faite en petit, afin de vous l'envoyer en même temps avec l'argent que je vous dois; mais comme cette édition est plus lente à achever que je ne croyois, et qu'elle ne sauroit être encore prête de huit ou dix jours, j'ai cru que vous auriez sujet de vous plaindre, si j'attendois qu'elle parût pour vous remercier des lettres obligeantes que vous m'avez fait l'honneur de m'écrire, et pour vous donner satisfaction sur la chose dont vous souhaitez d'être éclairci. Je vous dirai donc, monsieur, qu'il y a environ quatre ans que M. le comte d'Ériceyra m'envoya la traduction en portugais de ma Poétique, avec une lettre très obligeante et des vers françois à ma louange; que je sais assez bien l'espagnol, mais que je n'entends point le portugais, qui est fort différent du castillan, et qu'ainsi, c'est sur le rapport d'autrui que j'ai loué sa traduction; mais que les gens instruits de cette langue, à qui j'ai montré cet ouvrage, m'ont assuré qu'il étoit merveilleux. Au reste, M. d'Ériceyra est un seigneur des plus qualifiés du Portugal, et a une mère qui est, dit-on, un prodige de mérite. On m'a montré des lettres françoises de sa façon, où il n'est pas possible de rien voir qui sente l'étranger. Ce qui m'a plu davantage et de la mère et du fils, c'est qu'ils ne me paroissent ni l'un ni l'autre entêtés des pointes et des faux brillants de leur pays, et qu'il ne paroît point que leur soleil leur ait trop échauffé la cervelle. Je vous en dirai davantage dans les lettres que je vous écrirai en vous envoyant ma petite édition, et peut-être vous enverrai-je aussi les vers françois qu'il m'a écrits.

Mille remerciements à M. de Puget de ses présents et de ses honnêtetés. Cependant permettez-moi de vous dire que je romprai tout commerce avec vous, si je vois plus dans vos lettres ce grand vilain mot de MONSIEUR, au haut de la page, avec quatre grands doigts entre deux. Sommes-nous des ambassadeurs pour nous traiter avec ces circonspections, et ne suffit-il pas entre nous de *si vales, bene est; ego quidem valeo?* Du reste, soyez bien persuadé qu'on ne peut être plus que je le suis, etc.

XVIII.

Paris, 13 septembre 1701.

J'ai remis, monsieur, entre les mains de M. Robustel les trois pistoles dont il est question entre nous, et il m'en a donné une quittance par laquelle il se charge de les faire tenir au sieur Boudet[1], à Lyon. Il me reste un scrupule ; c'est que je ne sais point si les trois pistoles que vous avez mises pour moi ne sont point trois pistoles d'or. Faites-moi la faveur de me le mander, parce que, si cela est, j'aurai soin de vous envoyer le supplément. Je voudrois bien pouvoir vous envoyer aussi les vers françois que M. le comte d'Ériceyra a faits à ma louange ; mais je les ai égarés dans la multitude infinie de mes paperasses, et il faudra que le hasard me les fasse retrouver.

Je dois bien savoir que M. de Vittemant porte mon livre au roi d'Espagne, puisque c'est moi qui le lui ai fait remettre entre les mains, pour le présenter à sa Majesté Catholique de ma part. On m'a dit que madame la duchesse de Bourgogne le lui a envoyé aussi en grand et magnifiquement relié. Vous ne me parlez plus de votre Académie de Lyon. On en a fait ici une nouvelle des Inscrip-

[1] Libraire.

tions, dont on veut que je sois, et que je touche pension, quoique cela ne soit point véritable. Mais c'est un mystère qui seroit bien long à vous expliquer, et qui ne peut pas être compris dans une petite lettre d'affaire, laquelle commençant par une quittance devroit finir par : *autre chose n'ai à vous mander, sinon que je suis*, etc.

XIX.

Paris, 6 octobre 1701.

Je ne vous ferai point d'excuses, monsieur, de ce que j'ai été si long-temps à vous faire réponse. Vous m'avez si bien autorisé dans mes négligences, par votre facilité à me les pardonner, que je ne crois pas même avoir besoin de les avouer. Ainsi, monsieur, je vous dirai, avec la même confiance que si je vous avois répondu sur-le-champ, que je suis bien fâché de ne pouvoir pas vous envoyer les vers françois de M. le comte d'Ériceyra, parce qu'il me faudroit, pour les trouver, feuilleter tous mes papiers qui ne sont pas en petit nombre, et que d'ailleurs je ne trouve pas ces vers assez bons pour permettre qu'on les rende publics. C'est une étrange entreprise que d'écrire une langue étrangère, quand nous n'avons point fréquenté avec les naturels du pays; et je suis assuré que si Térence et Cicéron revenoient au monde, ils riroient à gorge déployée des ouvrages latins des Fernel, des Sannazar et des Muret. Il y a pourtant beaucoup d'esprit dans les vers françois de l'illustre Portugais dont il est question; mais franchement il y a beaucoup de Portugais, de même qu'il y a beaucoup de François dans tous les vers latins des poëtes françois qui écrivent en latin aujourd'hui.

Vous me ferez plaisir de parler de cela dans votre académie, et d'y agiter cette question: *Si on peut bien écrire une langue morte.* J'ai commencé autrefois sur cette question un dialogue assez plaisant, et je ne sais si je vous en ai parlé à Paris dans les longs entretiens que nous avons eus ensemble. Ne croyez pas pourtant que je veuille par là blâmer les vers latins que vous m'avez envoyés d'un de vos illustres académiciens [1]. Je les ai trouvés fort beaux et dignes de Vida et de Sannazar, mais non pas d'Horace et de Virgile; et quel moyen d'égaler ces grands hommes dans une langue dont nous ne savons pas même la prononciation? Qui croiroit, si Cicéron ne nous l'avoit appris, que le mot de *videre* est d'un très dangereux usage, et que ce seroit une saleté horrible de dire: *quum nos vidissemus?* Comment savoir en quelles occasions dans le latin le substantif doit passer devant l'ad-

---

[1] Le père Albat d'Augières, jésuite. Ces vers latins étoient destinés à être placés au bas d'une statue équestre de Louis XIV.

jectif, ou l'adjectif devant le substantif? Cependant imaginez-vous quelle absurdité ce seroit en françois de dire: *mon neuf habit* au lieu de *mon habit neuf*, ou *mon blanc bonnet*, au lieu de *mon bonnet blanc*, quoique le proverbe dise que c'est la même chose. Je vous écris ceci afin de donner matière à votre acàdémie de s'exercer. Faites-moi la faveur de m'écrire le résultat de sa conférence sur cet article, et croyez que c'est très affectueusement que je suis, ...

XX.

Paris, 10 décembre 1701.

Je pourrois, monsieur, vous alléguer d'assez bonnes excuses du long temps que j'ai été sans vous écrire, et vous dire que j'ai eu durant ce temps-là affaires, procès et maladies; mais je suis si sûr de mon pardon que je ne crois pas même nécessaire de vous le demander. Ainsi, pour répondre à la dernière lettre que vous m'avez fait l'honneur de m'écrire, je vous dirai que je l'ai reçue avec les deux ouvrages qui y étoient enfermés. J'ai aussitôt examiné ces deux ouvrages, et je vous avoue que j'en ai été très peu satisfait.

Celui qui porte le titre de l'*Esprit des Cours* vient

d'un auteur[1] qui a, selon moi, plus de malin vouloir que d'esprit, et qui parle souvent de ce qu'il ne sait point. C'est un mauvais imitateur du gazetier de Hollande, et qui croit que c'est bien parler que de perler mal de toutes choses.

A l'égard du *Chapelain décoiffé*, c'est une pièce où je vous confesse que M. Racine et moi avons eu quelque part; mais nous n'y avons jamais travaillé qu'à table, et le verre à la main. Il n'a pas été proprement fait *currente calamo*, mais *currente lagena*, et nous n'en avons jamais écrit un seul mot. Il n'étoit point comme celui que vous m'avez envoyé, qui a été vraisemblablement composé après coup par des gens qui avoient retenu quelques unes de nos pensées, mais qui y ont mêlé des bassesses insupportables. Je n'y ai reconnu de moi que ce trait :

> Mille et mille papiers dont ta table est couverte
> Semblent porter écrit le destin de ma perte ;

et celui-ci :

> En cet affront La Serre est le tondeur,
> Et le tondu, père de la Pucelle.

Celui qui avoit le plus de part à cette pièce, c'étoit Furetière, et c'est de lui :

> O perruque ma mie!
> N'as-tu donc tant vécu que pour cette infamie?

[1] Gueudeville.

Voilà, monsieur, toutes les lumières que je puis vous donner sur cet ouvrage, qui n'est ni de moi, ni digne de moi. Je vous prie donc de bien détromper ceux qui me l'attribuent. Je vous le renvoie par cet ordinaire.

J'attends la décision de vos messieurs sur la prononciation du latin, et je ne vous cacherai point qu'ayant proposé ma question à l'Académie des Médailles, il a été décidé tout d'une voix que nous ne le savions point prononcer, et que, s'il revenoit au monde un *civis latinus* du temps d'Auguste, il riroit à gorge déployée en entendant un François parler latin, et lui demanderoit peut-être : quelle langue parlez-vous là ? Au reste, à propos de l'Académie des Médailles, je suis bien aise de vous avertir qu'il n'est point vrai que j'en sois ni pensionnaire ni directeur, et que je suis tout au plus, quoi qu'en dise l'écrit que vous avez vu, un volontaire qui y va quand il veut, mais qui ne touche pour cela aucun argent. Je vous éclaircirai tout ce mystère, si j'ai jamais l'honneur de vous voir à Paris. Cependant faites-moi la faveur de m'aimer toujours, et de croire que, tout négligent que je suis, je ne laisse pas d'être très cordialement,...

XXI.

Paris, 29 décembre 1701.

Voici la première lettre où je ne vous ferai point d'excuses, monsieur, puisque je réponds à celle que vous m'avez fait l'honneur de m'écrire, deux jours après que je l'ai reçue. Je ne vois pas sur quoi votre savant peut fonder l'explication forcée qu'il donne au vers d'Homère, puisque Phérécyde vivoit près de deux cents ans après Homère, et qu'il n'y a pas d'apparence qu'Homère ait parlé d'un cadran qui n'étoit pas de son temps. Je n'ai jamais rien lu de Bochart[1]; et s'il est vrai qu'il soutienne une explication si extravagante, cela ne me donne pas une grande envie de le lire. Je ne fais pas grande estime de tous ces savantasses qui croient se distinguer des autres interprètes, en donnant un sens nouveau et recherché aux endroits les plus clairs et les plus faciles; et c'est d'eux qu'on peut dire :

Faciunt næ intelligendo ut nihil intelligant [2].

Pour ce qui est des chiens [3] qui ont vécu plus de

---

[1] Né en 1599, à Rouen, mort à Caen en 1667; théologien très érudit.
[2] Térence, vers 17 du prologue de l'Andrienne.
[3] Voyez la troisième Réflexion sur Longin.

vingt-deux ans, je vous en citerai un garant, dont je doute que M. Perrault lui-même ose contester le témoignage : c'est Louis-le-Grand, roi de France et de Navarre, qui en a eu un qui a vécu jusqu'à vingt-trois ans. Tout ce que M. Perrault peut dire, c'est que ce prince est accoutumé aux miracles et à des événements qui n'arrivent qu'à lui seul, et qu'ainsi ce qui lui est arrivé ne peut pas être tiré à conséquence pour les autres hommes; mais je n'aurai pas de peine à lui prouver que, dans notre famille même, j'ai eu un oncle, qui n'étoit pas un homme fort miraculeux, lequel a nourri vingt-quatre années une espèce de bichon qu'il avoit.

Je ne vous parle point de ce que c'est que la place que j'occupe dans l'Académie des Inscriptions. Il y a tant de choses à dire là dessus, que j'aime mieux sur cela *silere quam pauca dicere*. J'ai été fort fâché de la mort de M. Chanut. Je vous prie de bien faire ma cour à M. Bronod[1], que, sur votre récit, je brûle déja de connoître. Je suis,....

[1] Avocat.

XXII.

Paris, 9 avril 1702.

Je réponds, Monsieur, sur-le-champ à votre dernière lettre, de peur qu'il ne m'arrive ce qui m'est arrivé déja plusieurs fois depuis six mois, qui est d'avoir toujours envie de vous écrire, et de ne vous écrire point pourtant, par une misérable indolence dont je ne saurois franchement vous dire la raison, sinon que, pour me servir des termes de saint Paul, je fais souvent le mal que je ne veux pas, et que je ne fais pas le bien que je veux ; mais, sans perdre le temps en vaines excuses, puisque je trouve sous ma main deux de vos lettres, je m'en vais répondre à quelques interrogations que vous m'y faites.

Je vous dirai donc premièrement que les deux épigrammes latines [1] dont vous désirez savoir le mystère ont été faites dans ma première jeunesse, et presque au sortir du collége, lorsque mon père me fit recevoir avocat, c'est-à-dire à l'âge de dix-neuf ans. Celui que j'attaque dans la première de ces épigrammes, étoit un jeune avocat, fils d'un huissier, nommé Herbinot. Cet avocat est mort conseiller de la cour des aides. Son père étoit fort riche, et le fils assurément n'a pas mangé son bien ; car il

[1] Voyez tome II.

passoit pour grand ménager. A l'égard de l'autre épigramme, elle regarde M. de Brienne, jadis secrétaire d'État, qui est mort fou et enfermé. Il étoit alors dans la folie de faire des vers latins, et surtout des vers phaleuces; et comme sa dignité dans ce temps-là le rendoit considérable, je ne pus refuser à la prière de mon frère, aujourd'hui chanoine de la Sainte-Chapelle, qui étoit souvent visité de lui, et qui m'engagea à faire des vers phaleuces à la louange de ce fou qualifié; car il étoit déja fou. J'en fis donc, et il les lui montra; mais comme c'étoit la première fois que je m'étois exercé dans ce genre de vers, ils ne furent pas trouvés fort bons, et ils ne l'étoient point en effet. Si bien que dans le dépit où j'étois d'avoir si mal réussi, je composai l'épigramme dont il est question, et montrai par là qu'il ne faut pas légèrement irriter *genus irritabile vatum*[1], et que, comme a fort bien dit Juvénal en latin, *facit indignatio versum*[2], ou, comme je l'ai assez médiocrement dit en françois :

La colère suffit et vaut un Apollon [3].

Pour l'épigramme à la louange du roman allégorique[4], elle regarde feu M. l'abbé d'Aubignac,

[1] Hor., l. II, ep. II, v. 102.
[2] Juvénal., sat. I, v. 79.
[3] Satire Ire, v. 144.
[4] Voyez t. II.

qui a composé *la Pratique du théâtre*, et qui avoit alors beaucoup de réputation. Ce roman allégorique, qui étoit de son invention, s'appeloit *Macarise*; et il prétendoit que toute la philosophie stoïcienne y étoit renfermée. La vérité est qu'il n'eut aucun succès, et qu'il

Ne fit de chez Sercy [1] qu'un saut chez l'épicier [2].

Je fis l'épigramme pour être mise au devant de ce livre, avec quantité d'autres ouvrages que l'auteur avoit, à l'ancienne mode, exigés de ses amis pour le faire valoir; mais heureusement je lui portai l'épigramme trop tard, et elle ne fut point mise : Dieu en soit loué. Vous voilà, ce me semble, monsieur, bien éclairci de vos difficultés.

Pour ce qui est de votre M. Samuel Bochart, je n'ai jamais rien lu de lui, et ce que vous m'en dites ne me donne pas grande envie de le lire; car il me paroît que c'est un savantasse beaucoup plus plein de lecture que de raison; et je crois qu'il en est de son explication du vers d'Homère comme de celles de M. Dacier sur *atavis edite regibus* [3], ou sur l'ode :

O navis, referent in mare te novi, etc. [4],

ou sur le passage de Thucydide rapporté par Lon-

---

[1] Libraire.
[2] Art poétique, ch. II, v. 100.
[3] Hor., l. 1, od. 1, v. 1.
[4] Hor., l. 1, od. xv, v. 1.

gin, à propos des Lacédémoniens qui combattoient au pas des Thermopyles. Je ne saurois dire à propos de pareilles explications que ce que dit Térence :

Faciunt næ intelligendo ut nihil intelligant [1].

Adieu mon cher monsieur, excusez mes *pataraffes*, et croyez que je suis très sincèrement,....

J'oubliois de vous parler des vers latins. Ils sont très bons et très latins, à l'exception d'un *nequii* qui est au premier vers, et de la dureté duquel je ne saurois m'accommoder. Il me semble que je ne saurois mieux vous payer de votre présent qu'en vous envoyant ce petit compliment *catullien*, que m'a fait un régent de seconde du collége de Beauvais [2], qui avoit déja fait une ode latine très jolie pour moi, et en considération de laquelle je lui avois fait présent de mon livre.

XXIII.

Paris, 15 juillet 1702.

Vous êtes un homme merveilleux, monsieur : c'est moi qui suis coupable, et coupable par excès, envers vous ; cependant c'est vous qui m'écrivez des excuses. J'ai manqué à répondre à trois

[1] Vers de Térence.
[2] Charles Coffin, né à Busancy, près de Reims, en 1676, mort à Paris en 1749 ; poëte latin.

de vos lettres; et, au lieu de me quereller, vous me dites des douceurs à outrance; vous m'envoyez des présents; et, si je vous en crois, je suis en droit de me plaindre. Je vois bien ce que c'est : vous lisez dans mon cœur; et comme vous y voyez bien les remords que j'ai d'avoir été si peu exact à votre égard, vous êtes bien aise de m'en délivrer, en me persuadant que vous avez été aussi très négligent de votre côté. Vous ne songez pas néanmoins que par là vous m'autorisez à ne vous écrire que lorsque la fantaisie m'en prend, et à couronner mes fautes par de nouvelles fautes. Aujourd'hui pourtant je n'en commettrai pas une si lourde, que de tarder à vous remercier du présent que vous m'avez fait du livre de votre illustre ami. Je vous réponds que je le lirai exactement, et que je vous en rendrai le compte que je dois. Il m'est fort honorable qu'un si savant homme souhaite d'avoir mon suffrage. Vous le pouvez assurer que je le lui donnerai dans peu avec grand plaisir, et que ce suffrage sera alors d'un bien plus grand poids qu'il n'est maintenant, puisque j'aurai lu son livre, et que je serai par conséquent beaucoup plus habile que je ne le suis.

Pour ce qui est des particularités dont vous me demandez l'éclaircissement, je vous dirai que le sonnet a été fait sur une de mes nièces qui étoit à peu près du même âge que moi, et que le charlatan étoit un fameux médecin de la Faculté. Elle étoit sœur de M. Dongois, greffier, et avoit beaucoup d'esprit. J'ai composé ce sonnet dans le temps de ma plus grande force poétique, en partie pour montrer qu'on peut parler d'amitié en vers aussi bien que d'amour, et que les choses innocentes s'y peuvent aussi bien exprimer que toutes les maximes odieuses de la morale lubrique des opéras. A l'égard de l'épigramme à Climène, c'est un ouvrage de ma première jeunesse, et un caprice imaginé pour dire quelque chose de nouveau. Pour la chanson, elle a été effectivement faite à Bâville, dans le temps des noces de M. de Bâville, aujourd'hui intendant de Languedoc. Les trois Muses étoient madame de Chalucet, mère de madame de Bâville; une madame Hélyot, espèce de bourgeoise renforcée, qui avoit acquis une assez grande familiarité avec M. le premier président, dont elle étoit voisine à Paris, et qui avoit une terre assez proche de Bâville; la troisième étoit une madame de La Ville, femme d'un fameux traitant, pour laquelle M. de Lamoignon, aujourd'hui président au mortier, avoit alors quelque inclination. Celle-ci ayant chanté à table une chanson à boire dont l'air étoit fort joli, mais les paroles très méchantes, tous les conviés, et le père Bourdaloue entre autres, qui étoit de la noce aussi bien que le père Rapin, m'exhortèrent à y faire de nouvelles paroles, et je leur rapportai le lendemain les quatre couplets dont il étoit question. Ils réussirent fort, à la réserve des deux derniers qui firent un peu refrogner le père Bourdaloue. Pour le père Rapin, il entendit raillerie, et obligea même le père Bourdaloue à l'entendre aussi. Voilà tous vos mystères débrouillés. Au lieu de

> Trois Muses en habit de ville,

il y avoit :

> Chalucet, Hélyot, La Ville.

(M. d'Arbouville, qui vient après, étoit un gentilhomme, parent de M. le premier président ; il buvoit volontiers à plein verre[1].)

On ne m'a pas fort accablé d'éloges sur le sonnet de ma parente ; cependant, monsieur, oserois-je vous dire que c'est une des choses de ma façon dont je m'applaudis le plus, et que je ne crois pas avoir rien dit de plus gracieux que :

> A ses jeux innocents enfant associé,

et

> Rompit de ses beaux jours le fil trop délié,

et

> Fut le premier démon qui m'inspira des vers ?

C'est à vous à en juger. Je suis, etc.....

---

[1] Cette phrase n'est pas dans l'édition des lettres de Boileau publiée en 1770.

XXIV.

Paris, 7 janvier 1703.

J'attendois, monsieur, à vous remercier lorsque j'aurois reçu vos magnifiques présents, afin de vous répondre en des termes proportionnés à la grandeur de vos fromages; mais le messager ayant dit à Planson[1] qu'ils ne pouvoient encore arriver de long-temps, je n'ai pas cru devoir différer davantage à vous en faire mes remerciements. Je vous dirai donc par avance qu'en comblant ainsi de vos dons l'auteur que vous avez entrepris de commenter, vous ne jouez pas simplement le personnage de Servius et d'Asconius Pædianus, mais de Mécénas et du cardinal de Richelieu; et peut-être aurois-je refusé de les prendre, si heureusement je ne me fusse ressouvenu d'avoir lu dans un auteur ancien qu'il n'y a pas quelquefois moins de beauté d'ame à recevoir de bonne grace des présents, qu'à en faire.

Cependant pour commencer à vous payer dans la monnoie que vous souhaitez, je vous répondrai sur l'éclaircissement que vous me demandez au sujet de la *Clélie* que c'est effectivement une très grande absurdité à la demoiselle, auteur de cet

[1] Domestique de Boileau.

ouvrage, d'avoir choisi le plus grave siècle de la république romaine pour y peindre les caractères de nos François; car on prétend qu'il n'y a pas dans ce livre un seul Romain ni une seule Romaine qui ne soit copié sur le modèle de quelque bourgeois ou de quelque bourgeoise de son quartier. On en donnoit autrefois une clef qui a couru, mais je ne me suis jamais soucié de l'avoir. Tout ce que je sais, c'est que le généreux *Herminius*, c'étoit *M. Pellisson*; l'agréable *Scaurus*, c'étoit *Scarron*; le galant *Amilcar*, *Sarasin*, etc.... Le plaisant de l'affaire est que nos poëtes de théâtre, dans plusieurs pièces, ont imité cette folie, comme on le peut voir dans *la Mort de Cyrus*, du célèbre M. Quinault, où Thomyris entre sur le théâtre en cherchant de tous côtés, et dit ces deux beaux vers :

> Que l'on cherche partout mes tablettes perdues,
> Et que, sans les ouvrir, elles me soient rendues.

Voilà un étrange meuble pour une reine des Massagètes, que des tablettes dans un temps où je ne sais si l'art d'écrire étoit inventé. Je vous en écrirai davantage sur ce sujet, dès que vos présents seront arrivés. Cependant croyez que c'est du fond du cœur que je suis, etc.

XXV.

(1703.)

Il y a huit jours, monsieur, que j'ai reçu votre magnifique présent; et j'ai été tout ce temps-là à chercher des paroles pour vous en remercier dignement, sans en pouvoir trouver. En effet, à un homme qui fait de tels présents, ce n'est point des lettres familières et de simples compliments un peu ornés, ce sont des épîtres liminaires du plus haut style qu'il faut écrire, et où les comparaisons du soleil soient prodiguées. Balzac auroit été merveilleux pour cela, si vous lui en aviez envoyé de pareils, et il auroit peut-être égalé la grosseur de vos fromages par la hauteur de ses hyperboles. Il vous auroit dit que ces fromages avoient été faits du lait de la chèvre céleste, ou de celui de la vache Io; que votre jambon étoit un membre détaché du sanglier d'Érymanthe : mais pour moi qui vais un peu plus terre à terre, vous trouverez bon que je me contente de vous dire que vous vous moquez de m'envoyer tant de choses à la fois; que si honnêtement j'avois pu les refuser, vos présents seroient retournés à Lyon; que cependant je ne laisse pas d'en avoir toute la reconnoissance que je dois, et qu'on ne peut être plus que je le suis, etc.

P. S. Pour vos Mémoires de la république des lettres, franchement ils sont bien inférieurs au jambon et aux fromages; et l'auteur y est si grossièrement partial que je ne saurois trouver aucun goût dans ses ouvrages, quoique bien écrits.

XXVI.

Paris, 4 mars 1703.

Je trouvai hier mon frère le chanoine de la Sainte-Chapelle qui vous écrivoit une lettre avec laquelle il prétendoit vous envoyer la requête présentée par le chantre Barrin, au sujet du pupitre mis sur son banc. Cela me couvrit de confusion, en me faisant ressouvenir du long temps qu'il y a que je ne vous ai donné aucun signe de vie par mes lettres. En effet, c'est une chose étrange que tout le monde étant empressé à vous répondre, celui-là seul qui a plus de raisons de l'être ne le soit point. Il me semble cependant que c'est votre faute, puisque c'est votre trop grande facilité à me pardonner mes négligences qui me rend négligent. Mais quoi! bien loin de m'accuser de mon peu de soin, peu s'en faut que vous ne vous excusiez de votre trop d'exactitude. Encore ne vous bornez-vous pas aux seules excuses; mais vous les accompagnez de jambons, de fromages, qui feroient tout excuser, quand même vous auriez tort. Pour tâcher donc à réparer un peu mes fautes passées, voici les vers que vous me demandez, faits sur ce vers de l'Anthologie (car il y est tout seul).

Ἤειδον μὲν ἐγὼν, ἐχάρασσε δὲ θεῖος Ὅμηρος :

Quand la dernière fois dans le sacré vallon,
La troupe des neuf Sœurs, par l'ordre d'Apollon,
 Lut l'Iliade et l'Odyssée,
Chacune à les louer se montrant empressée,
De leur auteur, dit-il, apprenez le vrai nom :
Jadis avec Homère aux rives du Permesse,
Dans ce bois de lauriers où seul il me suivoit,
Je les fis toutes deux, plein d'une douce ivresse,
 Je chantois, Homère écrivoit.

J'ai été obligé de mettre ainsi la chose, parce qu'autrement elle ne seroit pas amenée. Charpentier l'a exprimée en ces termes :

 Quand Apollon vit le volume
Qui sous le nom d'Homère enchantoit l'univers :
Je me souviens, dit-il, que j'ai dicté ces vers,
 Et qu'Homère tenoit la plume.

Cela est assez concis et assez bien tourné, mais, à mon sens, *le volume* est un mot fort bas en cet endroit, et je n'aime point ce mot de palais : *tenoit la plume.*

Pour ce qui est des lettres que vous me sollicitez de vous envoyer, je ne saurois encore sur cela vous donner satisfaction, parce qu'il faut que je les retouche avant que de les mettre entre les mains d'un homme aussi éclairé que vous. Je les ai écrites, la plupart, avec la même rapidité que je vous écris celle-ci, et sans savoir souvent où j'allois. M. Racine me récrivoit de même, et il faudroit aussi revoir les siennes. Cela demande beaucoup de temps. D'ailleurs il y a dedans quelques secrets que je ne crois pas devoir être confiés à un tiers. Adieu, monsieur, aimez-moi toujours, et soyez persuadé que je suis avec toute l'affection que je dois, etc.

XXVII.

Paris, 8 avril 1703.

Vous ne m'accuserez pas, monsieur, pour cette fois d'avoir été peu diligent à vous répondre, puisque je vous écris sur-le-champ. Je suis ravi que mon frère vous ait si bien satisfait sur vos demandes, et vous ait si bien démontré que la fiction du Lutrin est fondée sur une chose très véritable. On auroit de la peine à faire voir que l'Iliade est aussi bien appuyée, puisqu'il y a encore des gens aujourd'hui qui nient que jamais Troie ait été prise, et qui doutent que Darès ni Dictys de Crète en soient des témoins fort sûrs, puisque leurs ouvrages n'ont paru que du temps de Néron, et ne sont vraisemblablement que de nouvelles fictions imaginées sur la fiction d'Homère. Il faudroit, pour le bien attester, nous rapporter quelque sentence donnée en faveur de Neptune et d'Apollon, pour obliger Laomédon à payer à ses deux *compagnons de fortune* le prix qu'il leur avoit promis pour la construction des murailles de Troie.

Je ne mérite pas les louanges que vous me donnez au sujet des vers de l'Anthologie. Permettez-moi pourtant de vous dire que vous vous abusez un peu quand vous croyez que j'aie fait, ni voulu faire une paraphrase de ce vers, qui est même plus court dans ma copie que dans l'original, puisque j'en ai retranché l'épithète oisive de θεῖος, et que j'ai dit simplement Homère, et non point le divin Homère. La vérité est que j'y ai joint une petite narration assez vive, sans quoi la pensée n'est point dans son jour; que si cette narration vous paroît prolixe, il seroit aisé d'y donner remède, puisqu'il n'y auroit qu'à mettre à la place de la narration les paroles qu'on trouve en prose dans le recueil de l'Anthologie, au dessus du vers; les voici : *Paroles que disoit Apollon au sujet des ouvrages d'Homère :*

Je chantois, Homère écrivoit.

Il me paroît que c'est l'auteur même de ce vers qui les y a mises, n'ayant pu y joindre une narration qui l'amenât; et c'est à quoi j'ai cru devoir suppléer dans ma traduction, sans aucun dessein de paraphraser un vers qui n'est excellent que par sa brièveté; car il me semble que l'expédient dont s'est servi ce poëte a un peu de rapport à ces vieilles tapisseries où l'on écrivoit au dessus de la tête des personnages : *C'est un homme, c'est un cheval*, etc. Du reste, pour la narration que vous trouvez prolixe, je ne vois pas qu'on puisse accuser de prolixité une chose qui est dite en vers, en aussi peu de paroles qu'on la pourroit dire en prose. Il est vrai que cette narration est de huit vers, mais ces huit vers ne disent que ce qu'il faut précisément dire; et s'il y en a un qui s'étende sur quelque inutilité, vous n'avez qu'à me le marquer, parce que je le retrancherai sur-le-champ. Ce ne sont pas huit bons vers qui sont longs, ce sont deux méchants vers qui le sont quelquefois à outrance : *sed tu disticha longa facis*, dit Martial [1].

J'ai bien de la joie que ce galant homme dont vous me parlez prenne goût à mes ouvrages :

<blockquote>C'est à de tels lecteurs que j'offre mes écrits [2].</blockquote>

Il me fait plaisir même de daigner bien prendre, en les lisant, *animum censoris honesti*. Oserois-je

---

[1] Mart., l. II, ep. LXXVII.
[2] Épître VII, vers 101.

vous dire que vous ni lui n'avez point entendu ma pensée au sujet de Jules César? Je n'ai jamais voulu dire [1] que César n'ait mis que deux jours à ramasser et lier ensemble les matériaux dont il fit construire le pont sur lequel il passa le Rhin? Il n'est question dans mes vers que du temps qu'il mit à faire passer ses troupes sur ce pont et je ne sais pas même s'il y employa deux jours. Le roi, quand il passa le Rhin, fit amener un très grand nombre de bateaux de cuivre, qu'on avoit été plus de deux mois à construire, et sur un desquels même M. le Prince et M. le Duc passèrent; mais qu'est-ce que cela fait à la rapidité avec laquelle toutes ses troupes traversèrent le fleuve, puisqu'il est certain que toute son armée passa comme celle de Jules César, avec tout son bagage, en moins de deux jours? Voilà ce que veut dire le vers:

Sur un pont, en deux jours, trompa tous tes efforts....

En effet, quel sens autrement pourroit-on donner à ces mots : *trompa tous tes efforts?* Le Rhin pouvoit-il s'efforcer à détruire le pont que faisoit construire Jules César, lorsque les bateaux étoient encore sur le chantier? Il faudroit pour cela qu'il se fût débordé; encore auroit-il été pris pour dupe, si César avoit mis ses ateliers sur une hauteur. Vous voyez donc bien, monsieur, qu'il faut

[1] Épître iv.

laisser *deux jours*, parce que si je mettois *dix jours*, cela seroit fort ridicule; et je donnerois au lecteur une idée absurde de César, en disant comme une grande chose qu'il avoit employé dix jours à faire passer une armée de 30,000 hommes, donnant ainsi par là tout le temps aux Allemands qu'il leur falloit pour s'opposer à son passage. Ajoutez que ces façons de parler, *en deux jours, en trois jours*, ne veulent dire que *très promptement, en moins de rien*. Voilà, je crois, monsieur, de quoi contenter votre critique et celle de monsieur votre ami. Vous me ferez plaisir de m'en faire beaucoup de pareilles, parce que cela donne occasion, comme vous voyez, à écrire des dissertations assez curieuses. Faites-moi cependant la grace d'excuser les ratures de celle-ci, parce que ce ne seroit jamais fait s'il falloit récrire mes lettres. Je vous aurai bien de l'obligation si vous en usez de même dans les vôtres, et surtout si vous voulez bien rayer ces grands MONSIEUR que vous mettez à tous vos commencements : *volo amari, non coli*. Je suis avec beaucoup de respect, etc.

XXVIII.

Paris, 28 mai 1703.

J'arrive à Paris, d'Auteuil où je suis maintenant habitué, et où j'ai laissé votre dernière lettre que j'y ai reçue. Ainsi je vous écris, monsieur, sans l'avoir devant les yeux. Je me souviens bien pourtant que vous y attaquez fortement ce que je dis, dans mon Lutrin, de la guêpe qui meurt du coup dont elle pique son ennemi. Vous prétendez que je lui donne ce qui n'appartient qu'aux abeilles, qui *vitam in vulnere ponunt*; mais je ne vois pas pourquoi vous voulez qu'il n'en soit pas de même de la guêpe, qui est une espèce d'abeille bâtarde, que de la véritable abeille, puisque personne sur cela n'a jamais dit le contraire, et que jamais on n'a fait à mon vers l'objection que vous lui faites. Je ne vous cacherai point pourtant que je ne crois cette prétendue mort vraie ni de l'abeille ni de la guêpe, et que tout cela n'est, à mon avis, qu'un discours populaire, dont il n'y a aucune certitude: mais il ne faut pas d'autre autorité à un poëte pour embellir son expression. Il en faut croire le bruit public sur les abeilles et sur les guêpes, comme sur le chant mélodieux des cygnes en mourant, et sur l'unité et la renaissance du phénix.

Je ne vous écris que ce mot, parce que je suis

pressé de sortir pour une affaire de conséquence, et que d'ailleurs je suis dans une extrême affliction de la mort de M. Félix, premier chirurgien du roi, qui étoit, comme vous savez, un de mes meilleurs et de mes plus anciens amis. Je vous prie de bien témoigner à M. Perrichon[1] combien je l'estime et je l'honore, et de me ménager dans son cœur, aussi bien que dans le vôtre, le remplacement d'une perte aussi considérable que celle que je viens de faire. Je vous donne le bonjour, et suis avec un très grand respect, etc.

P. S. Au nom de Dieu, ôtez de vos lettres ce MONSIEUR, haut exhaussé, ou j'en mettrai dans les miennes un encore plus haut.

XXIX.

3 juillet 1703.

J'ai été, monsieur, si chargé d'affaires depuis quelque temps, et occupé de tant de chagrins étrangers et domestiques, que je n'ai pas eu le loisir de faire l'affaire qui m'est le plus agréable, je veux dire de vous écrire et de m'entretenir avec vous. La mort de M. Félix m'a d'autant plus douloureusement touché, que c'est lui, pour ainsi dire, qui s'est tué lui-même, en se voulant sonder

[1] Avocat, secrétaire de la ville de Lyon.

pour une rétention d'urine qu'il avoit. Nous nous étions connus dès nos plus jeunes ans. Il étoit un des premiers qui avoit battu des mains à mes naissantes folies, et qui avoit pris mon parti à la cour contre M. le duc de Montausier. Il a été universellement regretté, et avec raison, puisqu'il n'y a jamais eu d'homme plus obligeant, plus magnifique et plus noble de cœur. Pour ce qui est de M. Perrault, je ne vous ai point parlé de sa mort, parce que franchement je n'y ai point pris d'autre intérêt que celui qu'on prend à la mort de tous les honnêtes gens. Il n'avoit pas trop bien reçu la lettre que je lui ai adressée dans ma dernière édition, et je doute qu'il en fût content. J'ai pourtant été au service que lui a fait dire l'Académie, et monsieur son fils m'a assuré qu'en mourant il l'avoit chargé de me faire de sa part de grandes honnêtetés, et de m'assurer qu'il mouroit mon serviteur. Sa mort a fait recevoir un assez grand affront à l'Académie, qui avoit élu, pour remplir sa place d'académicien, M. de Lamoignon votre ami; mais M. de Lamoignon a nettement refusé cet honneur. Je ne sais si ce n'est point par la peur d'avoir à louer l'ennemi de Cicéron et de Virgile. L'Académie, pour laver un peu sur cela son ignominie, a élu au lieu de lui très prudemment monsieur le coadjuteur de Strasbourg, qui en a témoigné une fort grande reconnoissance, et qui se prépare à venir faire son compliment. Je n'ai pas l'honneur de le connoître, mais c'est un prince de beaucoup de réputation, et qui a déja brillé dans la Sorbonne, dont il est docteur. J'espère qu'il tempèrera ses paroles en faisant l'éloge de M. Perrault, que les amateurs des bons livres n'auront point sujet de s'écrier :

O sæclum insipiens et inficetum [1] !

Je mets au rang de ces amateurs M. de Puget, et j'ose me flatter que Dieu n'enlèvera pas sitôt de la terre un homme de ce mérite et de cette capacité.

Je viens maintenant à vos critiques sur mes ouvrages. Je ne sais pas sur quoi se peuvent fonder ceux qui veulent conserver le solécisme qui est dans ce vers :

Que votre ame et vos mœurs *peints* dans tous vos ouvrages....

M. Gibert, du collége des Quatre-Nations, est le premier qui m'a fait apercevoir de cette faute depuis ma dernière édition. Dès qu'il me la montra, j'en convins sur-le-champ avec d'autant plus de facilité qu'il n'y a, pour la réformer, qu'à mettre, comme vous dites fort bien,

Que votre ame et vos mœurs peintes dans vos ouvrages,

ou,

Que votre esprit, vos mœurs, peints dans tous vos ouvrages.

Mais pourrez-vous bien concevoir ce que je vais

[1] Catull. *in amicam Formiani*, XLIII.

vous dire, qui est pourtant très véritable ; que cette faute, si aisée à apercevoir, n'a pourtant été aperçue ni de moi, ni de personne avant M. Gibert, depuis plus de trente ans qu'il y a que mes ouvrages ont été imprimés pour la première fois ; que M. Patru, c'est-à-dire le Quintilius de notre siècle, qui revit exactement ma Poétique, ne s'en avisa point, et que dans tout ce flot d'ennemis qui a écrit contre moi, et qui m'a chicané jusqu'aux points et aux virgules, il ne s'en est pas rencontré un seul qui l'ait remarquée ? Cela vient, je crois, de ce que le mot de *mœurs* ayant une terminaison masculine, on ne fait point réflexion qu'il est féminin. Cela fait bien voir qu'il faut non seulement montrer ses ouvrages à beaucoup de gens avant que de les faire imprimer, mais que même, après qu'ils sont imprimés, il faut s'enquérir curieusement des critiques qu'on y fait.

Oserois-je vous dire, monsieur, que si vous avez été fort juste sur l'observation de ce solécisme, il n'en est pas de même de votre correction de l'épigramme de l'Anthologie ? Et avec qui, bon Dieu ! y associez-vous mon style ? Avec le style de Charpentier : *Jungentur jam tigres equis.* Est-il possible que vous n'ayez pas vu que le sens de l'épigramme est que c'est Apollon, c'est-à-dire le génie seul, qui, dans une espèce d'enthousiasme et d'ivresse, a produit l'Iliade et l'Odyssée ; que c'est lui qui les a faits, et non pas simplement dictés, et que, lorsqu'Homère les écrivoit, à peine Apollon savoit qu'Homère étoit là? Ne concevez-vous pas, monsieur, que c'est le mot d'*ivresse* qui sauve tout, et qui fait voir pourquoi Apollon avoit tant tardé à dire aux neuf Sœurs qu'il étoit l'auteur de ces deux ouvrages, qu'il se souvenoit à peine d'avoir faits? D'ailleurs, quel air dans l'épigramme, de la manière dont vous la tournez, donnez-vous à Apollon, qui est supposé lisant cet ouvrage dans son cabinet, et se disant à lui-même : *C'est moi qui ai dicté ces vers?* Au lieu que dans mon épigramme, il est au milieu des Muses à qui il déclare qu'elles ne se trompent pas dans l'admiration qu'elles ont de ces deux grands chefs-d'œuvre, puisque c'est lui qui les a composés dans une chaleur qui ne lui permettoit pas d'écrire, et qu'Homère les avoit recueillis. Mais me voilà à la fin de la page; ainsi, monsieur, trouvez bon que je vous dise brusquement que je suis,....

XXX.

Auteuil, 2 août 1703.

Feu M. Patru, mon illustre ami, étoit non seulement un critique très habile, mais un très violent hypercritique, et en réputation de si grande rigidité qu'il me souvient que lorsque M. Racine me faisoit sur des endroits de mes ouvrages quelque observation un peu trop subtile, comme cela lui arrivoit quelquefois, au lieu de lui dire le proverbe latin : *Ne sis patruus mihi*, « n'ayez point « pour moi la sévérité d'un oncle, » je lui disois : *Ne sis Patru mihi*, « n'ayez point pour moi la sé- « vérité de Patru. » Je pourrois vous le dire à bien meilleur titre qu'à lui, puisque toutes vos lettres, depuis quelque temps, ne sont que des critiques de mes vers, où vous allez jusqu'à l'excès du raffinement. Vous avez reçu de moi une petite narration en rimes, que j'ai composée à la sollicitation de M. Le Verrier pour amener un vers de l'Anthologie; et tous ceux, à commencer par lui, à qui je l'ai communiquée, en ont été très satisfaits. Cependant, bien loin d'en être content, vous me faites concevoir qu'elle ne vaut rien, et sans me dire ce que vous y trouvez de défectueux, vous allez chercher dans M. Charpentier, c'est-à-dire dans les étables d'Augias, de quoi la rectifier. Ensuite vous vous avisez de trouver une équivoque dans un vers où il n'y en a jamais eu. En effet, où peut-il y en avoir dans cette façon de parler :

Approuve l'escalier tourné d'autre façon[1] ;

et qui est-ce qui n'entend pas d'abord que le mé-

[1] *Art poétique*, chant IV, vers 17.

decin architecte approuve l'escalier, moyennant qu'il soit tourné d'une autre manière ? Cela n'est-il pas préparé par le vers précédent :

Au vestibule obscur il marque une autre place?

Il est vrai que, dans la rigueur et dans les étroites règles de la construction, il faudroit dire : *Au vestibule obscur il marque une autre place que celle qu'on lui veut donner, et approuve l'escalier tourné d'une autre manière qu'il n'est.* Mais cela se sous-entend sans peine; et où en seroit un poëte si on ne lui passoit, je ne dis pas une fois, mais vingt fois dans un ouvrage ces *subaudi?* Où en seroit M. Racine si on lui alloit chicaner ce beau vers que dit Hermione à Pyrrhus, dans l'Andromaque :

Je t'aimois inconstant, qu'eussé-je fait fidèle [1] ?

qui dit si bien, et avec une vitesse heureuse : *Je t'aimois lorsque tu étois inconstant, qu'eussé-je fait si tu avois été fidèle?* Ces sortes de petites licences de construction non seulement ne sont pas des fautes, mais sont même assez souvent un des plus grands charmes de la poésie, principalement dans la narration, où il n'y a point de temps à perdre. Ce sont des espèces de latinismes dans la poésie françoise, qui n'ont pas moins d'agréments que

---

[1] Je t'aimois inconstant, qu'aurois-je fait fidèle!
Androm. Act. IV, sc. v.

les hellénismes dans la poésie latine. Jusqu'ici cependant, monsieur, vous n'avez été que trop scrupuleux et trop rigide; mais où étoient vos lumières quand vous avez douté si ce temple fameux, dont parle Thémis dans le Lutrin, est Notre-Dame, ou la Sainte-Chapelle? Est-il possible que vous n'ayez pas vu que ce temple qu'elle désigne à la Piété est ce même temple dont la Piété vient de lui parler quelques vers auparavant avec tant d'emphase, et où est arrivée la querelle du Lutrin?

> J'apprends que dans ce temple où le plus saint des rois
> Consacra tout le fruit de ses pieux exploits,
> Et signala pour moi sa pompeuse largesse,
> L'implacable Discorde, etc.[2]

Comment voulez-vous que le lecteur aille songer à Notre-Dame qui n'a point été bâtie par saint Louis, et qui est si éloignée du Palais, y ayant entre elle et le Palais plus de douze fameuses églises, et principalement la célèbre paroisse de Saint-Barthélemi, qui en est beaucoup plus proche? Permettez-moi de vous dire que de se faire ces objections, c'est se chicaner soi-même mal à propos, et ne vouloir pas voir clair en plein midi. Je ne vous parle point de la difficulté que vous me faites sur ce vers,

> Que votre esprit, vos mœurs, peints dans tous vos ouvrages,

[1] Chant VI, vers 67-70.

puisqu'il m'est fort indifférent que vous mettiez celui-là, ou

> Que votre ame et vos mœurs peintes dans vos ouvrages...

Il n'est pas vrai pourtant que la construction grammaticale ne soit pas dans le premier de ces deux vers, où la noblesse du genre masculin l'emporte, et qu'on ne puisse fort bien dire en françois : *Mars et les Graces étoient peints dans ce tableau.* On peut pourtant dire aussi *étoient peintes,* mais *peints* est le plus régulier : et pour ce qui est de ce que vous prétendez qu'il s'agit là de l'*ame* et non de l'*esprit,* trouvez bon que je vous fasse ressouvenir que le mot d'*esprit,* joint avec le mot de *mœurs,* signifie aussi l'ame, et qu'un esprit bas, sordide, trigaud, etc., veut dire la même chose qu'une ame basse, sordide, etc... Avouez donc, monsieur, que dans toutes ces critiques vous vous montrez un peu trop subtil, et que vous êtes à mon égard en cela *Patru patruissimus.* Mais je commence à m'apercevoir que je suis moi-même bien peu subtil de ne pas reconnoître que vous les avez faites pour m'exciter à parler, et qu'il n'étoit pas nécessaire d'y répondre sérieusement. Que voulez-vous ? Un auteur est toujours auteur, surtout quand on le blesse dans une partie aussi sensible que ses ouvrages imprimés ; mais laissons-les là.

Je ne saurois bien vous dire pourquoi M. de

Lamoignon n'a point accepté la place qu'on lui vouloit donner dans l'Académie. Il m'a mandé qu'il ne pouvoit pas se résoudre à louer M. Perrault, auquel on le faisoit succéder, et dont, selon les règles, il auroit été obligé de faire l'éloge dans sa harangue; mais c'est une plaisanterie. Quoi qu'il en soit, l'Académie, à mon avis, a suffisamment réparé cet affront, en élisant à sa place M. le coadjuteur de Strasbourg, prince d'un très grand mérite et d'une très grande condition, qui en a témoigné une très grande reconnoissance, jusqu'à aller rendre exactement visite à ceux qui lui ont donné leur voix, *solatia victis*. Je suis ravi qu'un petit mot dans ma dernière lettre ait un peu contribué au rétablissement de la santé de l'illustre M. de Puget. Si mes paroles ont cette vertu magique, je ne m'en applaudirai pas moins que si elles avoient le pouvoir de faire descendre la lune du ciel, et sortir du tombeau *manes responsa daturos*. Je vous conjure donc d'employer aussi mes paroles à me conserver toujours dans le souvenir de M. Perrichon. J'ai reçu une lettre de M. de Mervezin[1] presque en même temps qu'on m'a rendu la vôtre. Il est homme de mérite, et m'a paru plus que content de votre bonne réception. Je suis,....

P. S. Comme vous ne sauriez goûter mon épigramme de l'Anthologie en françois, j'ai cru vous

[1] Auteur d'une Histoire de la poésie françoise, mort en 1721.

devoir envoyer la traduction qu'en a faite en grec l'illustre et savant M. Boivin. Elle est écrite de sa main, avec quelques vers françois qu'il a imités des vers grecs d'un ancien père de l'église, et qui sont au dos de l'épigramme. Vous jugerez, monsieur, de son double mérite. Il prétend citer quelque jour cette épigramme dans quelques notes savantes, et la faire passer pour un original tiré d'un manuscrit de la bibliothèque du roi, dont il est gardien. Je ne sais s'il fera cette folie ; mais combien pensez-vous que nous avons peut-être d'ouvrages donnés de la sorte?

XXXI.

Auteuil, 29 septembre 1703.

J'ai été, monsieur, si accablé d'affaires depuis quelque temps, que je n'ai pas eu le loisir de faire la chose qui m'est la plus agréable, je veux dire de m'entretenir avec vous. Je m'en serois même encore dispensé aujourd'hui, si, tout d'un coup, en relisant votre dernière lettre que j'ai trouvée sur ma table, je n'eusse fait réflexion que vous imputeriez peut-être mon silence au chagrin que vous croyez que j'ai conçu de vos critiques. Je vous assure pourtant que je n'en ai eu aucun, et que j'ai été d'autant moins capable d'en avoir, que j'ai bien vu, comme je vous l'ai, ce me semble, témoigné, que vous ne me les faisiez qu'afin de vous divertir et de me faire parler. J'ai trouvé un peu étrange, je l'avoue, que vous me voulussiez mettre en société de style avec Charpentier, l'un des hommes du monde avec lequel je m'accordois le moins, et qui toute sa vie, à mon sens, et même en sa vieillesse, a eu le style le plus écolier; mais cela n'a point fait que je vous aie voulu aucun mal. Et qu'ai-je fait effectivement, à propos de vos censures, autre chose que vous comparer à M. Patru et à M. Racine? Est-ce que la comparaison vous déplaît?

Pour vous montrer même combien je suis éloigné de me choquer de vos critiques, je m'en vais ici vous écrire une énigme que j'ai faite à l'âge de dix-sept ans, et qui est pour ainsi dire mon premier ouvrage. Je l'avois oubliée, et je m'en souvins le dernier jour en allant voir une maison que mon père avoit au pied de Montmartre[1], où je composai ce bel ouvrage. Je vous l'envoie afin que vous l'examiniez à la rigueur ; mais, pour me venger de votre sévérité, je ne vous dirai le mot de l'énigme que la première fois que je vous écrirai, afin de me venger de la peine que vous me ferez

[1] A Clignancourt.

en la censurant, par la peine que vous aurez à la deviner. La voici :

> Du repos des humains implacable ennemie,
> J'ai rendu mille amants envieux de mon sort ;
> Je me repais de sang, et je trouve ma vie
> Dans les bras de celui qui recherche ma mort.

Tout ce que je puis vous dire par avance, c'est que j'ai tâché de répondre par la magnificence de mes paroles à la grandeur du monstre que je voulois exprimer. Adieu, mon cher monsieur, aimez-moi toujours, et croyez que je suis avec tout le respect et la sincérité que je dois....

XXXII.

Paris, 7 novembre 1703.

Je ne vous ai point écrit, monsieur, depuis long-temps, parce que j'ai été un peu malade, et fort accablé d'affaires. Vous êtes un véritable Œdipe pour deviner les énigmes ; et si les couronnes se donnoient aujourd'hui à ceux qui en pénètrent le sens, je suis sûr que vous ne tarderiez pas à vous voir roi de quelque bonne et grande ville. Mais, si vous avez très bien reconnu que c'étoit la *puce* que j'ai voulu peindre dans mes quatre vers, vous n'avez pas moins bien deviné, quand vous avez cru que je ne digèrerois pas fort aisément l'insulte ironique que m'ont faite de gaîté de cœur, et sans que je leur en aie donné aucun sujet, messieurs les journalistes de Trévoux. Comme j'ai fait profession jusqu'ici de ne me point plaindre de ceux qui m'attaquent, et que je les ai toujours rendus complaignants, j'ai cru en devoir encore user de même en cette occasion, et je les ai d'abord servis d'une épigramme, ou plutôt d'une espèce de petite épître en seize vers, où je leur ai marqué ma reconnoissance sur leur fade raillerie. Je ne saurois vous dire avec combien d'applaudissements cette épître a été reçue de tout le monde; et j'ai fort bien reconnu par là que non seulement je ne suis pas haï du public, mais qu'ils lui sont fort odieux. Je m'imagine que vous avez grande envie de voir ce petit ouvrage, et il n'est pas juste de retarder votre curiosité. Le voici :

Aux révérends pères auteurs du journal de Trévoux.

Mes révérends pères en Dieu, etc. [1]

Au reste, comme ils ne m'ont pas attaqué seul, et qu'ils ont traité très indignement mon frère, au sujet du livre des Flagellants, je me suis cru obligé de le défendre contre la mauvaise foi avec laquelle ils l'accusent, eux et M. Thiers[2], d'avoir

---

[1] Épigr. xxxv.
[2] Théologien, né à Chartres en 1636, mort en 1703; auteur de traités sur les superstitions, les perruques et les cloches.

attaqué la discipline en général, quoiqu'il n'en reprenne que le mauvais usage; c'est ce que je fais voir par l'épigramme suivante, qui court aussi déja le monde :

Aux pères journalistes de Trévoux.

Non, le livre des Flagellants, etc. [1]

Cette épigramme n'est pas si bonne que la précédente. Elle dit pourtant assez bien ce que je veux dire, et défend parfaitement mon frère de la chose dont on l'accuse. Je ne sais pas ce que messieurs les journalistes répondront à cela; mais, s'ils m'en croient, ils profiteront du bon avis que je leur donne par la bouche de Regnier, notre commun ami. Je n'ai pas vu jusqu'ici que ceux qui ont pris à tâche de me décrier y aient réussi. Ainsi je leur puis dire avec Horace :

Nec quisquam noceat cupido mihi pacis; at illi
Qui me commorit, melius non tangere, clamo [2].

Ce qu'il y a de certain, c'est que tout le tort est de leur côté. La vérité est que je me déclare dans mes ouvrages ami de M. Arnauld, mais en même temps je me déclare aussi ami *des écrivains de l'école d'Ignace*, et partant je suis tout au plus un *Molino-Janséniste*. C'est ce que je vous prie de bien faire entendre à vos illustres amis les jésuites de

[1] Épigr. XXXVII, tome II.
[2] Hor., l. II, sat. V, v. 44, 45.

Lyon, que je ne confondrai jamais avec ceux de
Trévoux, quoiqu'on me veuille faire entendre que
tous les jésuites sont un corps homogène, et que
qui remue une des parties de ce corps remue
toutes les autres; mais c'est de quoi je ne suis point
encore parfaitement convaincu. Quoi qu'il en soit,
il ne s'agit point en notre querelle d'aucun point
de théologie; et je ne sais pas comment messieurs
de Trévoux pourront me faire janséniste, pour
avoir soutenu qu'on ne doit point étaler aux yeux
ce que leur doit toujours cacher la bienséance. Ce
que je vous prie surtout, c'est de bien faire ressouvenir M. Perrichon de la sincère estime que j'ai
pour lui. Je suis....

XXXIII.

Paris, 7 décembre 1703.

J'ai tardé jusqu'à l'heure qu'il est, monsieur, à
vous écrire, parce que j'attendois pour le faire que
messieurs de Trévoux eussent répondu à mes épigrammes dans leur nouveau volume, afin de voir
et de vous mander si j'avois la guerre ou non avec
ces bons pères; mais étant demeurés dans le silence à mon égard, voilà toutes nos querelles finies,
et vous pouvez assurer messieurs les jésuites de
Lyon que je ne dirai plus rien contre aucun de

leur compagnie, dans laquelle, quoique extrêmement ami de la mémoire de M. Arnauld, j'ai encore d'illustres amis, et entre autres le père de La Chaise, le père Bourdaloue et le père Gaillard. Car pour ce qui regarde le démêlé sur la grace, c'est sur quoi je n'ai point pris parti, étant tantôt d'un sentiment, et tantôt d'un autre. De sorte que m'étant quelquefois couché janséniste tirant au calviniste, je suis tout étonné que je me réveille moliniste approchant du pélagien. Ainsi, sans les condamner ni les uns ni les autres, je m'écrie avec saint Augustin : *O altitudo sapientiæ!* mais, après avoir quelquefois en moi-même traduit ces paroles par *Oh, que Dieu est sage!* j'ajoute aussi en même temps : *Oh, que les hommes sont fous!* Je m'imagine que vous entendez bien pourquoi cette dernière exclamation, et que vous n'y comprenez pas un petit nombre de volumes.

Mais pour répondre maintenant à la question que vous me faites sur la prononciation du mot de *Trevoux*, et s'il faut un accent sur la pénultième, je vous dirai que c'est vous qui avez entièrement raison, et que ma faute vient de ce que je n'avois jamais entendu prononcer le nom de cette ville, avant les journaux de messieurs de Trévoux. Trouvez bon que je ne vous écrive rien davantage cet ordinaire, parce que le retour de M. de Valincour de l'armée navale m'a surchargé d'occupations.

Aimez-moi toujours, croyez que je vous rends la pareille, et soyez bien persuadé que je suis très passionnément, etc....

XXXIV.

Paris, 25 janvier 1704.

Ce n'est pas, monsieur, à un homme qui a tort, à se plaindre d'un homme qui a raison. Cependant vous trouverez bon que je ne m'assujétisse pas aujourd'hui à cette règle, et que, tout coupable que je suis de négligence à votre égard, je ne laisse pas de me plaindre de votre peu de diligence depuis quelque temps à m'écrire. Quoi! monsieur, laisser passer tout le mois de janvier sans me souhaiter, du moins par un billet, la bonne année! Cela se peut-il souffrir? Vous me direz que j'ai bien laissé passer le mois de novembre et celui de décembre pour répondre à deux lettres que j'ai reçues de vous; mais doit-on se régler sur un paresseux de ma force, et pouvez-vous vous dire un homme exact, si vous ne l'êtes que deux fois plus que moi? Sérieusement, je suis fort en peine de n'avoir point eu depuis très long-temps de vos nouvelles. Auriez-vous été indisposé? C'est ce que j'appréhenderois le plus. Faites-moi donc la grace de me rassurer sur ce point, et de me dire pourquoi dans votre dernière lettre vous ne parlez point de mon accommodement avec messieurs de Trévoux. Cet accommodement est maintenant complet, et le père Gaillard est venu, de la part de messieurs les jésuites de Paris, témoigner à mon frère le chanoine qu'on avoit fort lavé la tête à ces aristarques indiscrets, qui assurément ne diroient plus rien contre moi..... Je suis, avec beaucoup de sincérité et de reconnoissance...

XXXV.

Auteuil, 27 mars 1704.

Vous êtes, monsieur, l'ami du monde le plus commode pour un paresseux comme moi, puisque, dans le temps même que je ne sais comment vous demander pardon de ma négligence, vous me faites vous-même des excuses, et vous déclarez le négligent de nous deux : je n'ai pourtant pas oublié que c'est moi qui ai manqué à répondre à plusieurs de vos lettres, et, entre autres, à celle où vous m'assurez que vous avez vu à Lyon mon dialogue des romans imprimé. Je ne sais pas même comment j'ai pu tarder si long-temps à vous détromper de cette erreur, ce dialogue n'ayant jamais été écrit, et ce que vous avez lu ne pouvant sûrement être un ouvrage de moi. La vérité est que l'ayant autrefois composé dans ma tête, je le récitai à plusieurs personnes qui en furent frappées, et qui en retinrent quantité de bons mots. C'est de quoi on a vraisemblablement fabriqué l'ouvrage dont vous me parlez; et je soupçonne fort monsieur le marquis de Sévigné[1] d'en être le principal auteur; car c'est lui qui en a retenu le plus de choses. Mais tout cela, encore un coup, n'est point mon dialogue; et vous en conviendrez vous-même, si vous venez à Paris, quand je vous en réciterai des endroits. J'ai jugé à propos de ne le point donner au public pour des raisons très légitimes, et que je suis persuadé que vous approuverez; mais cela n'empêche pas que je ne le retrouve encore fort bien dans ma mémoire, quand je voudrai un peu y rêver, et que je vous en dise assez pour enrichir votre commentaire sur mes ouvrages.

Je suis bien aise que mon frère vous ait écrit le détail de notre accommodement avec MM. de Trevoux. Je n'ai pas eu de peine à donner les mains à cet accord.

Aujourd'hui vieux lion, je suis doux et traitable [2].

Et d'ailleurs, quoique passionné admirateur de l'illustre M. Arnauld, je ne laisse pas d'estimer infiniment le corps des jésuites, regardant la que-

---

[1] Fils de la marquise.
[2] Épître v, v. 18.

relle qu'ils ont eue avez lui sur Jansénius comme une vraie dispute de mots, où l'on ne se querelle que parce qu'on ne s'entend point, et où l'on n'est hérétique de part ni d'autre. Adieu, mon cher monsieur, faites bien mes compliments à M. Perrichon et à tous nos autres illustres amis de l'hôtel-de-ville de Lyon, et croyez qu'on ne peut être avec plus de sincérité et de respect que je le suis,....

XXXVI.

Auteuil, 15 juin 1704.

Je suis bien honteux, monsieur, d'avoir été si long-temps sans répondre à vos obligeantes lettres. Cependant je ne laisse pas d'être fâché d'avoir d'aussi bonnes excuses que celles que j'ai à vous en faire : car, outre que j'ai été extrêmement incommodé d'un mal de poitrine, qui non seulement ne me permettoit pas d'écrire, mais qui ne me laissoit pas même l'usage de la respiration, la suppression subite qui s'est faite des greffiers de la grand'chambre, et qui va mettre une de mes nièces à l'hôpital, avec son mari et ses trois enfants, m'a jeté dans une consternation qui n'excuse que trop justement mon silence. Je ne vous entretiendrai point du détail de cette affaire. Tout ce que je puis vous dire, c'est que les prospérités de la France coûtent cher au greffe, et que, si cela continue, j'ai bien peur que les trois quarts du royaume ne s'en aillent à l'hôpital couronnés de lauriers. Il faut pourtant tout espérer de Dieu et de la prudence du roi.

Vous m'avez fait plaisir de me mander les miracles du jésuite Romeville. Je ne sais pas s'il a ressuscité des morts et fait marcher des paralytiques; mais le plus grand miracle, à mon avis, qu'il pourroit faire, ce seroit de convenir que M. Arnauld étoit le plus grand personnage et le plus véritable chrétien qui ait paru depuis longtemps dans l'église, et de désavouer les exécrables maximes de tous les nouveaux casuistes. Alors je lui crierois : *Hosanna in excelsis! beatus qui venit in nomine Domini!*

J'ai bien de la joie que vous vous érigiez en auteur par un aussi bon et aussi utile ouvrage que celui dont vous m'avez envoyé le titre. J'ai naturellement peu d'inclination pour la science du droit civil, et il m'a paru, étant jeune et voulant l'étudier, que la raison qu'on y cultivoit n'étoit point la raison humaine et celle qu'on appelle bon sens, mais une raison particulière, fondée sur une multitude de lois qui se contredisent les unes les autres, et où l'on se remplit la mémoire sans se perfectionner l'esprit. Je me souviens même que dans ce temps-là, je fis sur ce sujet des vers latins, qui commençoient par

> O mille nexibus non desinentium
>   Fœcunda rixarum parens!
> Quid intricatis juribus jura impedis?

J'ai oublié le reste. Il m'est pourtant encore demeuré dans la mémoire que j'y comparois les lois du Digeste aux dents du dragon que sema Cadmus, et dont il naissoit des gens armés qui se tuoient les uns les autres. La lecture du livre du sieur Domat m'a fait changer d'avis, et m'a fait voir dans cette science une raison que je n'y avois point vue jusque là. C'étoit un homme admirable. Je ne suis donc point surpris qu'il vous ait si bien distingué, tout jeune que vous étiez. Vous me faites grand honneur de me comparer à lui, et de mettre en parallèle un misérable faiseur de satires avec le restaurateur de la raison dans la jurisprudence. On m'a dit qu'on le cite déja tout haut dans les plaidoiries, comme Balde et Cujas; et on a raison: car, à mon sens, il vaut mieux qu'eux. Je vous en dirois davantage, mais permettez que, dans le chagrin où je suis, je me hâte de vous assurer que je suis, etc.

XXXVII.

Paris, 13 décembre 1704.

Je suis si coupable, monsieur, à votre égard, que je sens bien que si je voulois faire mon apologie, il me faudroit plus d'une fois relire mon Aristote et mon Quintilien, et y chercher des figures propres à bien mettre en jour un procès et une maladie que j'ai eus, et qui m'ont empêché de répondre aux lettres obligeantes et judicieuses que vous m'avez fait l'honneur de m'écrire; mais, comme je suis sûr de mon pardon, je crois que je ferai mieux de ne me point amuser à ces vains artifices, et de vous dire, comme si de rien n'étoit, après vous avoir avoué ma faute, que je suis confus des bontés que vous me marquez dans votre dernière lettre. J'admire la délicatesse de votre conscience, et le soin que vous prenez de m'y fournir des armes contre vous-même, au sujet de la critique que vous m'avez faite sur la piqûre de la guêpe. Je n'avois garde de me servir de ces armes, puisque franchement je ne savois rien, avant votre lettre, du fait que vous m'y apprenez. Je suis ravi que ce soit à M. de Puget que je doive ma disculpation, et je vous prie de le bien marquer dans votre commentaire sur *le Lutrin*; mais surtout je vous conjure de bien témoigner à cet excellent homme l'estime que je fais de lui et de ses découvertes dans la physique. Je vois bien qu'il a en vous un merveilleux disciple; mais dites-moi comment vous faites pour passer si aisément de l'étude de la nature à l'étude de la jurisprudence, et pour être en même temps si digne sectateur de M. de Puget et de M. Domat.

Il n'y a rien de plus savant et de plus utile que votre livre sur *les Titres du droit civil et du droit canonique*; et bien que j'aie naturellement, comme je vous l'ai déja dit, une répugnance à l'étude du droit, je n'ai pas laissé de lire plusieurs endroits de votre ouvrage avec beaucoup de satisfaction. Vous m'avez fait un grand plaisir de me l'envoyer, et je voudrois bien vous pouvoir faire un présent de ma façon, qui pût, en quelque sorte, égaler le prix de votre livre; mais cela n'étant pas possible, je crois que vous voudrez bien vous contenter de deux épigrammes nouvelles, que j'ai composées dans quelques moments de loisir. Ne les regardez pas avec des yeux trop rigoureux, et songez qu'elles sont d'un homme de soixante-sept ans. Les voici :

Sur un homme qui passoit sa vie à contempler ses horloges.
Sans cesse autour de six pendules, etc. [1]

A M. Le Verrier, sur les vers de sa façon, qu'il a fait mettre au bas de mon portrait, gravé par Drevet.
Oui, Le Verrier, c'est là mon fidèle portrait, etc. [2]

[1] Tome II, épigr. XXXVIII.
[2] *Ibid.*, chansons, stances, sonnets, etc. XII.

Voilà, monsieur, deux diamants du temple que je vous envoie pour un livre plein de solidité et de richesses. Vous en ferez tel usage que vous jugerez à propos, et même, si vous voulez, un très indigne usage. Cependant je vous prie de croire que c'est du fond du cœur que je suis à outrance, etc.

XXXVIII.

Paris, 12 janvier 1705.

Je vous envoie, monsieur, le portrait dont il est question. M. Le Verrier, qui vous en fait présent, vouloit l'accompagner d'une lettre de compliment de sa main; mais dans le temps qu'il l'écrivoit, on l'a envoyé chercher de la part de M. Desmarets[1], et je me suis chargé de l'excuser envers vous. Il m'a assuré pourtant qu'il vous écriroit au premier jour par la poste. Ainsi sa lettre arrivera peut-être avant celle-ci, que je vous envoie par la voie que vous m'avez marquée. Il y a des gens qui trouvent que le portrait me ressemble beaucoup; mais il y en a bien aussi qui n'y trouvent point de ressemblance. Pour moi, je ne saurois qu'en dire; car je ne me connois pas trop bien, et je ne consulte pas trop souvent mon mi-

[1] Neveu de Colbert, et contrôleur général des finances.

roir. Il y a encore un autre portrait de moi, gravé par un ouvrier dont je ne sais pas le nom, et qui me ressemble moins qu'au grand-mogol. Il me fait extrêmement *rechigneux* ; et comme il n'y a pas de vers au bas, j'ai fait ceux-ci pour y mettre :

> Du célèbre Boileau tu vois ici l'image.
> Quoi ! c'est là, diras-tu, ce critique achevé ?
> D'où vient le noir chagrin qu'on lit sur son visage ?
> C'est de se voir si mal gravé.

Je ne sais si le graveur sera content de ces vers ; mais je sais qu'il ne sauroit en être plus mécontent que je le suis de sa gravure. Je vous donne le bonjour, et suis très parfaitement, etc.

Témoignez bien à M. Perrichon à quel point je suis glorieux de son souvenir.

XXXIX.

6 mars 1705.

Je ne m'étendrai point ici, monsieur, en longues excuses du long temps que j'ai été à répondre à vos obligeantes lettres, puisqu'il n'est que trop vrai qu'un très fâcheux rhume que j'ai eu, accompagné même de quelque fièvre, m'a entièrement mis hors d'état, depuis trois semaines, de faire ce que j'aime le mieux à faire ; je veux dire de vous écrire. Me voilà entièrement rétabli, et je vais m'acquitter d'une partie de mon devoir.

Je suis fort aise que votre illustre physicien, à l'aide de son microscope, ait trouvé de quoi justifier le vers du Lutrin que vous attaquiez, et qu'il ait rendu à la guêpe son honneur : car, bien qu'elle soit un peu décriée parmi les hommes, on doit rendre justice à ses ennemis, et reconnoître le mérite de ceux même qui nous persécutent. Je vous prie donc de faire bien des remerciements de ma part à M. de Puget, et de lui bien marquer l'estime que je fais des excellentes qualités de son esprit, qui n'ont pas besoin, comme celles de la guêpe, du microscope pour être vues.

Vous faites, à mon avis, trop de cas des deux épigrammes que je vous ai envoyées, et de celle à M. Le Verrier, qui n'est qu'un petit compliment très simple que je me suis cru obligé de lui faire, pour empêcher qu'on ne me crût auteur des quatre vers qui sont au bas de mon portrait, et qui sont beaucoup meilleurs que mes épigrammes, n'y ayant rien surtout de plus juste que ces deux vers :

> J'ai su dans mes écrits, docte, enjoué, sublime,
> Rassembler en moi Perse, Horace et Juvénal ;

supposé que cela fût vrai, *docte* répondant admirablement à Perse, *enjoué* à Horace et *sublime* à

Juvénal. Il les avait faits d'abord indirects et de la manière dont vous me faites voir que vous avez prétendu les rajuster; mais cela les rendoit froids, et c'est par le conseil de gens très habiles qu'il les mit en style direct; la prosopopée ayant une grace qui les anime, et une fanfaronnade même, pour ainsi dire, qui a son agrément.

Vous ne me dites rien des quatre vers que j'ai faits pour l'autre infame gravure dont je vous ai parlé. Est-ce que vous les trouveriez mauvais? Ils ont pourtant réjoui tous ceux à qui je les ai dits. Mais pour vous satisfaire sur l'histoire que vous me demandez de l'épigramme de Lubin, je vous dirai que Lubin est un de mes parents, qui est mort il y a plus de vingt ans, et qui avoit la folie que j'y attaque. Il étoit secrétaire du roi, et s'appeloit M. Targas. J'avois dit, lui vivant, le mot dont j'ai composé le sel de mon épigramme, qui n'a été faite qu'environ depuis deux mois, chez moi, à Auteuil, où couchoit l'abbé de Châteauneuf[1]. Je m'étois ressouvenu le soir, en conversant avec lui, du mot dont il est question : il l'avoit trouvé fort plaisant, et sur cela nous étions convenus l'un et l'autre qu'avant tout, pour faire une bonne épigramme, il falloit dire en conversation le mot qu'on y vouloit mettre à la fin, et voir s'il frapperoit. Celui-ci donc l'ayant frappé, je le lui rap-

---

[1] Mort en 1709. Il a laissé un *Traité sur la musique des anciens*.

portai le lendemain au matin construit en épigramme, telle que je vous l'ai envoyée. Voilà l'histoire.

Le monument antique que vous m'avez fait tenir est fort beau et fort vrai. Mon dessein étoit de le porter moi-même à l'Académie des Inscriptions, mais j'ai su qu'il y avoit déja long-temps qu'il y étoit, et que les académiciens même s'étoient déja fort exercés sur cette excellente relique de l'antiquité. Je ne sais pas pourquoi vous me faites une querelle d'Allemand sur la prééminence qu'a eue autrefois Lyon au dessus de Paris. Est-ce que Paris a jamais nié que, du temps de César, non seulement Lyon, mais Marseille, Sens, Melun, ne fussent beaucoup plus considérables que Paris? Et qu'est-ce que Lyon sauroit conclure contre Paris, sinon ce vers du Cid :

Vous êtes aujourd'hui ce qu'autrefois je fus [1] ?

Je vous conjure bien de marquer à M. de Mezzabarba, dans les lettres que vous lui écrirez, le cas que je fais de sa personne et de son mérite. Je ne sais si vous avez vu la traduction qu'il a faite de mon *Ode sur Namur*. Je ne vous dirai pas qu'il y est plus moi-même que moi-même, mais je vous dirai hardiment que, bien que j'aie surtout songé à y prendre l'esprit de Pindare, M. de Mezzabarba

---

[1] Acte I, scène VI.

y est beaucoup plus Pindare que moi. Si vous n'avez pas encore reçu de lettre de M. Le Verrier, cela ne vient que de ma faute, et du peu de soin que j'ai eu de le faire ressouvenir, comme je devois, de vous écrire; mais je vais dîner aujourd'hui chez lui, et je réparerai ma négligence. Vous pouvez vous assurer d'avoir, au premier jour, un compliment de sa façon. Adieu, mon illustre monsieur, croyez que c'est très sincèrement que je suis, etc.

Souffrez que je fasse ici, en particulier, et hors d'œuvre, mon compliment à M. Perrichon.

XL.

15 mai 1705.

Je suis si coupable envers vous, monsieur, que si je voulois me disculper de toutes mes négligences, il faudroit que j'y employasse toutes mes lettres, et je ne pourrois vous parler d'autre chose. Il me semble donc que le mieux est de vous renvoyer à mes excuses précédentes, puisque je n'en ai point de nouvelles à vous alléguer, et de vous prier de suppléer, par la violence de votre amitié, à la foiblesse de mes raisons. Cela étant, je vous dirai que j'ai été ravi d'apprendre, par votre dernière lettre, l'honorable distribution que vous

avez faite des estampes de Drevet. La vérité est
que vous deviez les avoir reçues de ma main; mais
je crois vous avoir déja écrit que je ne les donnois
à personne à cause des vers fastueux que M. Le
Verrier a fait graver au bas, et dont je paroîtrois
tacitement approuver l'ouverte flatterie, si j'en
faisois des présents en mon nom. Cependant il n'est
pas possible de n'être point bien aise qu'elles soient
entre les mains de M. de Puget et de M. Perrichon,
et qu'elles leur donnent occasion de se ressouvenir de l'homme du monde qui les estime et les
honore le plus. Pour ce qui est de monsieur le
prevôt des marchands de Lyon, je ne saurois
croire qu'il souhaite de voir un portrait aussi peu
digne de sa vue que le mien. La vérité est pourtant que je souhaite fort qu'il le souhaite, puisqu'il n'y a point d'homme dont j'aie entendu dire
tant de bien que de cet illustre magistrat, et qu'on
ne peut être honnête homme sans désirer d'être
estimé d'un aussi excellent homme que lui. M. Le
Verrier m'a assuré qu'il vous enverroit encore
deux de mes portraits par la voie que vous m'a-
vez mandée, et vous les pourrez donner à qui vous
jugerez à propos. M. de Puget me fait bien de
l'honneur de me mettre en regard, pour me servir de vos termes, avec M. Pascal. Rien ne me sauroit être plus agréable que de me voir mis en parallèle avec un si merveilleux génie; mais tout ce

que nous avons de semblable, comme l'a fort bien remarqué M. de Puget dans ses jolis vers, c'est l'inclination à la satire, si l'on doit donner le nom de satires à des lettres aussi instructives et aussi chrétiennes que celles de M. Pascal.

Je viens maintenant à l'extrême honneur que la ville de Lyon me fait en me demandant mon sentiment sur l'inscription nouvelle qu'elle veut qui soit mise dans son hôtel-de-ville, au sujet du passage de nosseigneurs les princes en 1701; et je n'aurai pas grand'peine à me déterminer là dessus, puisque je suis entièrement déclaré pour la langue latine, qui est extrêmement propre, à mon avis, pour les inscriptions, à cause de ses ablatifs absolus, au lieu que la langue françoise, en de pareilles occasions, traîne et languit par ses gérondifs incommodes, et par ses verbes auxiliaires où elle est indispensablement assujétie, et qui sont toujours les mêmes. Ajoutez qu'ayant besoin pour plaire d'être soutenue, elle n'admet point cette simplicité majestueuse du latin, et, pour peu qu'on l'orne, donne dans un certain phébus qui la rend sotte et fade. En effet, monsieur, voyez, par exemple, quelle comparaison il y auroit entre ces mots qui viennent au bout de la plume : *Regia familia urbem invisente*, ou ceux-ci : *La royale famille étant venue visiter la ville.* Avec tout cela néanmoins peut-être que je me trompe, et je me rendrai volontiers sur cela à l'avis de ceux qui me demandent mon avis. Cependant je vous prie de bien témoigner mes respects à messieurs de la ville de Lyon, et de leur bien marquer que je ne perdrai jamais l'occasion de célébrer une ville qui a été, pour ainsi dire, par ses pensions, la mère nourrice de mes muses naissantes, et chez qui autrefois, comme je l'ai déja dit dans un endroit de mes ouvrages, on obligeoit les méchants auteurs d'effacer eux-mêmes leurs écrits avec la langue. Du reste, croyez qu'on ne peut être plus que je le suis, etc.

Vous recevrez dans peu une recommandation de moi pour un valet de chambre que vous connoissez, et dont franchement j'ai été indispensablement obligé de me défaire.

XLI.

Paris, 20 novembre 1705.

Je suis si coupable envers vous, monsieur, que le mieux que je puisse faire à mon avis, c'est d'avouer sincèrement ma faute, et de vous en demander un pardon que, grace à votre aveugle bonté pour moi, je suis en quelque façon sûr d'obtenir. Je ne vous ferai donc point d'excuses de mon silence depuis six mois. J'en pourrois pourtant alléguer de très mauvaises, dont la principale est un misérable ouvrage que je n'ai pu m'empêcher de composer de nouveau, et qui m'a emporté toutes les heures de mon plus agréable loisir, c'est-à-dire, tout le temps que je pouvois m'entretenir par écrit avec vous. M'en voilà quitte enfin, et il est achevé [1].

Ainsi, monsieur, trouvez bon que je revienne à vous comme si de rien n'étoit, et que je vous dise avec la même confiance que si j'avois exactement répondu à toutes vos lettres, qu'il n'y a point de jeune homme dans mon esprit au dessus de M. Dugas [2]; que je le trouve également poli, spirituel, savant; et que si quelque chose peut me donner bonne opinion de moi-même, c'est l'estime, quoiqu'assez mal fondée, qu'il témoigne, aussi bien que vous, faire de mes ouvrages. Il m'est venu voir deux fois à Auteuil; et bien que nos conversations aient été fort longues, elles m'ont paru fort courtes. Je lui ai donné un assez méchant dîner avec M. Bronod, et cela ne s'est point passé, comme vous pouvez bien vous l'imaginer, sans boire plus d'une fois à votre santé. Il m'a marqué une estime particulière pour vous; et j'ai encore mis cette estime au rang de ses grandes perfections. Mais que voulez-vous dire avec vos

[1] Il est ici question de la satire XII.
[2] Prevôt des marchands en 1724.

termes de *parfaite reconnoissance*, et d'*attachement respectueux*, qu'il se pique, dites-vous, d'avoir pour moi ? Au nom de Dieu, monsieur, qu'il change tous ces sentiments en sentiments de bonté et d'amitié. M. Dugas est un homme à qui on doit du respect, et non pas qui en doive aux autres; et d'ailleurs, vous vous souvenez bien de l'épigramme de Martial :

> Sed si te colo, Sexte, non amabo.

Que seroit-ce donc si M. Dugas en alloit user de la sorte, et comment pourrois-je m'en consoler? Voilà, monsieur, tout ce que j'ai à vous dire cette fois pour vous marquer ma rentrée dans mon devoir. Je ne manquerai pas au premier jour de vous écrire une lettre dans les formes, où je vous dirai le sujet et les plus essentielles particularités de mon nouvel ouvrage, que je vous prierai pourtant de tenir secrètes. Cependant je vous supplie de demeurer bien persuadé que, tout nonchalant que je suis, je ne laisse pas d'être, plus que personne du monde, etc.

XLII.

Paris, 12 mars 1706.

Vous accusez à grand tort M. Dugas du peu de soin que j'ai eu depuis si long-temps à répondre à vos obligeantes lettres. Il est homme au contraire qui n'a rien oublié pour augmenter en moi l'estime particulière que j'ai toujours eue pour vous, et pour m'engager à vous écrire souvent. Ainsi je puis vous assurer que tout le mal ne vient que de ma négligence, qui est en moi comme une fièvre intermittente, qui dure quelquefois des années entières, et que le quinquina de l'amitié et du devoir ne sauroient guérir. Que voulez-vous, monsieur? Je ne puis pas me rebâtir moi-même; et tout ce que je puis faire, c'est de convenir de mon crime.

Je vous dirai pourtant qu'il ne me seroit pas difficile de trouver de méchantes raisons pour le pallier, puisqu'il n'est pas imaginable combien depuis très long-temps je me suis trouvé occupé de la méchante affaire que je me suis faite par ma satire contre l'*Équivoque*, qui est l'ouvrage que je vous avois promis de vous communiquer. A peine a-t-elle été composée que l'ayant récitée dans quelques compagnies, elle a fait un bruit auquel je ne m'attendois point; la plupart de ceux qui l'ont entendue ayant publié et publiant encore, je ne sais pas sur quoi fondés, que c'est mon chef-d'œuvre. Mais ce qui a encore bien augmenté le bruit, c'est que dans le cours de l'ouvrage j'attaque cinq ou six des méchantes maximes que le pape Innocent XI a condamnées; car, bien que ces maximes soient horribles, et que, non plus que ce pape, je n'en désigne point les auteurs, messieurs les jésuites de Paris, à qui on a dit quelques endroits qu'on a retenus, ont pris cela pour eux, et ont fait concevoir que d'attaquer l'équivoque c'étoit les attaquer dans la plus sensible partie de leur doctrine. J'ai eu beau crier que je n'en voulois à personne qu'à l'équivoque même, c'est-à-dire au démon, qui seul, comme je l'avoue dans ma pièce, a pu dire *qu'on n'est point obligé d'aimer Dieu; qu'on peut prêter sans usure son argent à tout denier; que tuer un homme pour une pomme n'est point un mal*, etc.; ces messieurs ont déclaré qu'ils étoient dans les intérêts du démon, et, sur cela, m'ont menacé de me perdre, moi, ma famille et tous mes amis. Leurs cris n'ont pourtant pas empêché que monseigneur le cardinal de Noailles, mon archevêque, et monseigneur le chancelier, à qui j'ai lu ma pièce, m'aient jeté tous deux à la tête leur approbation et le privilége pour la faire imprimer si je voulois; mais vous savez bien que naturellement je ne me presse pas d'imprimer; et qu'ainsi je pourrai bien la garder dans mon cabinet jusqu'à ce qu'on fasse une nouvelle édition de mon livre. On en sait pourtant plusieurs lambeaux; mais ce sont des lambeaux, et j'ai résolu de ne la plus dire qu'à des gens qui ne la retiendront pas. La vérité est qu'à la fin de ma satire j'attaque directement messieurs les journalistes de Trévoux, qui, depuis notre accommodement, m'ont encore insulté en trois ou quatre endroits de leur journal; mais ce que je leur dis ne regarde ni les propositions, ni la religion; et d'ailleurs je prétends, au lieu de leur nom, ne mettre dans l'impression que des étoiles, quoiqu'ils n'aient pas eu la même circonspection à mon égard. Je vous dis tout ceci, monsieur, sous le sceau du secret, que je vous prie de me garder. Mais pour revenir à ce que je vous disois, vous voyez bien, monsieur, que j'ai eu assez d'affaires à Paris pour me faire oublier celles que j'ai à Lyon.

Parlons maintenant des choses que vous voulez savoir de moi. Ma réponse au père Bourdaloue est très juste et très véritable; mais voici mes termes : *Je vous l'avoue, mon père ; mais pourtant si vous voulez venir avec moi aux Petites-Maisons, je m'offre de vous y fournir dix prédicateurs contre un poëte ; et vous ne verrez à toutes les loges que des mains qui sortent des fenêtres, et qui divisent leurs discours en trois points.*

J'ai su autrefois le nom de l'auteur du rondeau dont vous me parlez, et j'ai vu l'auteur lui-même. C'étoit un homme qui, je crois, est mort, et qui n'étoit pas homme de lettres. Le rondeau pourtant est joli. Il accusoit des gens du métier de se l'être attribué mal à propos, et de lui avoir fait un vol. Peut-être au premier jour je me ressouviendrai de son nom, et je vous l'écrirai. Entendons-nous toutefois; dans le rondeau dont je vous parle, il n'y avoit point : *Où s'enivre Boileau.* Ainsi j'ai peur que nous ne prenions le change.

Pour ce qui est de la *Vie de Molière*[1], franchement ce n'est pas un ouvrage qui mérite qu'on en parle. Il est fait par un homme qui ne savoit rien de la vie de Molière, et il se trompe dans tout, ne sachant pas même les faits que tout le monde sait. Pour les odes de M. de la Motte, quelqu'un, ce me semble, me les a montrées; mais je ne m'en ressouviens pas assez pour en dire mon avis. Il me semble, monsieur, que cette fois vous ne vous plaindrez pas de moi, puisque je vous écris une assez longue lettre, et qu'il ne me reste guère que ce qu'il faut pour vous assurer que, tout négligent et tout paresseux que je suis, je ne laisse pas

---

[1] Par Grimarest.

d'être un de vos plus affectionnés amis, et que je suis parfaitement,...

Mes recommandations à M. Dugas et à tous nos illustres amis et protecteurs.

XLIII.

Paris, 15 juillet 1706,

Une des raisons, monsieur, qui m'empêche souvent de répondre à vos obligeantes lettres, c'est la nécessité où je me trouve, grace à ma négligence ordinaire, de les commencer toujours par des excuses de ma négligence. Cette considération me fait tomber la plume des mains; et, dans la confusion où je suis, je prends le parti de ne vous point écrire, plutôt que de vous écrire toujours la même chose. Je vous dirai pourtant qu'à l'égard de vos deux dernières lettres, à cette raison ordinaire que je pourrois vous alléguer, il s'en est encore joint une autre beaucoup plus valable et plus fâcheuse, je veux dire un rhume effroyable qui me tourmente depuis un mois, et pour lequel on me défend surtout les efforts d'esprit. Quelque défense pourtant qu'on m'ait faite, je ne saurois m'empêcher de m'acquitter aujourd'hui de mon devoir, et de vous dire, mais sans nul effort d'esprit, que l'illustre ami qui m'a apporté de votre part l'excellent livre de M. de Puget, est un très galant homme. J'ai eu le bonheur de l'entretenir une heure durant, et il m'a paru très digne de l'estime et de l'amitié que vous avez pour lui. Pour M. de Puget, que vous saurois-je dire, sinon que jamais personne n'a fait mieux voir combien, dans les objets même les plus finis, les merveilles de Dieu sont infinies, et combien ses plus petits ouvrages sont grands? Je vous prie de lui bien témoigner de ma part à quel point je l'honore et le révère. J'ai lu son livre plus d'une fois. J'admire combien vous êtes d'hommes merveilleux dans Lyon. Je doute qu'il y en ait dans Paris de meilleur goût et de plus fin discernement. Faites-moi la faveur de leur bien marquer à tous mes respects, et la gloire que je me fais d'avoir quelque part à leur estime.

On dit que vous allez bientôt avoir dans votre ville le fameux maréchal de Villeroi. Il y a beaucoup de gens ici qui lui donnent à dos sur sa dernière action; et véritablement elle est malheureuse : mais je m'offre pourtant de faire voir, quand on voudra, que la bataille de Ramillies est en tout semblable à la bataille de Pharsale, et qu'ainsi, quand M. de Villeroi ne seroit pas un César, il peut pourtant fort bien demeurer un Pompée.

Parlons maintenant de votre mariage. A mon

avis, vous ne pouviez rien faire de plus judicieux. Quoique j'aie composé, *animi gratia*, une satire contre les méchantes femmes, je suis pourtant du sentiment d'Alcippe, et je tiens comme lui :

> . . Que pour être heureux sous ce joug salutaire,
> Tout dépend, en un mot, du bon choix qu'on sait faire.

Il ne faut point prendre les poëtes à la lettre. Aujourd'hui c'est chez eux la fête du célibat : demain c'est la fête du mariage. Aujourd'hui l'homme est le plus sot de tous les animaux : demain c'est le seul animal capable de justice, et en cela semblable à Dieu. Ainsi, monsieur, je vous conjure de bien marquer à madame votre épouse la part que je prends à l'heureux choix que vous avez fait. Pardonnez à mon rhume si je ne vous écris pas une plus longue lettre, et croyez qu'on ne peut être avec plus de passion que je suis,...

XLIV.

30 septembre 1706.

Je suis à Auteuil, monsieur, où je n'ai pas votre première lettre. Ainsi vous trouverez bon que je me contente de répondre à votre seconde, que je viens de recevoir Vous me faites grand hon-

[1] Satire x, v. 77, 78.

neur de me consulter sur une question de physique, étant comme je suis assez ignorant physicien. Je veux croire que votre moine bénédictin [1] est au contraire fort habile dans cette science; mais, si cela est, je vois bien qu'on peut être en même temps naturaliste très pénétrant et très maudit dialecticien; car j'ai lu un livre de lui sur la rhétorique, où, à mon avis, tout ce qu'il peut y avoir au monde de mauvais sens est rassemblé. Vous pouvez donc bien penser que sur l'effet de la nature que vous me proposez, je penche à être bien plutôt de votre sentiment que du sien.

Mais laissons là le bénédictin, et parlons de M. de Puget. Quelque attaché qu'il soit à la recherche des choses naturelles, je suis ravi qu'il ne dédaigne pas entièrement le badinage de la poésie, et qu'il daigne bien quelquefois descendre jusqu'à jouer avec les muses. Ses vers m'ont paru fort polis et fort bien tournés. Oserois-je pourtant vous dire qu'il n'est pas entré parfaitement dans la pensée d'Horace [2], qui, dans la strophe dont il est question, ne parle point de la fermeté du sage des philosophes, mais d'un grand personnage, ami du bon droit et de la justice, à qui la chute du ciel même ne feroit pas faire un faux pas contre l'honneur et contre la vertu? Aussi est-ce Hercule et

[1] Dom François Lamy.
[2] Ode III, du livre II.

Pollux que le poëte cite en cet endroit, et non pas Socrate et Zénon. Il n'est donc pas vrai que ce vertueux soit si difficile à trouver que se le veut persuader M. de Puget, puisque, sans compter les martyrs du christianisme, il y a un nombre infini d'exemples, dans le paganisme même, de gens qui ont mieux aimé mourir que de faire une lâcheté. Enfin, je suis persuadé que M. de Puget lui-même, si on le vouloit forcer, par exemple, à rendre un faux témoignage, se trouveroit le *justus et tenax vir* d'Horace. Pardonnez-moi, monsieur, si je vous parle avec cette sincérité de l'ouvrage d'un homme que j'honore et j'estime infiniment, et faites-lui bien des amitiés de ma part.

Venons maintenant à votre *Homme à la baguette*. En vérité, mon cher monsieur, je ne saurois vous cacher que je ne puis concevoir comment un aussi galant homme que vous a pu donner dans un panneau si grossier, que d'écouter un misérable dont la fourbe a été si entièrement découverte, et qui ne trouveroit pas même présentement à Paris des enfants et des nourrices qui daignassent l'entendre. C'étoit au siècle de Dagobert et de Charles-Martel qu'on croyoit de pareils imposteurs; mais sous le règne de Louis-le-Grand, peut-on prêter l'oreille à de pareilles chimères, et n'est-ce point que depuis quelque temps, avec nos victoires et nos conquêtes, notre bon sens s'est aussi en allé? Tout cela m'attriste, et, pour ne pas vous affliger aussi, trouvez bon que je me hâte de vous dire que je suis très parfaitement, monsieur,.....

P. S. Je ferai réponse, dès que je serai à Paris, à votre première lettre. Mes recommandations, s'il vous plaît, à tous vos illustres magistrats. Il n'est parlé ici que de méchantes nouvelles, et on avoue maintenant que bien d'autres généraux que M. le maréchal de Villeroi pouvoient être battus.

Je suis charmé de M. Osio [1], qui m'a fait l'honneur de me revenir voir.

XLV.

Paris, 2 décembre 1706.

Je ne vous ferai, point, monsieur, d'excuses de ma négligence, parce que je n'en ai point de bonnes à vous faire, et je me contenterai de vous dire que j'ai vu, avec beaucoup de reconnoissance dans votre dernière lettre, la charité que vous avez pour mon misérable valet. Il m'a servi plus de quinze années, et c'est un assez bon homme. Je croyois qu'il dût me fermer les yeux, mais une malheureuse femme qu'il a épousée, sans m'en rien dire, a corrompu en lui toutes ses bonnes qualités,

[1] Avocat de Lyon.

et m'a obligé, par des raisons indispensables et que vous approuveriez vous-même, si vous les saviez, de m'en défaire. Vous me feriez plaisir de le servir en ce que vous pourrez; mais au nom de Dieu que ce soit sans vous incommoder, et ne le donnez pas pour impeccable.

Le mot qu'il vous a rapporté de moi est vrai; mais il ne vous en a pas dit un encore moins mauvais que je dis à sa majesté, en la quittant à la sortie de cette dispute; car tout le monde qui étoit là paroissant étonné de ce que j'avois osé disputer contre le roi: *Cela est assez beau*, lui dis-je, *que de toute l'Europe je sois le seul qui résiste à votre majesté*. Il y a aussi quelque chose de véritable dans ce qu'on vous a raconté de notre conversation sur le mot de *gros*; mais on l'a gâtée en voulant l'embellir. Tout ce qu'il y a de vrai, c'est que le roi parlant fort contre la folie de ceux qui suppléoient partout le mot de *gros* à celui de *grand*: *Je ne sais pas*, lui dis-je, *comment ces messieurs l'entendent; mais il me semble pourtant qu'il y a bien de la différence entre Louis-le-Gros et Louis-le-Grand*. Cela fit assez agréablement ma cour, aussi bien que les deux autres mots, qui furent dits dans un temps qui leur convenoit, je veux dire dans le temps de nos triomphes, et qui ne seroient pas si bons aujourd'hui, où à mon sens on n'a que trop appris à nous résister. Vous voilà, monsieur, assez bien éclairci, je crois, sur vos deux questions, et je vous satisferois aussi sur celles que vous m'avez faites dans vos deux autres lettres précédentes, si je les avois ici; mais franchement, je les ai laissées à Auteuil. Ainsi il faut attendre que je les aie rapportées pour vous donner pleine satisfaction. J'y ferai pour cela bientôt un tour; car l'hiver ni les pluies n'empêchent pas qu'on n'y puisse aller comme en plein été. Cependant je vous prie de croire qu'on ne peut être avec plus de sincérité et de reconnoissance que je le suis, etc.

Dans le temps que j'allois fermer cette lettre, je me suis ressouvenu que vous seriez peut-être bien aise de savoir le sujet de la dispute que j'eus avec sa majesté. Je vous dirai donc que c'étoit à propos du mot *rebrousser chemin*, que le roi prétendoit mauvais, et que je maintenois bon, par l'autorité de tous nos meilleurs auteurs qui s'en étoient servis, et entre autres Vaugelas et d'Ablancourt. Tous les courtisans qui étoient là m'abandonnèrent, et M. Racine tout le premier. Cependant je demeure encore dans mon sentiment, et je le soutiendrai encore hardiment contre vous, qui avez la mine de n'être pas de mon avis, et de m'abandonner comme tous les autres.

XLVI.

Paris, 20 janvier 1707.

Il y a, monsieur, aujourd'hui près de deux mois que je fis sur mon propre escalier une chute que je puis appeler heureuse, puisque je suis en vie. Cela n'a pas empêché néanmoins que je n'aie été sur le grabat plus de six semaines, à cause d'une très douloureuse entorse jointe à plusieurs autres maux qu'elle m'avoit causés.

XLVII.

Paris, 12 mars 1707.

Il n'y a point, monsieur, d'amitié plus commode que la vôtre. Dans le temps que je ne saurois trouver aucune bonne excuse d'avoir été si longtemps à répondre à vos obligeantes lettres, c'est vous qui me demandez pardon d'avoir manqué quelques ordinaires à m'écrire, et qui me mettez en droit de vous faire des reproches. Je ne vous en ferai pourtant point, et je me contenterai de vous dire, avec la même confiance que si je n'avois point tort, qu'on ne peut être plus touché que je le suis de la constance que vous témoignez à aimer un homme si peu digne de toutes vos bontés que moi; et que, s'il y a quelque chose qui me puisse faire corriger de mes négligences, c'est votre facilité à me les pardonner. Cela étant, je vous dirai, sans m'étendre en de plus longs compliments, que, si l'ouvrage dont vous me parlez, qui a été fait à l'occasion de mon démêlé avec messieurs de Trévoux est celui qu'on m'a montré, et où l'on met en jeu mon frère avec moi, c'est bien le plus sot, le plus impertinent et le plus ridicule ouvrage qui ait jamais été fait, et qu'il ne sauroit sortir que de la main de quelque misérable cuistre de collége qui ne nous connoît ni l'un ni l'autre. Le misérable m'y attribue une satire où il me fait rimer *épargner* avec *dernier.* Il nous donne à l'un et à l'autre pour confident un M. de La Ronville[1], qui ne nous a pas seulement vus, je crois, passer dans les rues. En un mot, le diable y est.

Pour ce qui est de l'épigramme contre monsieur et madame Dacier, je ne sais ce que c'est, et ils sont tous deux mes amis. Peut-être est-ce une épigramme où l'on veut faire entendre que madame Dacier est celle qui porte le grand chapeau dans les ouvrages qu'ils font ensemble, et qui y a la principale part. Supposé que cela soit, je vous dirai que je l'ai vue, et qu'elle m'a paru très abo-

---

[1] Ou Marconville.

minable. On l'attribue pourtant à monsieur l'abbé Tallemant.

> Quand Dacier et sa femme engendrent de leurs corps,
> Et que de ce beau couple il naît enfants, alors
> Madame Dacier est la mère ;
> Mais quand ils engendrent d'esprit,
> Et font des enfants par écrit,
> Madame Dacier est le père.

Pour ce qui est de l'épigramme à l'occasion du petit de Beauchâteau, j'étois à peine sorti du collége, quand elle fut composée par un frère aîné que j'avois[1], et qui a été de l'Académie françoise. Elle passa pour fort jolie, parce que c'étoit une raillerie assez ingénieuse de la mauvaise manière de réciter de Beauchâteau le père, qui étoit un exécrable comédien, et qui passoit pour tel. Il fut pourtant assez sot pour la faire imprimer dans le prétendu recueil des ouvrages de son fils, qui n'étoit qu'un amas de misérables madrigaux qu'on attribuoit à ce fils, et que de fades auteurs qui fréquentoient le père avoient composés. Tout ce que je puis vous dire de la destinée de ce célèbre enfant, c'est qu'il fut un fameux fripon, et que, ne pouvant subsister en France, il passa en Angleterre, où il abjura la religion catholique, et où il est mort, il y a plus de vingt ans, ministre de la religion prétendue réformée. Trouvez bon, monsieur, qu'un convalescent, comme je suis encore,

[1] Gilles Boileau.

ne vous en dise pas davantage pour aujourd'hui, et que je me contente de vous assurer que je suis, etc.

XLVIII.

Paris, 14 mai 1707.

Je ne vous fais point d'excuses, monsieur, d'avoir été si long-temps sans vous écrire, parce que je suis las de commencer toujours mes lettres par le même compliment, et que d'ailleurs je suis si accoutumé à faillir qu'il me semble qu'on ne me doit plus demander raison de mes fautes. Il y a pourtant quatre ou cinq jours que je me ressouvins de mon devoir, et que, m'en allant à Auteuil pour m'y établir, je portai avec moi votre dissertation sur le tombeau des deux *Amandus* ou Amants, à dessein d'y faire une exacte réponse; mais le froid m'en chassa dès le lendemain, et le pis est que j'y laissai cette dissertation. Cependant je ne saurois me résoudre à tarder davantage à vous dire au moins en général ce que j'en pense, qui est que j'ai trouvé vos réflexions fort justes. Le monument néanmoins ne me semble pas de fort grand goût, et a une pesanteur, à mon avis, tirant au gothique. Quoi qu'il en soit, messieurs de Lyon sont fort louables du soin qu'ils ont de conserver jusqu'aux médiocres ouvrages de la respectable antiquité. Pour votre inscription[1], elle est, à mon avis, très bonne et très latine; et je n'y ai trouvé à redire que le mot *reparari*, qui ne veut point dire, à mon sens, dans la bonne latinité, être *réparé*, mais être *racheté :*

Vina Syra reparata merce[2].

Instaurari, selon moi, sera beaucoup meilleur; car *restaurari* ne vaut rien non plus. Ainsi, je mettrois *in alium locum transferri et instaurari curaverunt, etc.* Je vous écris tout cela de mémoire; et peut-être, quand je serai de retour à Auteuil, et que j'aurai votre papier devant moi, vous manderai-je quelque chose de plus particulier.

Pour ma satire sur l'*Équivoque*, tout ce que je puis vous en dire maintenant, c'est qu'on va faire une nouvelle édition de mes ouvrages, où, selon toutes les apparences, je l'insérerai, et que, bien que j'y attaque à face ouverte tous les mauvais casuistes, je ne crains point que les jésuites s'en offensent, puisqu'ils y seront même loués, à messieurs de Trévoux près, que je n'y nommerai point, quoiqu'ils m'aient attaqué par mes propres noms et surnoms. Mais quoi,

Aujourd'hui vieux lion, je suis doux et traitable[3] !

[1] Monumentum hoc vetustate corruptum, olim in medio viæ publicæ positum, in hunc locum transferri et sumptu publico reparari curaverunt nobiles viri, etc.
[2] Hor., l. 1, od. XXXI, v. 12.
[3] Épître v, v. 18.

Adieu, mon illustre monsieur; aimez-moi toujours, et croyez que je suis très affectueusement, etc.

XLIX.

Auteuil, 2 août 1707.

Je ne saurois, monsieur, assez vous marquer la honte que j'ai d'avoir été si long-temps à répondre à vos agréables lettres; mais, grace à votre bonté, je suis si sûr de mon pardon que je ne sais pas même si pour l'obtenir je suis obligé de le demander. La vérité est pourtant que j'ai été malade, et que je ne suis pas encore bien guéri de plusieurs infirmités que j'ai eues depuis six mois, et qui ne m'ont que trop bien prouvé que j'ai soixante-dix ans.

Mais venons à votre dernière lettre, ou plutôt à votre dernière dissertation. J'avoue que *restituere* est le vrai mot des médailles, pour dire qu'on a rétabli un ouvrage qui tomboit en ruine; mais je ne sais si on peut se servir de ce mot pour un ouvrage qu'on transporte ailleurs; et c'est ce qui a fait que je vous ai proposé le mot d'*instaurare*, qui est un mot très reçu dans la bonne latinité; car, pour le mot de *restaurare*, il me paroît du bas empire. A mon avis néanmoins *restituere* ne gâtera rien, et vous pouvez choisir.

Je suis ravi que messieurs de l'hôtel-de-ville de Lyon aient si bonne opinion de moi, et que mes ouvrages puissent paroître sans crainte *lugdunensem ad aram*. Le public et mes libraires surtout me pressent fort d'en donner une nouvelle édition in-4°, et je vous réponds, si je me résous à leur complaire, qu'elle sera du caractère que vous souhaitez; mais franchement, aujourd'hui je fuis autant le bruit que je l'ai cherché autrefois, et je sens bien que les additions que j'y mettrai ne sauroient manquer d'en exciter beaucoup. J'ai pourtant mis ma satire contre l'Équivoque, adressée à l'Équivoque même, en état de paroître aux yeux même des plus relâchés jésuites, sans qu'ils s'en puissent le moins du monde offenser. Et, pour vous en donner ici par avance une preuve, je vous dirai qu'après y avoir attaqué assez finement les plus affreuses propositions des mauvais casuistes, et celles surtout qui sont condamnées par le pape Innocent XI, voici comme je me reprends :

> Enfin ce fut alors que, sans se corriger [1],
> Tout pécheur.... Mais où vais-je aujourd'hui m'engager?
> Veux-je ici, rassemblant un corps de tes maximes,
> Donner Soto, Bannez, Diana, mis en rimes ;
> Exprimer tes détours burlesquement pieux,
> Pour disculper l'impur, le gourmand, l'envieux ;
> Tes subtils faux-fuyants pour sauver la mollesse,
> Le larcin, le duel, le luxe, la paresse ;
> En un mot, faire voir à fond développés

[1] Satire XII, vers 307.

> Tous ces dogmes affreux d'anathème frappés,
> Qu'en chaire tous les jours, combattant ton audace,
> Blâment plus haut que moi les vrais enfants d'Ignace ?

Je vous écris ce petit échantillon, afin de vous faire concevoir ce que c'est à peu près que la pièce. Je vous prie de ne la confier à personne, et de croire que je suis à outrance, etc.

L.

Paris, 24 novembre 1707.

Je ne vous cacherai point, monsieur, que j'ai été attaqué depuis plus de quatre mois d'un tournoiement de tête qui ne m'a pas permis de m'appliquer à rien, ni même à répondre à des lettres aussi obligeantes que les vôtres. J'avois prié M. Falconet qui me vint voir, il y a assez long-temps, de votre part, à Auteuil, de vous mander mon incommodité, et il s'en étoit chargé; mais je vois bien qu'il n'a pas jugé la chose assez importante pour vous l'écrire, et j'en suis bien aise, puisqu'il est médecin et qu'il n'a pas mauvaise opinion de ma maladie. Il m'a paru homme de savoir et de beaucoup d'esprit. Graces à Dieu, me voilà en quelque sorte guéri, et je ne me ressens plus de mon mal, si ce n'est en marchant qu'il me prend quelquefois de petits tournoiements que j'attribue plutôt à mes soixante-dix années, que j'ai entendu sonner le jour de la Toussaint, qu'à aucune maladie. Je ne me sens pas encore si bien remis que j'ose m'engager à vous écrire une longue lettre.

Permettez, monsieur, que je me contente de répondre très succinctement à ce que vous me demandez. Je vous dirai donc que pour le livre du père Jean Barnès, je n'en ai point besoin, puisque je sais assez de mal de l'*Équivoque*, sans qu'on m'en apprenne rien de nouveau, et que j'ai même peur d'en avoir déjà trop dit.

Pour ce qui est du prétendu bon mot qu'on m'attribue sur M. Racine, il est entièrement faux, et sûrement de la fabrique de quelque provincial, qui ne sait pas même ce que nous avons fait M. Racine et moi. Et où diable M. Racine a-t-il jamais rien composé qui regarde Atys, ni surtout Bertaud, dont je suis sûr qu'il n'avoit jamais ouï parler?

Pour ce qui est du sonnet, la vérité est que je le fis presque à la sortie du collége, pour une de mes nièces, environ du même âge que moi, et qui mourut entre les mains d'un charlatan de la Faculté de médecine, âgée de dix-huit ans. Je ne le donnai alors à personne, et je ne sais pas par quelle fatalité il vous est tombé entre les mains, après plus de cinquante ans qu'il y a que je le composai. Les vers en sont assez bien tournés, et je ne le désavouerois pas même encore aujourd'hui, n'étoit une certaine tendresse tirant à l'amour qui y est marquée, qui ne convient point à un oncle pour sa nièce, et qui y convient d'autant moins que jamais amitié ne fut plus pure, ni plus innocente que la nôtre. Mais quoi! je croyois alors que la poésie ne pouvoit parler que d'amour. C'est pour réparer cette faute, et pour montrer qu'on peut parler en vers même de l'amitié enfantine, que j'ai composé, il y a environ quinze ou seize ans, le seul sonnet qui est dans mes ouvrages, et qui commence par :

> Nourri dès le berceau près de la jeune Orante, etc.

Vous voilà, je crois, monsieur, bien éclairci. Il n'y a de faute dans la copie du sonnet sinon qu'au lieu de :

> Parmi les doux excès,

il faut :

> Parmi les doux transports;

et au lieu de :

> Ha! qu'un si rude coup...,

il faut :

> Ah! qu'un si rude coup....

Pour ce qui est des traductions latines que vous voulez que je vous envoie, il y en a un si grand nombre qu'il faudroit que la poste eût un cheval exprès pour les porter toutes; et je ne saurois vous les faire tenir que vous ne m'enseigniez un moyen. Adieu, mon cher monsieur, croyez que je suis plus que jamais,...

LI.

Paris, 6 décembre 1707.

Le croiriez-vous, monsieur? Si j'ai tardé si longtemps à vous remercier de votre magnifique présent, cela ne vient ni de ma négligence, ni de mes tournoiements de tête dont je suis presque entièrement guéri. Tout le mal ne procède que de mon cocher, qui, ayant reçu en mon absence la lettre que vous me faisiez l'honneur de m'écrire, l'a gardée très poétiquement douze jours entiers dans la poche de son justaucorps, et ne me l'a donnée qu'hier au soir; de sorte que j'ai reçu votre présent sans savoir presque d'où il me venoit. J'en ai pourtant goûté un grand plaisir, et je crois pouvoir vous dire sans me tromper qu'il ne s'est jamais mangé de meilleurs fromages à la table ni des Broussain ni des Bellenave; et pour preuve de ce que je dis, c'est que je n'ai pu me défendre d'en donner trois à M. Le Verrier, qui en est amoureux, et qui les met au dessus des Parmesans. Jugez donc si vos souhaits sont accomplis. Je ne le crois guère inférieur aux *Coteaux* pour la délicatesse du goût. Je ne lui ai point encore montré votre lettre, qui assurément le réjouira fort.

Je commence à être un peu en peine, connoissant votre exactitude, de ce que je n'ai point encore reçu de réponse à la lettre que je me suis donné l'honneur de vous écrire le mois passé. Auriez-vous aussi à Lyon quelque cocher ou quelque laquais poëte qui l'eût gardée dans sa poche?

Je vous y marquois, je crois, ou plutôt je ne vous y marquois point la joie que j'ai que vous ne désapprouviez point les traductions latines qu'on fait de mes ouvrages. Il y en a plus de six nouvellement imprimées, qui ont toutes leur mérite. En voici la liste: La Satire du Festin, le premier chant du Lutrin, l'Épître de l'Amour de Dieu, l'Épître à M. de Lamoignon, la Satire de l'Homme, le cinquième chant du Lutrin et une infinité d'autres qui ne sont point imprimées, et qu'on m'a données écrites à la main. Ainsi, monsieur, me voilà poëte latin confirmé dans toute l'Université.

Mais à propos de latin, permettez-moi, monsieur, de vous dire que je ne saurois approuver ce que vous me mandez, ce me semble, dans une de vos lettres précédentes, *que vous ne sauriez souffrir qu'Horace dans ses satires et dans ses épîtres soit si négligé*. Jamais homme ne fut moins négligé qu'Horace, et vous avez pris pour négligence vraisemblablement de certains traits où, pour attraper la naïveté de la nature, il paroît de dessein formé se rabaisser; mais qui sont d'une élégance qui vaut mieux quelquefois que toute la pompe de Juvénal. Je vous en dirois davantage, mais je sens que ma tête commence à s'engager. Permettez donc que je m'arrête, et que je me contente de vous dire que je suis,....

LII.

Paris, 27 avril 1708.

Je voudrois bien, monsieur, n'avoir que de mauvaises raisons à vous dire du long temps que j'ai été sans vous donner de mes nouvelles. Je n'aurois qu'à les habiller de termes obligeants, et je suis assuré que votre bonté pour moi vous les feroit trouver bonnes; mais la vérité est que j'ai été depuis trois mois attaqué d'une infinité de maux, qui ont enfin abouti à une espèce d'hydropisie, dont je ne me suis tiré que par le secours du *médecin hollandois*[1]. Enfin, me voilà, si je l'en crois, hors d'affaire; et le premier usage que j'ai cru devoir faire de ma santé, c'est de vous avertir, comme je fais, que je suis vivant, et que le ciel

[1] Adrien Helvétius ou Helvez, aïeul de l'auteur du livre *de l'Esprit*.

vous conserve encore en moi, dans Paris, l'homme du monde qui vous aime et vous honore le plus. Je suis avec toute sorte de reconnoissance,...

LIII.

Paris, 16 juin 1708.

Je ne vous ferai point d'excuses, monsieur, de ce que j'ai été si long-temps sans faire réponse à vos deux dernières lettres, puisque c'est par ordre du médecin que je me suis empêché d'écrire, et que c'est lui qui m'a défendu de faire aucun effort d'esprit (même agréable), jusqu'à ce que ma santé fût entièrement confirmée. Mais enfin me voilà presque tout-à-fait en état de réparer mes négligences, et il n'y a plus de traces en moi de l'*aquosus albo corpore languor*[1]. Quelquefois, même à l'heure qu'il est, je me persuade que je suis encore ce même ennemi des méchants vers qui a enrichi le libraire Thierry, et il me semble que soixante et dix ans n'ont pas encore tellement appesanti ma plume que je ne fisse avec succès une satire contre l'hydropisie, aussi bien que contre l'Équivoque. Je doute néanmoins que celle que j'ai composée contre ce dernier monstre voie le jour avant ma mort, parce que je fuis autant aujour-

[1] Horace, liv. II, od. II, vers 15, 16.

d'hui de faire parler de moi que j'en ai été avide autrefois. La vérité est pourtant que je l'ai mise par écrit, qu'elle ne sera point perdue, et que, si vous venez à Paris, comme vous me le promettez, je vous la lirai autant de fois que vous le souhaiterez.

Mais, à propos de ce voyage, savez-vous bien que vous êtes obligé de le faire en conscience, puisque c'est un des meilleurs moyens de me rendre ma santé, qui ne sauroit être mieux affermie que par le plaisir de voir un homme que j'estime et que j'honore autant que vous? Je vous prie donc de faire trouver bon à madame votre chère épouse que vous vous sépariez pour cela deux ou trois mois d'elle, sauf à racquitter, au retour de votre voyage, le temps perdu.

Je ne vous parle point ici de M. Vaginai, ni de tous vos autres célèbres magistrats, parce qu'il faudroit un volume pour vous dire tout le bien que je pense d'eux, et que je n'oserois encore vous écrire qu'un billet, que je cacherai même à Helvétius. Vous ne sauriez manquer de réussir auprès de M. Coustard, qui n'a fait graver mon portrait que pour le donner à des gens comme vous. Adieu, mon cher monsieur; aimez-moi toujours, et croyez que je suis très sincèrement,....

LIV.

Paris, 7 août 1708.

Vous avez raison, monsieur, je vous l'avoue, d'être surpris du peu de soin que j'ai de répondre à vos obligeantes lettres; mais je crois que votre étonnement cessera, quand je vous dirai que je suis, depuis trois mois, malade d'un tournoiement de tête, qui ne me permet pas les plus légères fonctions d'esprit, et que c'est par ordonnance du médecin, c'est-à-dire du *médecin hollandois*, que je ne vous écris point. Aujourd'hui pourtant il n'y a médecin qui tienne; et je vous dirai, sauf le respect qu'on doit à Hippocrate, que j'ai lu l'ouvrage que vous m'avez envoyé, et que j'y ai trouvé beaucoup de latinité et d'agrément. La satire qui y est traduite[1] est la sixième en rang de mes écrits; mais la vérité est que c'est mon premier ouvrage puisque je l'avois originairement insérée dans l'Adieu de Damon à Paris, et que c'est par le conseil de mes amis que j'en ai depuis fait une pièce à part contre les embarras des rues, qui m'ont paru une chose assez chagrinante pour mériter une satire entière.

Je voudrois bien vous pouvoir envoyer toutes

[1] En vers latins, par Séb. Dutreuil, oratorien.

les traductions qui ont été faites de mes autres ouvrages, et dont la plupart sont imprimées; mais je serois bien en peine à l'heure qu'il est de les trouver, parce que j'en ai fait présent, à mesure qu'on me les a données, à ceux qui me les demandoient. Je vois bien que dans peu il n'y aura pas une de mes pièces qui ne soit traduite; car le feu y est dans l'Université. J'aurai soin de les amasser pour vous; mais il faut pour cela que ma tête se fixe, et que j'aie permission d'Helvétius. En effet, je doute même qu'il me pardonne de vous avoir écrit aujourd'hui, sans son congé, ce long billet. J'y ajouterai encore que j'ai pâli à la lecture de ce que vous m'avez mandé du péril où s'est trouvée notre chère ville de Lyon. Vous savez bien l'intérêt que j'ai à sa conservation. Je vous dirai pourtant que dans la frayeur que j'ai eue, j'ai beaucoup moins songé à moi qu'à vous et à tous nos illustres amis. Graces à Dieu et à la bravoure de vos habitants, nous voilà en sûreté, et on ne verra point entrer dans la seconde ville du royaume l'infidèle Savoyard. Ce n'est point moi qui l'appelle ainsi, mais Horace qui l'a baptisé de ce nom, il y a tantôt deux mille ans, dans l'ode *At o Deorum* :

Rebusque novis infidelis Allobrox [1].

Mais voilà assez braver le médecin. Permettez,

---

[1] Novisque rebus infidelis allobrox.
Hor., l. v, od. xvi (*Altera jam teritur*).

monsieur, que je finisse et que je vous dise que je suis avec plus de reconnoissance que jamais,...

LV.

Paris, 9 octobre 1708.

Je suis surchargé, monsieur, d'incommodités et de maladies, et les médecins ne me défendent rien tant que l'application. O la sotte chose que la vieillesse! Aujourd'hui cependant il n'y a défense qui tienne, et dussé-je violer toutes les règles de la Faculté, il faut que je réponde à votre dernière lettre.

Vous me demandez dans cette lettre comment je crois qu'on doit traduire *Meteora orationis*. A cela je vous répondrai que, pour vous bien satisfaire sur votre question, il faudroit avoir lu le livre de M. Samuel Werenfels [1], afin de bien concevoir ce qu'il entend par là lui-même, ce mot étant fort vague, et ne voulant dire autre chose qu'un galimatias à perte de vue. Pour moi, quand j'ai traduit dans Longin ces mots, οὐχ ὑψᾰλὰ ἀλλα μετέωρα qu'il dit, ce me semble, de l'historien Callisthène, je me suis servi d'une circonlocution, et j'ai traduit que Callisthène ne s'élève pas proprement, mais se guinde si haut qu'on le perd de vue;

[1] *De meteoris orationis.*

la langue françoise, à mon avis, n'ayant point de mot qui réponde juste au μετέωρα des Grecs, qui est à la vérité une espèce d'enflure, mais une espèce d'enflure particulière, que le mot enflure n'exprime pas assez, et qui regarde plus la pensée que les mots. La Pharsale de Brébeuf, à mon avis, est le livre où vous pouvez le plus trouver d'exemples de ces μετέωρα. Je me souviens d'avoir lu dans un poëte italien [1], à propos de deux guerriers qui joutoient l'un contre l'autre, que les éclats de leurs lances volèrent si haut, qu'ils allèrent jusqu'à la région du feu, où ils s'allumèrent et tombèrent en cendre sur terre. Voilà un parfait modèle du style μετέωρα. Du reste il peut y avoir de l'enflure qui ne soit point μετέωρα, comme, par exemple, ce que Démétrius Phaleræus rapporte d'un historien qui, en parlant du ruisseau de Télèbe, rivière grande comme celle des Gobelins, se servoit de ces termes : *Ce fleuve descend à grands flots des monts Lauriciens, et de là va se précipiter dans la mer proche, etc...* Ne diriez-vous pas, ajoute Démétrius, qu'il parle du Nil ou du Danube? c'est là de la véritable enflure; mais il n'y a point là de μετέωρων. Je vous rapporterois cent exemples pareils; mais, comme je vous viens de dire, il faut avoir lu l'ouvrage de M. Samuel Werenfels, pour vous parler juste sur ce point; et vous n'en aurez pas davantage pour

[1] Tassoni, dans *la Secchia rapita*, chant VII, stance VIII.

cette fois, parce que je sens qu'une chaleur effroyable de poitrine que j'ai, et qui est causée par les glaces de la vieillesse, commence à redoubler. Permettez donc que je me borne à ce court billet, et soyez bien persuadé que toutes vos lettres me font grand plaisir, quoique j'y réponde si peu exactement.

O mihi præteritos referat si Jupiter annos[1] !

quelles longues lettres n'auriez-vous pas à essuyer ! Je vous donne le bonjour, et suis parfaitement....

LVI.

Paris, 7 janvier 1709.

Vous êtes, monsieur, l'ami du monde le plus commode, et avec lequel on peut le plus impunément faillir. Dans le temps que je m'épuise à chercher vainement dans mon esprit des raisons pour excuser mes négligences à votre égard, c'est vous-même qui vous déclarez le négligent, et peu s'en faut que vous ne me demandiez pardon de tous mes crimes. Je vois bien ce que c'est ; vous me regardez comme un malade qu'il ne faut point chagriner, et vous ne vous trompez pas, monsieur ; je

[1] Virg., Æneid., l. VIII, v. 560.

suis malade et vraiment malade. La vieillesse m'accable de tous côtés. L'ouïe me manque, ma vue s'éteint, je n'ai plus de jambes, et je ne saurois plus monter ni descendre qu'appuyé sur les bras d'autrui. Enfin je ne suis plus rien de ce que j'étois, et, pour comble de misère, il me reste un malheureux souvenir de ce que j'ai été. Aujourd'hui pourtant il faut que je fasse encore le jeune, et que je réponde à deux objections que vous me faites dans quelques unes des lettres que vous m'avez écrites l'année précédente. Je les ai relues ce matin, et il ne sera pas dit que je n'y aie rien répliqué.

La première est sur la musique, dont j'ai eu tort, dites-vous, de ne pas employer les termes dans la description que Longin fait de la périphrase. Mais est-il possible que vous me fassiez cette objection après ce que vous avez lu dans mes remarques, où je dis en propres termes que ce que dit Longin peut signifier *les parties faites sur le sujet*, mais que je ne décide pas néanmoins, parce qu'il n'est pas sûr que les anciens connussent dans la musique ce que nous appelons les parties; que je penchois cependant vers l'affirmative, mais que je laissois aux habiles en musique à décider plus précisément si le *son principal* veut dire le *sujet?* Ajoutez que, par la manière dont j'ai traduit, tout le monde m'entend, au lieu que, si j'avois mis les termes de l'art, il n'y auroit que les musiciens proprement qui m'eussent bien entendu.

L'autre objection est sur ce vers de ma poétique[1] :

De Styx et d'Achéron peindre les noirs torrents.

Vous croyez que

Du Styx, de l'Achéron peindre les noirs torrents

seroit mieux. Permettez-moi de vous dire que vous avez en cela l'oreille un peu prosaïque, et qu'un homme vraiment poëte ne me fera jamais cette difficulté, parce que *de Styx et d'Achéron* est beaucoup plus soutenu que *du Styx et de l'Achéron*. *Sur les bords fameux de Seine et de Loire* seroit bien plus noble dans un vers que *sur les bords fameux de la Seine et de la Loire*. Mais ces agréments sont des mystères qu'Apollon n'enseigne qu'à ceux qui sont véritablement initiés dans son art.

Je viens maintenant à votre dernière lettre. Vous m'y proposez une question qui a, dites-vous, agité beaucoup de gens habiles dans votre ville, et qui pourtant, à mon avis, ne souffre point de contestation : car, qu'est-ce que l'ouïe au prix de la vue? Vivre et voir le jour font deux synonymes. Les yeux au défaut des oreilles entendent; mais les oreilles ne voient point. J'ai vu un homme sourd de naissance à qui, par la vue, on faisoit

[1] Chant III, v. 285.

entendre jusqu'aux mystères de la Trinité. Mais, monsieur, il me semble que pour un vieillard malade, je m'engage dans de grands raisonnements.

Le meilleur est, je crois, de me borner ici à vous remercier de vos présents. Je les partagerai ce matin avec M. Le Verrier chez qui je vais dîner, et je vous réponds que votre santé y sera célébrée. Mille remerciements à madame votre chère et illustre épouse, de la bonté qu'elle a de se souvenir de moi. J'ai, sur le peu que vous m'en avez dit, une idée d'elle qui passe de beaucoup les Pénélope et les Lucrèce. Il ne me reste plus qu'à vous demander pardon de la précipitation avec laquelle je vous écris, et qui est cause d'un nombre infini de ratures que je ne sais si vous pourrez débrouiller. Mais quoi! je serois perdu s'il falloit récrire mes lettres, et il arriveroit fort bien que je ne vous écrirois plus. Le moindre travail me tue, et même, dans le moment que je vous parle, il me vient de prendre un tournoiement de tête qui ne me laisse que le temps de vous dire que je vous aime et vous respecte plus que jamais, et que je suis parfaitement, etc.

LVII.

Paris, 15 mai 1709.

Je voudrois bien, monsieur, n'avoir que de mauvaises excuses à vous faire du long temps que j'ai été sans répondre à vos obligeantes lettres, puisque, de l'humeur dont je vous vois, vous ne laisseriez pas de les trouver bonnes; mais la vérité est que mes tournoiements de tête continuent toujours; que je ne puis plus monter ni descendre que soutenu par un valet; que ma mémoire finit; que mon esprit m'abandonne, et qu'enfin j'ai quatre-vingts ans à soixante-onze. Cependant je vous supplie de croire que j'ai toujours pour vous la même estime, et que je reçois toujours vos lettres avec grand plaisir.

Je ne saurois assez vous admirer, vous et vos confrères académiciens, de la liberté d'esprit que vous conservez au milieu des malheurs publics, et je suis ravi que vous vous appliquiez plutôt à parler *des funérailles des anciens* qu'à faire les funérailles de la félicité publique, morte en France depuis plus de quatre ans. Cela s'appelle être philosophe, et marcher sur les pas d'Archimède, qu'on trouva faisant une démonstration géométrique, dans le temps qu'on prenoit d'assaut la ville de Syracuse où il étoit enfermé. Nous nous sentons à

Paris de la famine aussi bien que vous, et il n'y a point de jour de marché où la cherté du pain n'y excite quelque sédition; mais on peut dire qu'il n'y a pas moins de philosophie que chez vous, puisqu'il n'y a point de semaine où l'on ne joue trois fois l'opéra, avec une fort grande abondance de monde, et que jamais il n'y eut tant de plaisirs, de promenades et de divertissements.

Mais laissons là la joie et la misère publique, et venons aux questions que vous me faites dans votre dernière lettre... Pour ce qui est du livre *de Meteoris orationis*, je vous dirai que je l'ai reçu et presque lu tout entier. Il est assez bien écrit. Ce que j'y ai trouvé à redire, c'est qu'il représente *Meteora orationis* comme un terme reçu chez les rhéteurs pour dire *les excès du discours*; et cependant ce n'est qu'une figure, à mon avis, hasardée par Longin pour exprimer *le style guindé*. Aussi ne l'ai-je pas rendu par un mot exprès; mais je me suis contenté de dire du rhéteur que Longin accuse: *Il ne s'élève pas proprement, mais il se guinde si haut qu'on le perd de vue.* Adieu, mon illustre monsieur; pardonnez mes ratures et la précipitation avec laquelle je vous écris, et prenez-vous-en à l'obligation où je me trouve de ne me point fatiguer l'esprit, et de ne pas irriter mes tournoiements de tête. Du reste, soyez bien persuadé que je suis avec plus de passion que jamais....

Je vous conjure instamment de faire de nouveau mes recommandations à tous vos illustres magistrats, et de leur bien marquer le respect que j'ai pour eux.

LVIII.

Paris, 21 mai 1709.

Vous m'avez fait un plaisir infini, monsieur, de me mander avec quelle ardeur M. Perrichon prend mes intérêts vis-à-vis messieurs du consulat. Je vois bien qu'il ne compte pas pour un médiocre avantage un peu de mérite qu'il croit voir en moi, et qu'il ne regarde pas comme indigne d'être aimé des honnêtes gens, l'ennemi déclaré des méchants auteurs. Je vous prie de le bien charger de remerciements de ma part, et de le bien assurer que si Dieu rallume encore en moi quelques étincelles de santé, je les emploierai à faire voir dans mes dernières poésies la reconnoissance que j'ai de toutes ses bontés, aussi bien que de celles de tous vos autres illustres magistrats en qui je reconnois l'esprit de ces fameux ancêtres devant qui pâlissoit

Lugdunensem rhetor dicturus ad aram [1].

Mais à quoi je destine principalement ma poésie expirante, c'est à témoigner à toute la postérité les

[1] Juvénal, sat. I, v. 44.

obligations particulières que je vous ai. J'espère que l'envie de m'acquitter en cela de mon devoir me tiendra lieu d'un nouvel Apollon; mais en attendant, trouvez bon que je me repose, et que je ne vous en dise pas même davantage pour cette fois. Au surplus, croyez qu'on ne peut être plus sincèrement et plus fortement que je le suis, etc.

LIX.

Paris, 21 août 1709.

Deux jours après que j'eus reçu votre lettre du 24 juin, monsieur, je tombai malade d'une fluxion sur la poitrine et d'une fièvre continue assez violente, qui m'a tenu au lit tout le mois de juillet, et dont je ne suis relevé que depuis trois jours. Voilà ce qui m'a empêché de répondre à vos obligeantes lettres, et non point le peu de cas que j'aie fait de vos vers, qui m'ont paru très beaux, et où je n'ai trouvé à redire que l'excès des louanges que vous m'y donnez. Dès que je serai un peu rétabli, je ne manquerai pas de vous faire une ample réponse et un très exact remerciement; mais en attendant, je vous prie de vous contenter de ce mot de lettre, que je vous écris malgré l'expresse défense de mon médecin....

Je suis avec une extrême reconnoissance.....

LX.

Paris, 6 octobre 1709.

Il faut, monsieur, que vous n'ayez pas reçu une lettre que je me suis donné l'honneur de vous écrire, il y a environ deux mois, où je vous mandois que je sortois d'une très longue et très fâcheuse maladie, qui m'avoit tenu au lit plus de trois semaines, et dont il m'étoit resté des incommodités qui me mettoient hors d'état de répondre à vos précédentes lettres. Depuis ce temps-là, j'en ai encore reçu deux de votre part qui ne marquent pas même que vous avez su que je fusse indisposé. Ainsi je vois bien qu'il y a du malentendu dans notre commerce. Ce qui me fâche le plus dans cette méprise, c'est que dans ma lettre je vous parlois, comme je dois, des vers que vous avez faits en mon honneur, et sur lesquels vous devez être content, puisque je les ai trouvés fort obligeants et très spirituels. La lettre dont je vous parle étoit fort courte, et vous trouverez bon que celle-ci le soit aussi, parce que je ne suis pas si bien guéri qu'il ne me reste encore des pesanteurs et des tournoiements de tête qui ne me permettent pas de faire des efforts d'esprit. O la triste chose que soixante-douze ans! A la première renaissance de santé qui me viendra, je ne manquerai pas pourtant de répondre à toutes vos curieuses questions, etc....

Je suis autant que jamais....

LXI.

Paris, 14 juin 1710.

Quelque coupable, monsieur, que je vous puisse paroître d'avoir été si long-temps sans répondre à vos fréquentes et obligeantes lettres, je n'aurois que trop de raisons à vous dire pour me disculper, si je voulois vous réciter le nombre infini d'infirmités et de maladies qui me sont venues accabler depuis quelque temps.

> Quorum si nomina quæras,
> Promptius expediam quot amaverit Hippia mœchos[1],

Mais je me suis aperçu, dans une de vos lettres, que vous n'aimez point à entendre parler de maladies; et moi je sens bien, par l'abattement et par l'affliction où cela me jette, que je ne saurois parler d'autre chose; et, pour vous montrer que cela est très véritable, je vous dirai que je ne marche plus que soutenu par deux valets; qu'en me promenant, même dans ma chambre, je suis quelquefois au hasard de tomber par des étour-

---

[1] Juven., sat. x.

dissements qui me prennent; que je ne saurois m'appliquer le moins du monde à quelque chose d'important qu'il ne me prenne un mal de cœur tirant à défaillance. Cependant je n'ai pas laissé de lire tout au long l'églogue que vous m'avez envoyée de votre excellent père Bimet[1]; je l'ai trouvée très virgilienne. Ainsi quand je serois le personnage affreux qu'il s'est figuré de moi, vous pouvez l'assurer qu'il n'a rien à craindre de moi qui ai toujours honoré les gens de mérite comme lui, et qui ai été et suis encore aujourd'hui ami de tant d'hommes illustres de sa société. En voilà assez, monsieur, et je sens déja que le mal de cœur me veut reprendre. Permettez donc que je me hâte de vous dire que je suis plus violemment que jamais, etc.

[1] Jésuite inconnu qui avoit composé en vers latins un éloge de Puget, mort le 6 décembre 1709.

FIN DES LETTRES ET DE TOUS LES OUVRAGES DE BOILEAU.

TABLE

DES

MATIÈRES CONTENUES DANS CE VOLUME.

CORRESPONDANCE DE BOILEAU.

Avertissement du nouvel éditeur. Page j

PREMIER RECUEIL : *Lettres de Boileau à diverses personnes.* 1

I. A M. de Brienne (1672). 3
II. Au comte de Bussy Rabutin (1673). 5
III. A Colbert (1674). 6
IV. Au duc de Vivonne (1675), comprenant deux lettres sous les noms de Balzac et de Voiture. 7
V. Au duc de Vivonne (1676). 15
VI. Au baron de Walef (1678—1686). 19
VII. A madame Manchon, sœur de Boileau. 21
VIII. A M. Lamoignon, avocat-général (1688-1690). 24
IX. Racine et Boileau, au maréchal duc de Luxembourg (1690). 25
X. Remerciement à Antoine Arnauld (1694). 26
XI. A M. de Maucroix (1695). 32
XII. A la marquise de Villette (1696). 40
XIII. Au comte d'Ériceyra (1697). 42
XIV. A M. (Bessé) de La Chapelle, petit-neveu de Boileau (1699). 46
XV. Au comte de Maurepas (1699). 47
XVI. A M. de Pontchartrain (1699). 48
XVII. A M. (B.) de La Chapelle (1699). 50
XVIII. Au même (1700). 51

XIX. A M. Charles Perrault (1700). Page 52
XX. A l'abbé Bignon (1700 ou 1701). 66
XXI. A M. de Pontchartrain (1701). 67
XXII. A M. de Broglio (1702). 69
XXIII. A M. (B.) de La Chapelle (1703). 71
XXIV. A M. Le Verrier (1703). 72
XXV. A M. *** (1703 ou 1704). 75
XXVI. A M. (B.) de La Chapelle (1704). 77
XXVII. Au comte de Grammont (1704). 78
XXVIII. Au comte Hamilton (1705). 80
XXIX. Au duc de Noailles (1706). 82
XXX. Au marquis de Mimeure (1706). 85
XXXI. A M. de Losme de Montchesnai (1707). 89
XXXII. A M. Destouches (1707). 92
XXXIII. Au révérend père Thoulier, jésuite, depuis l'abbé d'Olivet (1709). 94
XXXIV. Au même (1709). 95
XXXV. Au même (1710). 96

SECOND RECUEIL : *Correspondance de Racine et Boileau.* 99

Avertissement de Louis Racine. 101
I. Boileau à Racine (19 mai 1687). 103
II. *Racine à Boileau* (24 mai 1687), (Travaux de Vauban, etc.). 106
III. Boileau à Racine (26 mai 1687). 110
IV. Boileau à Racine (21 juillet 1687). 113
V. *Racine à Boileau* (25 juillet 1687). 115
VI. Boileau à Racine (29 juillet 1687). 118
VII. *Racine à Boileau* (4 août 1687). 123
VIII. *Racine à Boileau* (8 août 1687), (mort de Saint-Laurent, etc.). 127
IX. Boileau à Racine (9 août 1687). 132
X. Boileau à Racine (13 août 1687). 135
XI. *Racine à Boileau* (13 août 1687). 139
XII. *Racine à Boileau* (17 août 1687). 142

XIII. Boileau à Racine (19 août 1687), (réconciliation avec Boursault, etc.). Page 144
XIV. Boileau à Racine (23 août 1687). 148
XV. *Racine à Boileau* (24 août 1687). 150
XVI. Boileau à Racine (28 août 1687). 155
XVII. Boileau à Racine (2 septembre 1687). 160
XVIII. *Racine à Boileau* (5 septembre 1687), (Bouhours, Nicole, Thomas Corneille, etc.). 163
XIX. Boileau à Racine (25 mars 1691). 165
XX. *Racine à Boileau* (3 avril 1691), (siége de Mons, etc.). 168
XXI. *Racine à Boileau* (8 avril 1692), (madame de Maintenon; pension de Racine et de Boileau). 173
XXII. Boileau à Racine (9 avril 1692). 175
XXIII. *Racine à Boileau* (11 avril 1692). 176
XXIV. *Racine à Boileau* (11 ou 12 avril 1692). 177
XXV. *Racine à Boileau* (21 mai 1692), (revue de l'armée, etc.). 178
XXVI. *Racine à Boileau* (22 mai 1692). 183
XXVII. *Racine à Boileau* (3 juin 1692), (siége de Namur, etc.). 184
XXVIII. *Racine à Boileau* (15 juin 1692), (suite du siége de Namur, etc.). 189
XXIX. *Racine à Boileau* (24 juin 1692), (prise du fort Guillaume, etc.). 196
XXX. *Racine à Boileau* (3 octobre 1692). 201
XXXI. *Racine à Boileau* (6 octobre 1692). 204
XXXII. Boileau à Racine (7 octobre 1692), satire contre des femmes). 206
XXXIII. *Racine à Boileau* (30 mai 1693). 209
XXXIV. *Racine à Boileau* (30 mai 1693). 212
XXXV. Boileau à Racine (juin 1693), (Académie des Inscriptions, Charpentier, Ode sur Namur, etc.) 213
XXXVI. Boileau à Racine (4 juin 1693), (Ode sur Namur, etc.). 218

TABLE.

XXXVII. Boileau à Racine (9 juin 1693), (Ode sur Namur, etc.). Page 220

XXXVIII. *Racine à Boileau* (9 juin 1693). 223

XXXIX. Boileau à Racine (13 juin 1693), (Ode sur Namur, Charpentier, Inscriptions, etc.) 225

XL. Boileau à Racine (18 juin 1693). 228

XLI. *Racine à Boileau* (9 juillet 1693). 229

XLII. *Racine à Boileau* (6 août 1693). 230

XLIII. *Racine à Boileau* (1693), (observations sur un texte de Denis d'Halicarnasse). 234

XLIV. *Racine à Boileau* (18 septembre 1694). 238

XLV. *Racine à Boileau* (3 octobre 1694), (Cantique de Racine sur le bonheur des justes et le malheur des réprouvés, etc.). 241

XLVI. *Racine à Boileau* (4 mai 1695). 245

XLVII. *Racine à Boileau* (4 avril 1696), (Harangue d'un jésuite contre Racine...). 246

XLVIII. Boileau à Racine (1696 ou 1697), (Épître de Boileau sur l'amour de Dieu ; entretien avec le père La Chaise, etc.). 247

XLIX. *Racine à Boileau* (8 octobre 1697), (Épître sur l'amour de Dieu). 253

L. *Racine à Boileau* (20 janvier 1698). 256

TROISIÈME RECUEIL : *Lettres de Boileau à Brossette.* 257

I. 25 mars 1699 (maladie de Racine ; Lutrigot de Bonnecorse, épigramme XXXIII). 259

II. 9 mai 1699 (mort de Racine, procès de Boileau pour la noblesse de sa famille, etc.). 261

III. 22 juillet 1699 (Perrachon, etc.). 263

IV. 15 août 1699 (livre de Perrachon, etc.). 265

V. 10 novembre 1699 (Éloge du Télémaque de Fénélon, etc.). 267

VI. 5 février 1700 (livre de Droit publié par Brossette, etc.). 269

VII. 1ᵉʳ avril 1700 (Bonnecorse, Boursault, etc.). Page 271
VIII. 2 juin 1700 (l'Académie françoise, etc.). 274
IX. 3 juillet 1700 (l'Académie françoise, etc.). 275
X. 12 juillet 1700 (traduction du premier livre de l'*Iliade* par Regnier Desmarais, etc.). 278
XI. 29 juillet 1700 (loterie de Lyon, etc.). 280
XII. 8 septembre 1700 (édition des OEuvres de Boileau, Regnier, Desmarais, Perrachon, etc.). 281
XIII. 6 décembre 1700 (édition des OEuvres de Boileau, etc.). 284
XIV. 18 janvier 1701 (Académie françoise, etc.). 285
XV. 20 mars 1701. 286
XVI. 16 mai 1701 (tableau magnétique, etc.). 287
XVII. 10 juillet 1701 (traduction portugaise de l'*Art poétique* par le comte d'Ériceyra, etc.). 290
XVIII. 13 sept. 1701 (le comte d'Ériceyra, etc.). 292
XIX. 6 octobre 1701 (latinité des modernes). 293
XX. 10 décembre 1701 (*Esprit des cours* par Gueudeville; Chapelain décoiffé, etc.). 295
XXI. 29 décembre 1701 (passage d'Homère, etc.). 298
XXII. 9 avril 1702 (vers latins de Boileau, etc.). 300
XXIII. 15 juillet 1702 (épigramme I, sonnet et chanson de Boileau). 303
XXIV. 7 janvier 1703 (*Clélie*, roman de mademoiselle de Scuderi, etc.). 307
XXV. . . . . . 1703 (Mémoires ou Journal de Trévoux, etc.). 309
XXVI. 4 mars 1703 (vers de l'Anthologie, traduit par Boileau, etc.). 310
XXVII. 8 avril 1703 (le Lutrin; traduction du vers de l'Anthologie, etc.). 312
XXVIII. 28 mai 1703 (sur un passage du Lutrin, etc.). 317
XXIX. 3 juillet 1703 (faute grammaticale dans l'*Art poétique*, etc.). 318

TABLE.

XXX. 2 août 1703 (vers de l'*Art poétique*, du *Lutrin*, etc.). Page 322
XXXI. 29 septembre 1703 (énigme de la puce, etc.). 328
XXXII. 7 novembre 1703 (épigrammes contre les jésuites). 330
XXXIII. 7 décembre 1703 (les jansénistes, les jésuites et les Mémoires de Trévoux). 333
XXXIV. 25 janvier 1704 (les jésuites, etc.). 335
XXXV. 27 mars 1704 (Dialogue des héros de romans, etc.). 336
XXXVI. 15 juin 1704 (les jésuites; Arnauld; Domat, etc.). 338
XXXVII. 13 décembre 1704 (épigramme sur l'amateur de pendules, etc.). 341
XXXVIII. 12 janvier 1705 (épigramme xxxiv, etc.). 343
XXXIX. 6 mars 1705 (portraits et gravures de Boileau, etc.). 344
XL. 15 mai 1705 (portraits et inscriptions, etc.). 348
XLI. 20 novembre 1705 (première annonce de la satire contre l'Équivoque). 351
XLII. 12 mars 1706 (satire contre l'Équivoque; réponse à Bourdaloue sur les poëtes et les prédicateurs, etc.). 354
XLIII. 15 juillet 1706 (livre de Puget, etc.). 358
XLIV. 30 septembre 1706 (Jacq. Aymard, etc.). 360
XLV. 2 décembre 1706 (quelques mots de Boileau à la cour de Louis XIV, etc.). 363
XLVI. 20 janvier 1707 (maladie de Boileau). 366
XLVII. 12 mars 1707 (épigramme contre Dacier-Beauchâteau, etc.). *Ibid*
XLVIII. 14 mai 1707 (inscription d'un monument de Lyon, satire de l'Équivoque, etc.). 369
XLIX. 2 août 1707 (sur les mêmes sujets). 371
L. 24 novembre 1707 (sonnets n^{os} vi et vii, etc.). 373

LI. 6 décembre 1707 (traductions latines des poëmes de Boileau, *etc.*). Page 376

LII. 27 avril 1708 (Helvétius, médecin hollandois, etc.). 378

LIII. 16 juin 1708 (satire de l'Équivoque, etc.). 379

LIV. 7 août 1708 (traductions latines des vers de Boileau, etc.). 381

LV. 9 octobre 1708 (*Meteora orationis*). 383

LVI. 7 janvier 1709 (sur un passage de Longin et sur un vers de l'*Art poétique*). 385

LVII. 15 mai 1709 (*Meteora orationis, etc.*). 389

LVIII. 21 mai 1709 (remerciements à M. Perrichon, etc.). 391

LIX. 21 août 1709 (maladie de Boileau, etc.). 392

LX. 6 octobre 1709 (même sujet). 393

LXI. 14 juin 1710 (même sujet). 394

FIN DE LA TABLE.

www.ingramcontent.com/pod-product-compliance
Lightning Source LLC
Chambersburg PA
CBHW052127230426
43671CB00009B/1147